BIBLIOTHÈQUE DES LETTRES MODERNES

COMITÉ DE DIRECTION

Patrick Marot, Philippe Antoine, Christian Chelebourg,
Julien Roumette, Johan Faerber et Llewellyn Brown

45

L'Esthétique du pli dans l'œuvre de Henri Michaux

Réimpression de l'édition de Paris, 2007.

Llewellyn Brown

L'Esthétique du pli
dans l'œuvre
de Henri Michaux

PARIS
LETTRES MODERNES MINARD
2015

Llewellyn Brown, professeur agrégé de Lettres modernes au lycée international de Saint-Germain-en-Laye, est l'auteur de *Figures du mensonge littéraire : études sur l'écriture au* XX*ᵉ siècle* (Paris, 2005), *Beckett, les fictions brèves : voir et dire* (Caen, 2008), *Savoir de l'amour* (Paris, 2012), *Beckett, Lacan and the Voice* (à paraître 2016). Il dirige la Série « Samuel Beckett » aux Lettres modernes Minard.

ISBN 978-2-8124-4617-7 (livre broché)
ISSN 0520-0555

To my parents,
for their will to instill and nurture the pleasure of reading
enfolded in their unfailing support and encouragement

Dans les pages qui suivent, toutes nos références renvoient à la pagination des *Œuvres complètes* dans la collection « Bibliothèque de la Pléiade » (Paris, Gallimard) : 1998, vol. I ; 2001, vol. II ; 2004, vol. III. Les références sont signalées, dès leur première occurrence dans le paragraphe, par la tomaison en chiffres romains suivie du numéro de page en chiffres arabes.

Les abréviations qui suivent servent à préciser de quels ouvrages les passages cités sont extraits :

A	*Ailleurs*
CCT	*Chemins cherchés, Chemins perdus, Transgressions.*
ÉE	*Épreuves, exorcismes*
ÉR	*Émergences, résurgences*
FCD	*Face à ce qui se dérobe*
FV	*Face aux verroux*
NR	*La Nuit remue*
P	*Passages*
PDT	*Par des traits*
PL	*Plume, précédé de Lointain intérieur*
QJF	*Qui je fus*
QR	« Quelques Renseignements sur cinquante neuf-années d'existence »
S	*Saisir*
V	*La Vie dans les plis*

On trouvera à la fin de ce volume les coordonnées bibliographiques complètes des études citées en note de manière abrégée :
— sans autre précision, le renvoi est à la Bibliographie de Michaux ;
— la mention *op. cit.* ou *loc. cit.* renvoie à la Bibliographie générale.

Toute citation formellement textuelle (avec sa référence) se présente soit hors texte, en caractère romain compact, soit dans le corps du texte en *italique* entre guillemets, les soulignés du texte d'origine étant rendus par l'alternance romain / *italique* ; mais seuls les mots en PETITES CAPITALES y sont soulignés par l'auteur de l'étude.

À l'intérieur d'un même paragraphe, les séries continues de références à une même source sont allégées du sigle commun initial et réduites à la seule numérotation ; par ailleurs, les références consécutives identiques ne sont pas répétées à l'intérieur de ce paragraphe.

Le signe * devant une séquence atteste un écart typographique (*italiques* isolées du contexte non cité, PETITES CAPITALES propres au texte cité).

Précisons que les citations d'un texte non publié (dialogues de films, émissions radiophoniques, traductions personnelles, archives, collections privées) sont présentées en romain et entre guillemets.

Une séquence entre barres verticales * | | indique la restitution typographique d'un texte non avéré sous cette forme (rébus, calligrammes, montages, découpages, sites Internet).

Une séquence entre crochets [séquence] indique la transcription typographique d'un état manuscrit (forme en attente, alternative, option non résolue, avec ou sans description génétique).

INTRODUCTION

> « *La musique, les états de félicité, la mytho-*
> *logie, les visages travaillés par le temps,*
> *certains crépuscules et certains lieux veulent*
> *nous dire quelque chose, ou nous l'ont dit,*
> *et nous n'aurions pas dû le laisser perdre,*
> *ou sont sur le point de le dire ; cette*
> *imminence d'une révélation, qui ne se*
> *produit pas, est peut-être le fait esthétique.* »[1]
>
> Jorge Luis BORGES

LA création de Henri Michaux ne cesse d'étonner par la multiplicité de ses facettes, son caractère atypique, réfractaire aux
normes génériques, par la nature insolite des mondes qui y prennent forme et des créatures qui les peuplent, par la puissance
d'énonciation et la vivacité de son dynamisme.

Une part de cette impression d'étrangeté se loge dans le caractère hautement concret et matériel de cette œuvre. Quels que
soient les personnages qu'elle convoque ou les univers qu'elle
donne à voir, la création littéraire de Michaux mise moins sur les
effets de la signification que sur sa force active, son efficacité à
agir sur l'énonciateur, voire sa qualité "thérapeutique". C'est dans
ce sens que Michaux précise à René Bertelé : « *J'écris avec*
transport et pour moi, / a) tantôt pour me libérer d'une intolé-
rable tension ou d'un abandon non moins douloureux. » (I, XXIII).
Cette utilisation de la création est perceptible pour le lecteur, qui
remarque un certain décalage entre l'expression langagière et la
matérialité de l'écrit, ainsi que le formule Évelyne Grossman :
« *Tout l'enjeu serait ainsi d'inventer une écriture poétique*
capable de capter, de saisir la pensée avant qu'elle ne se fige,
ne s'achève et meure dans le mot. »[2].
En parcourant cette œuvre, le lecteur rencontre des textes

---

1. BORGES, *Enquêtes*, cité par Maurice BLANCHOT, « L'Infini et l'infini », p. 86.
2. GROSSMAN, « Le *Clinamen* de Michaux », p. 44.

d'observation où Michaux cherche à saisir la pensée en action, les liens entre la création et le corps, le fonctionnement de l'esprit : on signalera les textes sur les pathologies mentales (« Cas de folie circulaire ») et les expériences menées avec les drogues (*Connaissance par les gouffres, L'Infini turbulent, Misérable miracle*). À travers ces réalisations, on comprend que l'écriture et la peinture se conçoivent, pour Michaux, comme les modalités d'un *faire*.

C'est dans cette perspective que Deleuze s'est penché sur le travail de Michaux, considérant que les œuvres de celui-ci mettaient en lumière leur élaboration sur un « *plan d'immanence* »[3], au lieu de conforter une métaphysique de la signification. Même lorsqu'il évoque l'inconscient, Michaux précise que « [n]*otre frère Charlie* » (Charlot) ou Plume sont des « *acteurs du subconscient* », se montrant réfractaires à la démarche de ces « *dissertateurs du subconscient* » (*Premiers écrits*; I, 45) que sont, à ses yeux, Freud et Proust : ceux qui cherchent à analyser et à induire une "interprétation" de l'inconscient. Michaux rejette avec force une conception de la vie et de la création qui prétendrait établir une opposition entre le manifeste et le caché, entre le concept et la chose, entre le dire et le faire.

Dans cette optique, il paraît crucial d'établir une topologie de l'œuvre de Michaux, de dégager une structuration qui donne moins à *comprendre* — confortant le dépliage des significations — qu'à *lire* : de même que l'on peut lire une partition musicale sans nécessairement la déplier dans sa présence sonore. En effet, les mots évocateurs d'une topologie ne manquent pas au fil des pages, adoptant à l'occasion, des tournures paradoxales : *dedans, dehors, rond, boule, pot, vide, fond, gouffre, centre* et *absence, planéité, horizon, infini, ailleurs, lointain intérieur*. D'autres expressions marquantes évoquent une matérialité dynamique : *passages, vitesse, par surprise, moments, chemins cherchés, chemins perdus, déplacements, dégagements, glissements, affrontements, ruptures, émergences, résurgences, face à ce qui se dérobe, sans fin, turbulence, poteaux d'angle...*

---

3. Dans une phrase qui pourrait aussi bien s'appliquer à l'écriture de Michaux, Deleuze explique : « *La philosophie est un constructivisme, et le constructivisme a deux aspects complémentaires qui diffèrent en nature : créer des concepts et tracer un plan. Les concepts sont comme les vagues multiples qui montent et qui s'abaissent, mais le plan d'immanence est la vague unique qui les enroule et les déroule.* » (Gilles DELEUZE, *Qu'est-ce que la philosophie ?*, en collaboration avec Félix GUATTARI [Paris, Minuit, « Critique », 1991], p. 38).

Ces termes sont, on le constate, multiples et ils semblent nous inviter à discerner, dans l'écriture de Michaux, une réalité tout aussi profuse et réfractaire à un principe d'unification. Ils tendent aussi à nous laisser perplexes quant à la manière dont la matérialité qu'ils désignent peut s'articuler à la pratique d'un langage aliéné aux significations. Cependant, l'une des spécificités de la création, au XXe siècle, consiste à reprendre les représentations familières pour découvrir leur part d'opacité inassimilable aux concepts. Alors que les œuvres littéraires donnent parfois l'impression de nous restituer un monde proche du nôtre, la condition de leur existence est de mettre les signifiants communs au service d'un objet qui reste réfractaire à la compréhension. Autour de cette ligne de partage, les livres de voyage comme *Ecuador* rejoignent les textes évoquant des explorations imaginaires, comme *Ailleurs* ; l'observation méticuleuse des effets des drogues ne se dissocie pas de la production graphique et des textes lyriques.

À ce point d'articulation, on reconnaît la dimension de l'*esthétique* : alors que l'approche utilitaire du langage mise sur une certaine univocité des signifiants, l'esthétique est déterminée par une construction circulaire, grâce à laquelle l'œuvre, close sur elle-même, s'appréhende comme une forme suffisante, propre à inciter le lecteur à s'y replonger pour retrouver le même plaisir[4]. Quelle que soit la multiplicité de ses compositions et de ses constructions — et le XXe siècle a été riche en production de formes ouvertes ou éclatées —, l'œuvre de création dessine une boucle cernant un objet unique, qu'elle seule sait incarner ; un objet énigmatique, réfractaire aux significations et à la pensée conceptuelle.

Le partage entre la clôture ainsi réalisée et l'opacité située au cœur de l'œuvre de création nous suggère une voie pour discerner l'articulation de l'unité et la multiplicité. On sait que Saussure a affirmé que *« dans la langue il n'y a que des différences »*[5]. Pourtant, la pratique du langage ne se réduit pas à une telle fermeture sans failles : l'innovation, la création font entendre l'existence d'une brèche propre à assurer du jeu entre les

---

4. Voir les définitions que donne Italo Calvino de l'œuvre classique dans *Pourquoi lire les classiques* (traduit de l'italien par Jean-Paul MANGANERO. Paris, Seuil, « Points », 1996), pp. 7sqq.
5. Ferdinand DE SAUSSURE, *Cours de linguistique générale* (édition critique préparée par Tullio DE MAURO [Paris, Payot, « Payothèque », 1983]), p. 166.

éléments du système différentiel. On peut alors poser que l'œuvre d'art se fonde sur une structure binaire qui situe l'instance de la *lettre* — avec sa dimension hautement matérielle — au croisement de ses termes[6]. Cette structure s'exprime à travers des figures à la pérennité éprouvée, comme le paradoxe, l'oxymore, l'amphibologie, ou dans des structures phrastiques comme l'épanorthose, le chiasme... Sur le plan de la structuration romanesque, on connaît les fameux « *tourniquets* » que Sartre a relevés chez Jean Genet ou la double entrave proustienne[7]. Cependant, si chacune de ces figures affiche son caractère double, on ne saurait y voir l'effet d'une uniformité répétitive à l'œuvre dans la chose littéraire, loin s'en faut. La construction de ces diverses formes croisées nous oblige à distinguer leur nature et leur portée chez chaque auteur, dans chaque réalisation singulière.

Dans le sillage de ces formes doubles, nous pouvons situer la structure du *pli* dont Gilles Deleuze a, le premier, discerné l'importance dans l'œuvre de Michaux. Non seulement Deleuze n'hésite pas à recourir à des tournures empruntées à Michaux, les incorporant dans son texte philosophique — « *un* espace du dedans » (p. 126[8]) ; « *Le plus lointain devient intérieur, par une conversion au plus proche :* la vie dans les plis » (p. 130[8]) — mais, dans son livre *Le Pli : Leibniz et le baroque*, le philosophe fait explicitement référence à Michaux, nous invitant à poursuivre la piste ainsi ouverte :

Le thème du pli hante toute l'œuvre de Michaux, écrite, dessinée, peinte, comme en témoignent le recueil *La Vie dans les plis*, ou le poème « Emplie de » [...]. Les réminiscences leibniziennes sont nombreuses chez Michaux : la brume et l'étourdissement, les hallucinations lilliputiennes, les petites perceptions à grande vitesse et petite surface, la spontanéité [...].[9]

Deleuze indique ici des éléments hétérogènes que réunit un certain caractère d'indétermination mais qui, à défaut d'une qualification plus précise, apparaissent comme autant de pistes laissées

---

6. « *On comprend que ce qui concerne la lettre se dise dans un vocabulaire de la rencontre, du coinçage, du contact, de l'entre-deux, de l'hétérogène, du* crosscap. » (Jean-Claude Milner, « Jacques Lacan, pensée et savoir », pp. 191–9 in *Connaissez-vous Jacques Lacan ?*, Judith Miller ed. [Paris, Seuil, « Champ freudien », 1992], p. 195).

7. Voir Michel Schneider, *Maman* (Paris, Gallimard, « L'un et l'autre », 1999), *passim*, et les chapitres correspondants de notre livre : Brown, *Figures du mensonge littéraire* (*op. cit.*), p. 175 sq.

8. Deleuze, *Foucault* (*op. cit.*).

9. Deleuze, *Le Pli* (*op. cit.*), p. 124, note 20. Le poème « Emplie de » se trouve dans *V*, II, 184.

à l'état d'ébauche. Dans cette énumération allusive, le philosophe nous invite implicitement à relever ces suggestions pour en mesurer la portée et en décliner les conséquences à travers l'œuvre de l'écrivain plasticien.

Certes, on remarque qu'en tant que tel, Michaux consacre peu de pages à la figure spécifique du *pli* : on songe surtout au titre *La Vie dans les plis* et aux « *vingt-deux plis* » de l'enfant mage (II, 69-70)*. De surcroît, le caractère *a priori* multiple et malléable du *pli* semble propre à décourager toute velléité d'y discerner un principe d'unité. Cependant, l'étude qui suit cherche à montrer que la structure du *pli* réunit ces formes, ces mouvements hétérogènes, et permet d'en préciser la logique... Non dans l'objectif d'illustrer un programme philosophique préétabli — il suffit que les analyses de Deleuze nous aient ouvert la voie — mais pour en explorer l'élaboration spécifique à la création de l'écrivain. Le *pli* paraît s'imposer comme *LA* figure de Michaux : celle qui régit chaque réalisation au sein de son œuvre et nous permet de la lire. Tout se passe comme si le motif du *pli* — qui apparaît de façon si discrète dans les textes —, restait implicite, fonctionnant dans l'écriture sans se laisser isoler à la manière d'autres motifs, tels l'expérience de la « vitesse ».

Il importe, alors, de définir la structure du *pli*, d'observer comment celui-ci se manifeste dans l'écriture, dans le croisement que réalise cette dernière avec le dessin et la peinture. Il s'agit de dégager, aussi, les conséquences de cette topologie, notant qu'il n'est pas question, de la part de Michaux, du « choix » d'une forme textuelle de préférence à une autre mais, au contraire, de quelque chose d'incontournable et d'implacable à la manière d'un destin. Quelque chose, par conséquent, dont Michaux s'attelle à explorer toutes les conséquences pour l'élever à la hauteur d'une œuvre de création. À travers cette démarche apparaît ce qui en fait la monstruosité, la force de fascination, le mystère et l'éclat : ce que l'on pourrait résumer dans le mot *énigme*[10].

Cette dimension, propre à l'œuvre de la création, doit écarter la tentation d'en conclure à une forme de déterminisme. Affirmer que l'esthétique du *pli* — le balancement *pli / dépli* — régit l'ensemble de l'œuvre et qu'elle rend compte du mouvement de

---

10. Au sujet de la peinture de Paul Klee, Michaux écrit : « [...] *pour entrer dans ses tableaux* [il] *suffit d'être l'élu, d'avoir gardé soi-même la conscience de vivre dans un monde d'énigmes, auquel c'est en énigmes aussi qu'il convient le mieux de répondre.* » (*P*, II, 363).

son écriture, n'autorise pas à déduire que tout est réglé d'avance, confiné dans une aire circonscrite, condamné à la répétition. L'œuvre de Michaux — on s'en doute — en offre le démenti formel, témoignant que des rapports autorisés par cette structure sont multiples et qu'à l'intérieur de ces rapports, les possibilités de création restent inépuisables.

En tant que principe de création, le *pli* participe d'une dialectique. Le mouvement oscillatoire *pli / dépli* représente un temps au sein de l'élaboration et la représentation, dont il faut déterminer la place. Pour respecter cette dialectique et sa dynamique, nous prenons le parti de suivre les textes au fil de leur développement, dans le tissage de leurs *plis* et *déplis* successifs. Cette démarche semble préférable à celle qui suivrait une progression purement conceptuelle et qui risquerait d'occulter la finesse de l'écriture de Michaux : il n'y a jamais de *pli* sans *dépli* et le *dépli* ne cesse de renvoyer au *pli*. Certes, de même que l'explication d'un mot d'esprit, d'une histoire drôle, ne fait pas rire, de même l'analyse littéraire paraît inapte à restituer la vraie force du texte. Cependant, affiner les moyens d'*écoute* permet au lecteur de retourner à l'œuvre pour entendre ces élaborations dans leur vitalité et leur fraîcheur. Tel est, du moins, notre pari.

Une remarque sur la terminologie s'impose. Celui qui parle dans des récits s'appelle un *narrateur*. Celui qui prend la parole dans des textes en vers peut emprunter le même nom ou s'appeler « le poète ». Avant tout, il s'entend comme *sujet* d'énonciation : celui qui se tient à la jonction du personnage — dont il emprunte le masque —, du narrateur et de l'écrivain-artiste plasticien, qui ne se réduit pas à son existence biographique. Le sujet d'énonciation revêt et rejette, tour à tour, toutes les différentes identifications que son invention fait passer en revue. Il est ce *pli* invisible, ce fil continu qui passe d'un texte à un autre et qui jamais ne lâche prise. Toutes les apparences sont siennes, puisqu'aucune ne cerne définitivement son être. C'est lui qui donne à l'œuvre sa dimension d'acte vital, qui confère à la création son enjeu existentiel.

Notre recherche suivra un mouvement en trois temps. L'étude de la « genèse du *pli* » permettra de dégager les paramètres qui attribuent à cette structure sa spécificité et déterminent la forme qu'elle revêt dans la création de Michaux. Le balancement *pli / dépli* et les renversements envers / endroit avec leurs effets de fragmentation requerront notre attention dans la deuxième

10

partie. Enfin, il nous sera possible de discerner la manière dont l'esthétique de Michaux se forme en s'affranchissant de ces battements pour affirmer la liberté et la singularité créatrices, dont le *pli* sert de vecteur. Ces trois parties commandent trois approches et trois rythmes différents : dans un premier temps, le regard critique intervient activement pour dégager les points structurants de l'écriture et les jalons fictionnels, faisant appel aux modèles topologiques susceptibles d'offrir un éclairage indispensable. Ensuite — et reflétant les fictions michaldiennes —, les plis prennent le dessus, commandant aux incessants mouvements oscillatoires — *pli / dépli*, destruction / création, diastole / systole — qui dessinent les tours et détours dont notre lecture prend la mesure, notamment au cours des « lectures dépliées ». Enfin, la subjectivité construite par l'écriture permet au texte lui-même de manifester son singulier élan, montrant comment il réalise lui-même sa mise en perspective.

Remerciements

Jean-Claude Mathieu a généreusement accepté de lire le premier état de ce texte. Pour ses observations éclairées et ses encouragements, nous tenons à lui exprimer ici notre profonde reconnaissance.

I

GENÈSE DU *PLI*

I

UNE RONDEUR SANS COUPURE

Nous découvrons les premiers contours du pli michaldien dans la condition que l'auteur évoque en lien avec son enfance. De tels "romans des origines", pour être inventés, ne se montrent pas moins précis dans la problématique qu'ils définissent. Dans « Quelques renseignements sur cinquante-neuf années d'existence », l'état que Michaux s'attribue — à la troisième personne — en tant qu'enfant témoigne d'une absence d'inscription dans les représentations langagières, dans la vie avec son dynamisme marqué au coin du manque : « *Anémie. Rêves, sans images sans mots, immobile. Il rêve à la permanence, à une perpétuité sans changement.* » (*QR*, I, CXXIX). Le texte « Portrait de A. » apporte des précisions sur cette profonde inertie :

> Jusqu'au seuil de l'adolescence il formait une boule hermétique et suffisante, un univers dense et personnel et trouble où n'entrait rien, ni parents, ni affections, ni aucun objet, ni leur image, ni leur existence, à moins qu'on ne s'en servît avec violence contre lui. En effet, on le détestait, on disait qu'il ne serait jamais homme. (*PL*, I, 608)

Les termes topologiques qui apparaissent ici sont explicites : l'enfant habite un espace radicalement clos, réfractaire à tout élément extérieur. Cette exclusion de l'altérité témoigne d'un défaut d'inscription dans le langage : celui-ci n'offrant pas de moyen pour articuler l'étrangeté aux représentations. Rien n'est susceptible de briser cette homéostasie hormis la violence, sous les assauts de laquelle la *boule* immuable se voit retournée sur son *envers*, livrée à l'irruption d'une force insoupçonnée.

Le rapport entre la dimension d'altérité et le langage se voit explicité dans le texte « Quelques renseignements... ». Le narrateur y dépeint son attitude de rejet : « *Il boude la vie, les jeux, les divertissements et la variation. Le manger lui répugne.* » (*QR*, I, CXXIX). Plus tard dans son enfance, ce violent refus des aliments persiste : « *Il continue à avoir le dégoût des aliments, les fourrer enveloppés de papier dans ses poches et une fois dehors les enterre.* » (I, cxxx). À la lumière des sentiments hostiles qu'on adresse à cet enfant, il n'est pas étonnant que l'idée d'assimiler des aliments induise la menace d'être absorbé à son tour. En revanche, un rapport plus apaisé à l'Autre se manifeste dès que ce garçon se sent en mesure d'absorber le langage et aborder le savoir, ainsi que l'indique le narrateur de « Portrait de A. », avec une concision saisissante : « *À l'âge de sept ans, il apprit l'alphabet et mangea.* » (PL, I, 609).

Le narrateur relie ce rapport à l'Autre et au langage à l'incidence de la figure du père. Celui-ci se distingue, non par son intervention active mais par son absence : « *Son père avait ceci pour idéal : se retirer.* » (PL, I, 608). Dans une telle posture, le père fait peser une inscription langagière hautement problématique, se montrant incapable de transmettre. Impuissant à participer à la vie, à désirer, ce père reste sujet à des revirements que rien ne vient inscrire dans une logique cohérente pour les autres : « *Il s'effaçait parfois comme une tache. Il avait aussi de ces énervements terribles, douloureux* [...]. ».

L'absence d'une indispensable disposition au partage signe l'échec de toute transmission, ainsi que le narrateur le précise dans la suite de ce passage, au sujet de son père : « *Jamais il n'eut rien d'offrant.* » (PL, I, 608). On saisit alors que l'enfant n'avait pas de place : « *Jamais on ne s'adressa à la joie pour lui.* ». Pour que l'enfant puisse désirer, il est nécessaire que ses autres soient porteurs de ce désir pour lui : de cette manière, le père fait effraction dans la symbiose de l'enfant avec la mère. Grâce à la séparation ainsi produite, l'enfant n'existe pas seulement auprès de sa mère mais il est, selon la formulation de Lacan, « *représenté par un signifiant pour un autre signifiant* »[1], ce dernier, ici, portant le nom *la joie*.

Il s'ensuit qu'en l'absence de cette possibilité d'apaisement, l'enfant rejette la filiation, suivant le même battement[2] binaire qui caractérisait son rejet des aliments. Il n'accepte pas d'être tributaire de ses « *ancêtres* » (PL, I, 662), éprouvant un sentiment de honte à l'égard de son nom : « *Il continue à signer de son nom*

---

1. « [...] *un signifiant, c'est ce qui représente le sujet pour un autre signifiant.* » (LACAN, *Écrits* [op. cit.], p. 819).
2. Le terme est employé explicitement dans « *Distraitement frappés, rythmes* » (CCT, III, 1204).

vulgaire, qu'il déteste, dont il a honte, pareil à une étiquette qui porterait la mention "qualité inférieure". » (QR, I, CXXXII). Tout ce qui relève de ses origines symboliques lui répugne et il cherche à « *expulser de lui sa patrie, ses attaches de toutes sortes* » (CXXXIII). En revanche, il parvient à trouver ses « *vrais parents* » dans ses lectures (CXXXI) : la littérature lui fournit une suppléance indispensable, une filiation de substitution et une voie de réconciliation avec le langage.

Cependant, cette ouverture ne cesse de porter la marque de l'absence de la séparation que suppose et qu'impose le langage. On le constate, par exemple, chez le héros de « Portrait de A. », qui ne connaît aucune coupure lui permettant d'engager un rapport au langage autre que celui déterminé par les revirements perpétuels du père. Par conséquent, même si une certaine évolution le rapproche de ses semblables, sa forme et sa consistance initiales restent inentamées : « *De sa boule sort un muscle. Le voici heureux. Il va pouvoir marcher comme les autres, mais un muscle à lui seul ne peut créer la marche. [...] Il a bientôt des milliers de muscles. Ce n'est pas la marche. Il croit qu'ils vont engendrer la marche. Il n'est qu'une boule.* » (PL, I, 613). Ce qui se produit, ici, ne relève pas d'un changement structurel mais seulement d'un mouvement de dépliage traduisant une forme de concession faite aux représentations langagières. Or pour qu'advienne une modification qualitative, il faut que ce personnage rencontre une perte définitive. Une telle dimension d'irrémédiable aurait pour effet de le projeter dans la temporalité engendrée par la logique rétroactive du langage ; celle que Beckett évoque par contraste avec l'infini ressassement : « [...] *c'est toujours le même murmure, ruisselant, sans hiatus, comme un seul mot sans fin et par conséquent sans signification, car c'est la fin qui la donne, la signification aux mots.* »[3]. Selon cette logique, un message, comme la structure phrastique, se construit dans l'anticipation de sa ponctuation finale : seulement après coup est-il possible de lire l'énoncé, d'en déterminer le sens et la portée. En revanche, dans ces textes de Michaux, rien ne vient entraver les revirements qui agitaient déjà le père : à peine A. apparaît-il dans la vie, non seulement on le prévient qu'il ne sera jamais un homme mais on annonce qu'il va mourir (PL, I, 607, 613). De cette manière, le sort du personnage consiste à ne jamais

---

3. Samuel BECKETT, *Nouvelles et textes pour rien* (Paris, Minuit, 1991), p. 168.

pouvoir s'affranchir de son état originel, selon un processus de maturation ; rien n'instaure une séparation salutaire qui le libérerait enfin de l'emprise de son *Autre féroce*.

II

LA *BOULE* COMME DÉNÉGATION DU MAL

UNE certaine tension se manifeste, pourtant, dès ces premières étapes. Au cours de ce "roman des origines", le personnage ne cesse d'être une *boule*, jouissant d'un certain état de paix. Voire, il pense y trouver quelque chose de l'ordre d'un état supérieur, celui de l'« *essentiel* » : « *Quel essentiel ? Le secret qu'il a depuis sa première enfance soupçonné d'exister quelque part et dont visiblement ceux de son entourage ne sont pas au courant.* » (QR, I, CXXXI). L'état de rondeur, d'unité sans division — inentamée par le manque, ignorant l'aspérité du désir — s'apparente à l'existence divine : « *Dieu est boule. Dieu est. Il doit être. La perfection est. C'est lui. Il est seul concevable. Il est. De plus, il est immense.* » (PL, I, 609).

Dans cet état de rondeur sans faille, ce qui paraît exclu, c'est l'Autre, celui-ci se manifestant avant tout sur la modalité d'une intrusion agressive. Quand l'écrivain se trouve dans un état de calme, c'est pour se loger dans l'immobilité et la clôture de la *boule*, ainsi qu'il se décrit : « *Je suis parfois si profondément engagé en moi-même en une boule unique et dense* [...]. » (PL, I, 560). L'impuissance à sortir de soi présente l'avantage de lui laisser oublier sa mortification foncière — état qui apparaît comme l'envers de son inertie : « *Plus simplement, ce serait bien que la racine de l'angoisse est pour quelque temps enfouie.* ». Enroulé dans la rondeur, il bénéficie d'une forme de capitonnage qui atténue toute intervention de la part de l'Autre : il y découvre moins une forme de réconciliation avec soi qu'un moyen de tourner le dos à la souffrance, de la mettre provisoirement à distance. Ainsi, l'état de stase, d'un côté, et la mortification ou l'intrusion d'un *Autre féroce,* de l'autre, apparaissent comme *l'envers et l'endroit* d'un même mode d'existence. Raymond Bellour souligne cette unité foncière et son lien avec l'esthétique du pli : « *Le repli n'est jamais que l'insistance du pli, le pli du pli, pli encore et encore de l'âme-corps indissociée jusque dans ses partages.* » (II, 1099).

Un poème en vers (datant de 1939, à la veille de la Seconde Guerre mondiale) permet de préciser ce rapport envers / endroit inhérent à la topologie michaldienne. Dans ce texte intitulé « *Paysages* » (*Peintures* ; I, 711), ce mot éponyme se répète en chaque début de vers, comme pour susciter un état de calme et de paix opposable à la souffrance : lancer ce mot contre le mal qui mine le personnage, l'assener en le répétant pour qu'il perce une brèche au sein d'une angoisse exorbitante. Ce terme marque le lieu d'un partage entre la souffrance et l'apaisement auquel le narrateur aspire.

Le mot *paysages* se voit investi de la capacité, propre à tout *incipit*, d'inscrire un commencement absolu et de donner corps à une identité subjective : à partir de ce mot, s'ouvrent des horizons inédits. Le poème commence par les mots « *Paysages paisibles ou désolés* » (I, 711), suivis de la précision : « *Paysages de la route de la vie plutôt que de la surface de la Terre* [...]. ». Cette distinction souligne l'idée qu'il s'agit, non de l'étendue de la Terre, selon la conception courante, mais d'un mouvement subjectif. Cependant, la qualification *désolés* laisse entendre le mal qui perce déjà et qui ne tarde pas à se manifester : « *Paysages des lambeaux, des nerfs* [...]. ».

À cet endroit, le texte dessine l'articulation des dimensions de l'envers et de l'endroit. Le mouvement du poème *s'inverse*, car on apprend qu'il est question de « *Paysages pour couvrir les plaies, l'acier, l'éclat, le mal* [...]. » (I, 711) : la souffrance doit être incorporée, *inscrite*, dans ces paysages qui sont destinés à envelopper, à protéger.

Le recouvrement qu'il s'agit d'atteindre s'assimile à l'état de *boule* qui, pour être matriciel, n'en est pas moins inquiétant ; voire, il apparaît comme l'expression d'un cri désespéré : « *Paysages comme on se tire un drap sur la tête.* » (I, 711). Cet enveloppement du drap vise manifestement à rétablir l'unité sans coupure évoquée dans « Portrait de A. ». Cependant, on remarque que le drap recouvre seulement la tête qui, elle, reste attachée au cou : ce cou qui est déjà entouré d'une « *corde* » (v. 5). On peut discerner, dans cet endroit, le lieu d'une inimaginable dissociation entre la tête et le corps et qui dépasse le revirement entre *les plaies* et le drap. En tant que dimension structurante du poème, cet endroit se distingue comme un point de rebrousse-

20

ment permettant l'écho et la symétrie entre le premier vers — « *Paysages paisibles ou désolés* » — et la clausule : « *drap sur la tête* ».

Ainsi, si l'état originel du sujet — décrit dans deux "romans des origines" — se présente comme celui d'une *boule* libre de toute coupure, dénuée de tout lien avec les autres, il va de pair avec une condition qui lui paraît contraire : un état de souffrance physique et morale, de dépossession, où la présence de l'Autre s'éprouve comme intrusion et ravage. Cependant, simultanément à ces deux extrêmes, il existe l'appel désespéré à l'Autre, dont Michaux parle dans le texte intitulé « L'Éther », en évoquant les effets de la caféine : « [...] *l'appétit sentimental, le besoin de l'"Autre", l'introuvable Autre, vous enfonçant avec sûreté et pour longtemps un cactus dans le cœur* [...] *vous êtes parfaitement sûr de rester seul dans ce moment où vous brûlez tellement de ne plus l'être.* » (NR, I, 451). Il y a donc lieu d'interroger plus loin cette place de l'Autre dans la constitution de la topologie de Michaux.

III

LA NOMINATION

C E que l'auteur évoque, dans « L'Éther », sur la modalité de l'appel ne se limite pas à un mouvement d'ordre "sentimental" mais touche à une dimension essentielle, ayant trait à ce que le narrateur de « *Paysages* » nomme « *l'acier, l'éclat, le mal* » (*Peintures*; I, 711). Chez Michaux, la place de l'Autre reste indissociable de cet aspect de dénuement et de souffrance. Il convient alors d'y discerner ce à quoi le sujet reste suspendu dans son intime et dans son articulation à la nomination.

1 obstacle et trou

Dans le livre d'ethnographie imaginaire intitulé *Ailleurs*, le narrateur note qu'à Biliouli, les habitants reculent devant l'acte de nommer : « *Aux grandes unités en général point de noms. Ils ont peur en les nommant de leur donner trop d'existence.* » (II, 115). En attribuant un nom aux entités d'importance, ces personnages ne pensent pas simplement les mettre en rapport les unes avec les autres : ils craignent de réveiller un nom *réel*, de faire surgir une instance hostile et incontrôlable, comparable à celle que donne à sentir le père de A. La nomination se présente comme fondamentalement problématique, chez Michaux, parce que privée d'une part de sa portée symbolique. Comme le cas de A. le démontre, le refus de transmission exclut l'enfant d'une inscription vivifiante dans le langage, le coupant d'une relation vitale avec ses autres. N'ayant pas hérité de nom, l'enfant se trouve dans l'impossibilité d'en attribuer un aux choses qui l'entourent.

Dès lors, le sujet reste confiné dans une fermeture radicale et définitive que Michaux nomme souvent *obstacle*, et que nous trouvons évoquée avec précision dans la lecture que Michaux nous offre d'une des lithographes de Zao Wou-Ki. L'auteur décrit ainsi des poissons : «*le rêve de vie complète / muette / s'accomplit dans les gouttes / sphères / repoussant des sphères / dans l'espace sans coude*» (*Lecture de huit lithographies de Zao Wou-Ki*; II, 264). La forme sphérique inscrit ses propres limites, situant les poissons les uns face aux autres, dans des rapports spéculaires : «*ceux de l'obstacle de l'air regardent / étrangers / ceux de l'obstacle de l'eau*». Dans ce passage, l'*obstacle* s'apparente à une chose sans nom, réfractaire à toute intrusion et qui empêche les milieux aquatique et aérien de communiquer. Dans ce face-à-face, l'imaginaire caractérisé par une spiritualité désincarnée — les *gouttes* — s'oppose à ce réel innommé. Sphères et obstacles composent des sortes de doubles, partageant un espace privé que n'entame pas la parole : les poissons restent muets, réduits au seul regard.

Dans cette construction poétique, point une autre dimension qui fait entendre une possible sortie de cette stase : «*sans cesse il leur faut écouter / sans cesse les signes atténués qui leur viennent du dehors*», car «*la belle demeure d'eau est cernée*» (II, 264). La nature de ce *dehors* n'est pas précisée, mais celui-ci signale que le rêve mutique des poissons ne saurait se limiter à sa dimension purement spéculaire : il repose nécessairement sur un marquage par le langage et la menace de mort qui lui est corrélée. La bulle apparaît comme le produit d'un mouvement de dépliage qui ne saurait indéfiniment méconnaître son lieu d'enracinement.

Si l'*obstacle* signe une dimension d'impossible, empêchant toute ouverture par la parole et la nomination — consolidant l'état d'inertie —, cette condition peut tout aussi bien basculer et s'ouvrir sur un abîme. Ce qui inspirait la crainte exprimée dans *Ailleurs*, c'est que loin d'apporter l'apaisement et donner accès à une communauté d'échange, nommer peut confronter le sujet à l'absence de l'Autre. Celui-ci se montrera, alors, être irrémédiablement «*l'introuvable Autre*» (NR, I, 451), ce que le nom échoue à cerner[1]. À cet endroit, si le plein de l'obstacle relevait d'un réel réfractaire à la nomination, le trou dans le langage est tout aussi irréductible. Ainsi, ce qui échappe à la représentation langagière peut se qualifier alternativement comme un réel absolument vide ou absolument plein ; ou encore, ce qui revient au même : totalement opaque. On en conclut que, pour Michaux, le langage est

1. Voir notre première approche de ce thème : BROWN, « Henri Michaux : le poète et son autre ».

24

affecté moins du *manque* que d'un *vide* impossible à combler. Telle est la dimension sur laquelle débouche *l'introuvable Autre*, ainsi que l'exprime le narrateur de « La Ralentie », s'adressant à Juana : « *Tu sais quand tu disais, tu sais, tu le sais pour nous deux, Juana ! Oh ! Ce départ !* [...] *Vide ? Vide, vide, angoisse ; angoisse, comme un seul grand mât sur la mer.* » (PL, I, 579).

On observe quelque chose de la nature de ce vide dans « Le Coup de pompe » (V, II, 177-8). Dans ce texte, l'auteur cherche à représenter une force qui ne possède pas de nom. Celle-ci fait irruption « *dans la nuit, comme un brusque coup de pompe dans la poitrine* » (I, 177). D'emblée, la violence des sonorités conso-nantiques, la brutalité de la syntaxe et l'absence de verbe expriment la sensation qui s'abat sur le narrateur ; cela, par oppo-sition avec *l'envers* qui se trouve dans la suite de la même phrase et qui — tant dans les signifiés que dans les sonorités — exprime une action d'étirement (« *retire* », par deux fois ; « *laissant* », « *évanouissement* »).

Il s'agit, au fond, d'une chose irreprésentable qui apparaît à la fois comme une force positive et comme un évidement, comme la production d'une absence. Ce paradoxe s'exprime au moyen de l'épanorthose qui enlève, à la positivité, sa force pleine et confère sa force à l'action d'évidement : ce n'est « PAS *le coup de pompe qui donne* » (V, II, 177) — il n'est donc pas saisissable comme entité positive —, c'est « *celui qui retire, qui retire* » mais qui, néanmoins, incarne une force massive.

Cette amphibologie se trouve exprimée dans le syntagme *coup de pompe* du titre, la pompe s'entendant à la fois comme une action de piston et le mouvement fluide et plein de force qu'elle engendre. Il s'agit, à tous égards, d'un surgissement non négo-ciable qui amène le narrateur « *au bord de l'horreur sans sujet, au bord du "plus rien"* » (V, II, 178).

Notons, cependant, que ce bord inscrit la frontière salutaire de celui qui écrit et qui a accès à l'adresse (*vous*) : contrairement à son personnage, celui qui écrit reste un *sujet* capable d'énoncia-tion, se soustrayant à l'abolition subjective réelle. Par conséquent, il peut accomplir un *revirement* où, le temps d'une phrase, il nomme positivement — à l'aide du vocabulaire médical — l'effet physiologique (tremblement, température) de ce qui lui arrive. Néanmoins, à suivre le mouvement du texte, la description subjective (première partie) et le recours au langage médical (seconde partie) se situent en miroir et se montrent tout aussi impuissants, l'un que l'autre, à parer indéfiniment à cette menace. Le langage offre seulement des mots substituts de l'innommable : « *Rien. Et "rien" est pour faire place à l'événement terrible qui vient, je l'attends, qui appelle dans le silence, qui ne va pas reculer indéfiniment...* » (II, 178). Certes, cette négation suscite une formulation positive mais, comme nous l'avons remarqué au sujet de l'*obstacle*, l'absence totale est tout autant présence pleine et envahissante : dans cette dynamique du texte, le *coup* porte vers le mot *rien*, qui, à son tour, annonce son prochain renversement par une présence sans nom.

Ce que « Le Coup de pompe » décrit en détail constitue une donnée fondamentale de l'écriture de Michaux. Celui-ci l'affirme de manière saisissante dans « *Je suis né troué* » (*Ecuador* ; I, 189-90) : « *Quoique ce trou soit profond, il n'a aucune forme. Les mots ne le trouvent pas* [...]. » (I, 190). Selon la fiction des origines, ce vide apparaît comme la conséquence d'une absence de nomination par le père, de l'impuissance de celui-ci à être porteur d'un désir. En l'absence d'une tierce instance auprès de laquelle être représenté (c'est-à-dire : *par* un signifiant, *pour* un autre), ce fils ne se trouve pas représenté au sein de la communauté langagière. Il reste soumis au battement binaire : à tour de rôle assujetti à l'Autre ou dans le rejet de celui-ci, passant sans transition de l'inclusion la plus totale à l'exclusion la plus radicale, entre l'enfermement et l'intrusion, entre l'enveloppement et la mise à nu de la chair, entre l'*obstacle* et le vide. À la place de sa propre image — déterminée par la fonction séparatrice et structurante de la fenêtre[2] —, il ne trouve que le vide : « *J'ai besoin de regarder par le carreau de la fenêtre, / Qui est vide comme moi, qui ne prend rien du tout.* » (I, 189).

Entre le plein et le vide, l'obstacle et l'abîme, fait défaut un véritable élément d'inscription dans le langage, une instance qui fasse coupure. On peut lire, à la lumière de ce constat, ce passage qui décrit la mer : « [...] *cette eau vous fait sentir en vous-même l'absence d'une vraie base, qui puisse servir en tout cas, et le sol même, suivant la démarche de votre esprit, semble se dérober sous vos pieds.* » (*NR*, I, 434). Seulement une opération de coupure eût permis l'existence d'une fondation servant en « tout cas », une inscription inexpugnable offrant une échappatoire face aux revirements infligés par le père.

---

2. Sur ce thème, on lira avec profit le remarquable ouvrage de WAJCMAN : *Fenêtre* (*op. cit.*), *passim*.

Face à la problématique de la nomination, nous pouvons poser que ce qui est déterminant dans la topologie dont nous commençons à discerner les contours, c'est l'absence d'un point d'arrêt qui permette au sujet de s'extraire de cette emprise tyrannique. Ce qui fait défaut est la capacité qui ferait de lui, en quelque sorte, le « *maître du "non"* » (*Textes épars 1936–1938*, I, 549), qui lui donnerait le moyen d'opposer ce *non* aux caprices de son *Autre féroce*. Cependant, du *non*, on n'est pas *maître* — contrairement à cet Autre hors la loi qui ne cesse de renverser, sans raison, les deux pôles du *oui* et du *non* —, au contraire, c'est ce *non* qui intronise le sujet, l'instituant dans ses représentations.

2   logique de la nomination

Précisons la logique qui est à l'œuvre ici. La théorie psychanalytique distingue trois temps dans la constitution du sujet. En suivant l'analyse de Henri Rey-Flaud, nous pouvons noter qu'il se produit, avant toute prise de conscience possible, une première trace de perte, signes « *de la coupure brute, de l'absence absolue* » (pp. 19-20[3]). Seulement quand se produit une répétition (que nous pourrons annoter, en tant que perte originelle, comme -1) le sujet accède-t-il au signifiant « *qui a la fonction d'assurer la transduction d'un texte originaire perdu depuis toujours* » et qui est « *le signifiant de la coupure, de la pure différence — en tant que tel impossible à écrire* ». Ce signifiant, refoulé à son tour par une action de « *refente* » (--1)[4], ne soutient « *son existence que des effets qu'il produit lorsqu'il est à son tour "représenté" par tous les signifiants imaginaires qui vont venir prendre place dans la chaîne du discours effectif* » (pp. 21-2[3])[5].

Tant que ce troisième temps n'est pas advenu, les signifiants

---

3. Henri REY-FLAUD, *Éloge du rien : Pourquoi l'obsessionnel et le pervers échouent là où l'hystérique réussit* (Paris, Seuil, « Champ freudien », 1996).

4. LACAN, *Écrits* (*op. cit.*), p. 634.

5. La structure du redoublement est exemplifiée dans les romans de Claude Simon. Voir Llewellyn BROWN : « Écriture et savoir : *La Route des Flandres* de Claude Simon », *The Romanic Review* [University of Columbia, États-Unis], vol. 90, no. 2, March 1999, pp. 195–206 ; « Masques, doubles et écriture dans *Les Géorgiques* de Claude Simon », *French Studies* [Oxford], vol. 55, no. 2, January 2001, pp. 167–78 ; « Nom et tressage : *L'Acacia* de Claude Simon », *Littérature*, n° 123, septembre 2001, pp. 35–43.

font peser sur le sujet leur portée réelle et celui-ci demeure soumis à l'injonction d'un maître de la vérité qui dispose de son existence. Cependant, puisque le langage, commandé par le principe de la différence[6], est incapable de nommer le réel (qui s'entend comme son dehors absolu), la prééminence de cet Autre s'inscrit sous la forme des revirements du tout au tout : selon une logique binaire, rien n'est définitivement acquis ; tout est soumis à des battements où le mangeur est mangé, où celui qui donne peut tout aussi bien reprendre.

En revanche, grâce au troisième temps, le sujet se libère de ce système total marqué par *l'aliénation* : son Autre se révèle défaillant, devenant une énigme pour lui-même. Face à ce manque — à cet effet de *séparation* —, le sujet se reporte aux représentations langagières et les investit en tant que *semblants* : quoique celles-ci se révèlent insuffisantes à dire la vérité du sujet, elles peuvent cerner et réduire l'ampleur de l'abîme réel. Les semblants, fondés sur le manque, tapissent notre "monde" et en font le lieu de nos échanges, comme l'explique Henri Rey-Flaud :

> Tandis que, dans *l'aliénation*, le sujet tombe sous le coup du langage, rejeté qu'il est de signifiant en signifiant, par la *séparation*, en prenant sur lui le défaut du système signifiant, il se met en mesure de retourner sur l'Autre la perte qui le constitue, c'est-à-dire de renvoyer à l'Autre que la même barre les marque tous les deux sur le modèle de la repartie : « Qui t'a fait comte ? — Qui t'a fait roi ? »   (pp. 30-1[3])

En suivant la théorie deleuzienne du *pli*, on peut rapporter cette dimension à la manière dont le sujet est capable d'exercer une action sur soi-même : « [...] un rapport de la force avec soi, un pouvoir de s'affecter soi-même, un affect de soi par soi. [...] *Il faut que la domination des autres se double d'une domination de soi.* »[7]. À la condition d'ajouter que cette mise en rapport de soi et des autres, cette affectation de soi par soi, suppose l'action de la séparation, de la coupure, ne pouvant émaner du seul *pli*, comme nous le constaterons.

Ce que l'on définit comme "semblant" se comprend comme le lieu d'une communauté sans homogénéité, sans uniformité, puis-

6. « [...] *dans la langue il n'y a que des différences.* » (Ferdinand DE SAUSSURE, *Cours de linguistique générale*, édition critique préparée par Tullio DE MAURO [Paris, Payot, « Payothèque », 1983], p. 166).
7. Citons aussi le passage suivant : « [...] *se dégage un "sujet", qui décroche, qui ne dépend plus du code dans sa part intérieure. Voilà ce qu'ont fait les Grecs : ils ont plié la force, sans qu'elle cesse d'être force.* » (DELEUZE, *Foucault* [*op. cit.*], p. 108).

qu'entre le sujet et son autre, le *manque* incite à faire lien, là où, à titre de contre-exemple, la *présence* s'impose dans l'objet de rivalité, enjeu des convoitises. Au regard des semblants, les mots ne sauraient assurer des significations universellement reconnues, tout en s'inscrivant sur un plan d'équivalence, aire des échanges. Ils ne sont pas, non plus, pénétrés d'une opacité qui menace d'envahir le sujet : ils revêtent une dimension fonctionnelle, servant à faire lien, à réduire l'incidence d'un réel qui reste incontrôlable.

Comme l'*obstacle* réel — qui dessine le croisement du plein et du vide —, la place du sujet requiert une définition paradoxale. L'opération d'une coupure, qui advient au troisième temps de cette structuration, produit une perte, extrayant une part qui, paradoxalement, engendre l'unité de la représentation, ainsi que le formule Jacques Lacan : « [...] *le champ de la réalité* [...] *ne se soutient que de l'extraction de l'objet* a *qui pourtant lui donne son cadre.* » (p. 554⁴). À la suite du *redoublement* (--1) de cette opération d'extraction — que nous appellerons la *coupure* —, le sujet se constitue comme exception à l'égard du Tout. Une faille irrémédiable et radicale le sépare désormais de son Autre, lui assignant une place inexpugnable que ce dernier ne saurait plus maîtriser. C'est ainsi que, selon l'équivoque de la langue, le *non* fonde le *nom* : la représentation du sujet se structure grâce à cette part d'exception qui oppose son *non* à l'Autre.

3   le défaut de nom

Ne bénéficiant pas de cette inscription ineffaçable, le personnage michaldien reste impuissant à opposer une résistance à l'Autre : « *Il n'avait pas la faculté de serrer, de stopper, de commander. Il n'était pas maître du "non".* » (*Textes épars 1936–1938* ; I, 549). À défaut d'une coupure qui situerait le sujet comme irrémédiablement séparé de l'Autre, les identifications qu'il cherche à se donner restent précaires. De là, cette exclamation du narrateur de « *Toujours son "moi"* » (*QJF*, I, 112) : « *Aujourd'hui, je proclame dur et sec que je suis comme ceci. Fixe là-dessus !* [...] *et puis... arrive demain... a tourné le vent* [...]*.* ». La résolution ainsi proclamée ne saurait porter des effets durables puisqu'elle ne correspond pas à une inscription réelle du sujet, ce qui pousse le narrateur à s'exclamer : « [...] *mais bon Dieu ! qu'on me donne donc un substantif* / *un maître qualificatif où je puisse me coller* *à jamais / mais halte-là !* ». En l'absence d'une véritable désignation, il réclame quelque nom de substitution susceptible de lui procurer une assise définitive, un enracinement qui le soustraira à ce ballottement perpétuel.

À force d'être livré à des injonctions contre lesquelles il ne possède aucune défense, le sujet devient son propre ennemi — « *mauvais chien se mord soi-même* » (*QJF*, I, 112) —, objet des caprices d'une autorité toute-puissante, celle qui donne et reprend, qui crée et détruit. Agité par cet Autre dont il exécute les injonctions, le narrateur ne cesse de détruire ses propres représentations : « *je me tue dans ma rage / je m'éparpille à chaque pas* ». Dans la quête qui anime sa création, il ne trouve aucun signifiant susceptible de lui offrir un abri et une identité inaliénables : « *qu'il se trouve enfin pour de bon et s'exprime / cet être de gaz et de mystification / avec son "moi, moi, moi" toujours et tout gros dans la bouche* » (113). En effet, son *moi* n'est rien de plus qu'une pauvre identité de substitution que le narrateur adopte afin de pallier son vide. Au lieu de s'appréhender comme un personnage sur la scène du langage, il s'éprouve comme rien de plus qu'un lieu d'inscription dépourvu d'extension et de consistance : « *et vous autres aussi, allez, passez votre chemin / Monsieur est absent / Monsieur est toujours absent / adieu je vous prie, il n'y a ici qu'empreintes* ». La trace qui fonde le langage est seule visible — les *empreintes* sont "représentées pour un Autre" — mais il manque le personnage-semblant (*Monsieur*) qui, pour peu qu'il fût institué par le Père, pourrait se tenir face aux autres.

4   l'échec des semblants : « *Je vous écris d'un pays lointain* »

L'absence de nomination rend impossible l'institution des semblants, des représentations partagées, susceptibles de cerner le réel innommable et d'en pallier les effets. En conséquence, le sujet michaldien doit constamment s'efforcer de fonder un régime de représentations langagières consistantes. Dans « Je vous écris d'un pays lointain » (*PL*, I, 590-5), le personnage féminin tente d'établir un contact et un échange avec son interlocuteur. De cette manière, elle espère atténuer l'étrangeté de son monde : « *Nous la regarderons ensemble. Je suis sûre que je n'aurai plus peur. Dites-moi, cela n'arrivera-t-il jamais ?* » (593). Cependant, l'Autre avec qui elle communique reste absent : « *Quand allons-nous nous voir enfin ?* » (595). Comme le suggère cette dernière phrase — et ainsi que l'annonçait déjà le titre —, ce dire relève d'une communication *écrite*. Le recours à l'écriture exprime l'échec de la parole, accusant l'abîme qui sépare ce personnage de la réponse tant espérée.

Ce personnage féminin écrit *d'un pays lointain* (qui pourrait aussi bien se qualifier de *"lointain intérieur"*), d'un espace irrémédiablement privé de l'accès aux représentations partagées. À partir de ce lieu claustré, elle s'efforce d'accomplir une percée par la parole adressée. Cette démarche revêt un caractère vital, dans un univers où les choses appartenant au monde quotidien deviennent porteuses d'une terrible menace, mettant en cause la vie et la sérénité du personnage. Au lieu de participer des semblants, les noms, ici, sont de fragiles représentations dont la consistance reste hypothéquée par un Autre destructeur.

Les éléments de la réalité (soleil, montagne, aurore, eau...) s'imposent à la narratrice dans leur étrangeté angoissante. En marchant dans la campagne, elle rencontre des « *masses considérables* » (I, 590) qui portent le nom de « *montagnes* ». Pourtant, cette association d'un nom et d'une qualité ne réussit pas à réduire le caractère brut du phénomène : « *Ce sont des montagnes et il faut tôt ou tard se mettre à plier les genoux. Rien ne sert de résister, on ne pourrait plus avancer, même en se faisant du mal.* ». Le nom *montagne* ne permet pas de concevoir celle-ci comme élément d'un paysage, comme un obstacle négociable en empruntant des chemins latéraux. Le phénomène s'impose dans son opacité menaçante.

Il s'ouvre constamment, au sein de la réalité, un écart incommensurable que le langage ne permet pas de surmonter : « *Souvent les arbres tremblent. On recueille les feuilles. Elles ont un nombre fou de nervures. Mais à quoi bon ? Plus rien entre elles et l'arbre, et nous nous dispersons gênées.* » (I, 591). Ce personnage est incapable d'établir un lien de vraisemblance entre les feuilles et l'arbre (caducité automnale), où le cycle des saisons assurerait une relève signifiante. Pour cette femme, le langage ne fait pas lien et toute rupture apparaît définitive, ouvrant sur un abîme. Elle se sent livrée sans défense à cette brèche et à l'étrangeté qui en émane, comme si le vent et le tremblement la traversaient tout entière : « *Est-ce que la vie sur terre ne pourrait pas se poursuivre sans vent ? Ou faut-il que tout tremble, toujours,*

toujours ? ». Les choses ne s'associent pas pour composer une réalité mais restent sous l'emprise d'un vide invisible qui les menace de destruction : « *On ne voit rien, que ce qu'il importe si peu de voir. Rien, et cependant on tremble.* » (592). La réalité ne s'étoffe pas d'un réseau signifiant convaincant, ouvrant sur de possibles explications ; pour cette raison, « ce qu'on voit » reste insignifiant face à l'invisible qui mine tout.

Dans le même esprit, la mer paraît d'une inertie inquiétante : « *Les ruisseaux avancent ; mais elle, non.* » Au lieu d'amorcer une fiction rassurante, son immensité semble trahir une impuissance radicale : « *Pour fort qu'elle s'agite, elle s'arrête devant un peu de sable.* » (I, 593). La similitude établie entre les deux entités complémentaires (*mer / ruisseau*) ne permet pas de relativiser la confrontation entre la mer et ce *peu de sable* : dans cette construction, le langage n'offre pas de système d'équivalences grâce auquel la narratrice pourrait évacuer la menace. Le personnage ne peut appréhender les formes géographiques dans une structure universelle où profondeur marine et élévation terrestre trouveraient leur place naturelle.

Dans tous ces exemples, l'absence de nomination constitutive, l'absence de séparation, empêchent le sujet de s'inscrire au sein d'une réalité vraisemblable. Ne relevant pas de l'ordre des semblants, les représentations ne sauraient servir de support d'identification et le narrateur ne peut s'estimer affranchi d'une instance tyrannique qui, pour être invisible, n'en est pas moins ravageuse. Le narrateur ne dispose d'aucune barrière permettant de parer à une menace qui pèse sur toutes ses entreprises. Il reste constamment sous la surveillance d'un Autre qui intervient, non à des endroits prévisibles et circonstanciés, mais de manière arbitraire, ainsi que le décrit la narratrice de « *Je vous écris d'un pays lointain* » : « *On eût profité de notre confusion. On nous eût dit :* "*Voilà, on vous enterre. Le moment est arrivé.*" *Nous pensions, c'est vrai, nous pourrions aussi bien être enterrées ce soir, s'il est avéré que c'est le moment.* » (I, 592). Dans cet univers, rien n'atténue le tranchant du signifiant, rien n'assure la continuité de la vie : les formes sont happées, « *et pas le temps de dire mot, pas le souffle* ».

5   le nom et le pli : "Biliouli / Liliouli"

Au cours des pages qui précèdent, nous avons suivi la formation de ce qui constitue la base de la topologie michaldienne : le défaut d'une nomination symbolique (sa "forclusion"), l'absence d'une coupure apte à assurer l'ancrage inexpugnable du sujet et à signer la radicale impossibilité pour l'Autre d'exercer son emprise sur lui. Une telle opération eût autorisé le sujet à adhérer à des représentations langagières propres à faire lien avec ses semblables. L'hypothèse qui guide notre recherche consiste à poser que l'instance d'aliénation qui sévit, à défaut d'une telle coupure fondatrice, se manifeste dans le *pli*. À travers celui-ci, l'intrusion d'une opacité menaçante ne laisse pas d'empêcher les semblants de se *déployer* et de prendre consistance : toute tentative d'instaurer une réalité crédible — composée de représentations stables et cohérentes — est vouée à l'échec, ainsi que nous le montrent les voix narrantes de l'œuvre de Michaux.

Un exemple de « Ici, Poddema » (A, II, 115) nous permet de voir les rapports qui s'établissent entre le nom et l'esthétique du pli. Dans ce texte, nous avons déjà remarqué que les habitants de Biliouli acceptent d'attribuer un nom seulement aux « *petites choses* » dont l'étendue est déjà circonscrite. Face aux grandes choses, en revanche, ils craignent d'éveiller des forces hostiles. Cependant, au début de cette vignette*, une disposition en *pli* sert à suppléer au défaut de nomination. Ainsi, deux lieux sont évoqués : « *Biliouli* » et « *Liliouli* ». Ces lieux représentent manifestement des doubles : la syllabe *Bi* évoque le préfixe du redoublement et chacun des deux noms se construit à partir de la base *liouli*. De plus, nous trouvons, posées face à face, des entités marquées par la grandeur : la « *capitale* » et une « *grande montagne* ». Cette disposition binaire se prolonge dans une construction en forme de chiasme — correspondant à une réalisation rhétorique du *pli* — dans ce paragraphe : « *Leur capitale est bâtie face à une* GRANDE MONTAGNE, *à un grand* PIC. *Ce* PIC *est anonyme. Ils n'osent donner de nom aux* PICS. *Ils n'osent donner de nom aux* MONTAGNES. » (115). Le chiasme s'articule autour du terme central *pic anonyme*, *pli* flanqué par des termes qui se font écho : *grande montagne-pic* et *pics-montagnes*. Dans cette construction, le *pic anonyme* recouvre le *pli* qui s'entend comme traumatisme et défaut de nomination.

Dans la suite du texte, les versants *pli* et *dépli*[8] se forment à

---

8. Nous utiliserons ce terme forgé par Michaux (II, 70), bien qu'il ne soit pas lexicalisé, comme le signale Madeleine Fondo-Valette (« Le Dépli du pli ou les "vingt-deux plis" de l'enfant mage », p. 247). Cette forme substantivée permet d'isoler le versant déplié dans sa symétrie par rapport au pli.

* Voir *infra*, pp. 117–23.

partir de l'opposition entre la nomination refusée et le recours aux « *allusions* » (II, 115) qui évitent, aux personnages, l'obligation de nommer mais « *où pas un fleuve, serait-il dieu, ne se retrouverait et en tout cas ne trouverait à se fâcher* ». Cette opposition entre l'« *arête* » de la nomination* et le *dépli* métonymique se reflète dans la forme du texte puisque la description (*dépli*) de ces coutumes est, ensuite, ponctuée par la déclaration axiomatique (*arête* ou *pli* à caractère signifiant) : « *Aux grandes unités point de noms.* » Encore une fois, l'absence de nom occupe la place du *pli*. On pourrait dire que ce refus de la nomination prend modèle sur le principe de Wittgenstein : « *Ce qu'on ne peut dire, il faut le taire.* »[9]. C'est-à-dire que là où le sujet n'a pas été intronisé dans le langage, il oppose son propre refus de nommer. Aussi pratique-t-il un redoublement de l'absence, de crainte de provoquer le surgissement d'un Autre redoutable et capricieux.

C'est justement à cet endroit que, au lieu de s'abîmer dans le *pli*, le Je peut advenir comme une nouvelle forme de *dépli*, s'élevant à partir du *pli* axiomatique et en miroir avec le *dépli* descriptif. On serait tenté de croire que, dans cette affirmation du Je à la fin du texte, le sujet accède à une forme de nomination. Ce serait faire abstraction du fait que, matériellement, le pronom reste en miroir avec le peuple imaginaire : il s'intègre au mouvement *pli / dépli*, sans pouvoir s'en extraire. En effet, le texte conclut par la phrase inachevée : « *Je me plaisais parmi eux...* » (II, 115). Dans ces points de suspension, on peut lire la persistance de l'absence de nom. Le Je prend forme et existence à la fois dans son reflet et dans le *pli* sans nom. Aussi se présente-t-il comme scindé : simultanément disposant du pronom *je* (dont la fonction consiste à désigner une singularité) et privé de nom. À ce titre, il incarne cette scission dont le texte donne à lire le *dépliage*.

6   le nom et le pli : Dovobo

Le livre *Ailleurs* nous offre un autre exemple de la précision avec laquelle Michaux articule ce fait de structure avec l'esthétique du pli, cette fois en dessinant le dépassement de l'oscillation *pli / dépli* — avec son corrélat de l'absence de nom —, pour construire l'avènement du nom.

---

9. Conclusion du *Tractatus logico-philosophicus*, publié en 1921.

* Voir *infra*, p. 54.

Le personnage de Dovobo («Dovobo, empereur de Grande Garabagne»;
A, II, 62-5) intervient, en quelque sorte, comme "signature" au
terme du «Voyage en Grande Garabagne». Ou, plutôt, il apparaît comme un burlesque prête-nom, à la recherche d'une nomination réelle susceptible de suppléer à son absence foncière de
nom. En inscrivant cette signature, le narrateur tente d'apporter à
son *voyage* — sous une forme positivée —, l'unité qui lui fait
défaut.

Dans la première partie de ce texte (que nous désignerons par
l'annotation *1a)*, l'empereur Dovobo fait irruption dans la Cour,
entrant dans sa fonction non par succession mais par défaut : il
témoigne d'une absence de transmission. En effet, ce n'est pas
son père qui lui lègue la place : celle-ci se libère à la suite de
l'anéantissement de toute sa famille. Par conséquent, il est impossible pour Dovobo de se trouver une identification. Quant aux
nobles fonctions qu'il est supposé assumer, elles sont «*plus hono-
rifiques que réelles*» (II, 62-3).

Certes, on essaie de l'affubler d'attributs et d'habillages *hono-
rifiques* mais, n'ayant pas été intronisé une fois pour toutes dans
les semblants langagiers, Dovobo est *incapable d'y prêter foi, d'y
croire* : ceux-ci ne peuvent être, pour lui, que des *faux*-semblants.
Dans son incapacité à s'identifier aux signifiants qui composent
les institutions et la société, il les rejette, adoptant le procédé de
«*gaspiller les noms*» (*ÉE*, I, 780), dispersant les meubles et les
éléments d'apparat. À peine peut-il se situer en passant en revue
ces représentations et s'appréhender en tant que celui qui
s'excepte de la série, prononçant un «*Non!*» (II, 63) retentissant
quand il disperse la foule de ses courtisans. En effet, Dovobo
n'existe que par ce *Non!* qui exprime son opposition farouche et
désespérée à un Autre envahissant[10].

Dans cette démarche de dilapidation des semblants[11], on
remarque la similitude de Dovobo avec le personnage éponyme
du poème «Clown» (*PL*, I, 709-10). Comme Dovobo, le *clown* se
propose de rejeter toutes les formes entachées par les conventions,
ces signifiants qui situent le sujet parmi ses semblables. Aussi
déclare-t-il : « [...] *j'expulserai de moi la forme qu'on croyait si*

10. Cf. l'emploi spécifique que fait Michaux de la préposition *contre* (*PDT*,
III, 1250, 1251).

11. « *Car toutes les mesures qu'il prend sont des actes, dirigés contre la tradi-
tion et contre ses propres prérogatives.* » (MARTIN, *Écritures de soi, expatriations*, p. 467).

bien attachée, composée, coordonnée, assortie à mon entourage et à mes semblables, si dignes, si dignes, mes semblables. » (709).

Il espère ainsi réaliser une ouverture au sein de ce monde qui l'enferme : « *Perdu en un endroit lointain (ou même pas), sans nom, sans identité.* » ; « *Je plongerai. / Sans bourse dans l'infini esprit sous-jacent, ouvert à tous / ouvert moi-même à une nouvelle et incroyable rosée / à force d'être nul / et ras... / et risible...* » (709-10). Pâtissant de l'absence originelle de nom, ce clown rejette tous les noms que l'on tente de lui imposer, à cause de leur fausseté. Il s'agit de se donner un nouveau nom, un nom *"propre"* permettant de représenter ce qui n'a jamais été entamé par la nomination. On note l'emploi de la tournure adverbiale *à force*, qui fait entendre l'énergie engagée dans la décision de congédier ces formes : c'est au moyen de cette même force que ce personnage se dote d'un prête-nom, celui de *clown*.

Comme ce *clown*, Dovobo se pose en instance du *pli*, dilapidant les signifiants, rejetant toute nomination. Il s'inscrit en porte à faux, face à l'ordre social qui déplie les signifiants au profit d'un ensemble appelé « réalité »[12]. Face à la dispersion qui accentue l'action destructrice du *pli*, la partie suivante de ce texte (*1b*) déplie le monde d'un Dovobo désormais délesté de son apparat. Ayant fait le vide dans sa Cour, Dovobo trouve la place qui lui convient dans le jardin, où il fait régner un semblant d'ordre. Il s'agit d'un ordre à caractère anarchique, dénué de hiérarchie et apparemment sans lois : les officiels font de rares visites et le peuple circule librement, comme l'y invite l'ouverture même du jardin. Dans ce contexte, Dovobo s'attaque une nouvelle fois aux semblants, écoutant ses fonctionnaires et les contraignant de lui faire un exposé de plus en plus simplifié pour enfin en extraire « *la formule même de la vérité* » ou le « *pur mensonge* » (II, 64), assenant le mot qui cloue son interlocuteur[13]. De cette manière, Dovobo ravale les semblants pour lancer, tel un trait meurtrier, la nomination qui les sous-tend (*pli*) et qui, pour que le lien en société fonctionne, nécessite de rester méconnu.

Cependant, reste le mystère qui entoure Dovobo et qu'il s'agira

---

12. Gérard Wajcman souligne le lien entre la réalité et le tableau, tel que nous le connaissons depuis Alberti : « [...] *c'est la peinture qui invente la réalité. De là, il faut défendre que la réalité est structurée comme un tableau.* » (*Fenêtre*, op. cit., p. 261). Citons aussi le passage suivant : « *La réalité, c'est en somme ce qui recouvre, nous sépare et nous protège du réel.* » (p. 262).

13. On remarque que le même procédé est évoqué dans « Mon Roi »*.

* Voir *infra*, pp. 71-2.

de «percer» : reste la confrontation avec la mort. Dans la partie suivante (*2a*), Dovobo se tourne vers la Cour de Krivni, réputée pour ses chasses. Il s'agit d'une tentative de s'approprier quelque chose de son destin royal à l'aide de son double, le «*vice-roi*» (II, 64). Cependant, afin de prendre place et se donner une inscription qui lui fait défaut, Dovobo enfreint les règles de l'étiquette et lance des insultes : il s'inscrit comme rebut inconvenant, irrecevable, comme innommable abjection face à l'idéal royal. Ce qu'il inflige ainsi à son double ne peut que lui revenir : «*Sa force fit pâlir ; et, lui-même pâle de l'effort fourni, et se croyant insulté* [...].». Puisque ses provocations ne reçoivent pas de réponse digne («*se croyant insulté par le silence*») et qui puisse lui conférer un nom, Dovobo inscrit, sur les grandes portes du palais, les mots «**MAISON MAUDITE*» (II, 65) (où on lit, aussi, le redoublement de l'initiale de "Michaux"). Dans cet acte, il nomme à la fois son double et soi-même, signant un "nom" en entier et non une simple lettre (63), comme il en avait l'habitude.

Après la nomination symbolique incarnée dans l'épisode du vice-roi, Dovobo cherche (partie *2b*) une nomination réelle, partant à la chasse au cerf. De nouveau, il disperse tout le monde, il gaspille et épuise les autres et lui-même et, à la fin, il reçoit des javelots dans le dos. Ne pouvant saisir cette chose qui le transperce — «*ne voyant pas ses agresseurs*» certes, mais il s'agit surtout du surgissement de l'instance d'aliénation (*pli*) —, il prend appui sur l'image idéalisée qui représente son être non-humain, le cerf. Il tue ce double et meurt simultanément. À cet instant, il est irrémédiablement «nommé» mais, en l'absence d'une désignation symbolique, il y accède seulement par la mort.

La forclusion de la nomination conduit à ce sacrifice qui ressemble à la mise à mort du père mythique. On peut aussi y voir un simulacre du refoulement car, après la mort de Dovobo, l'institution impériale paraît caduque : «*Après lui, il n'y eut plus d'empire. On y renonça tout naturellement.*» (II, 65). Ce qui vient, à la place de cette présence incarnée, c'est l'esprit des populations elles-mêmes : «*En Grande Garabagne, on est conduit par le tempérament de la race plutôt que par des chefs.*». Autrement dit, la fonction de la gouvernance est intériorisée par les gouvernés, devenant enfin symbolique.

Cet épisode nous permet de voir non seulement un traitement de l'absence de nomination, mais également la mise en forme de ce traitement par l'esthétique du pli. Les quatre parties que nous avons discernées marquent des mouvements *pli / dépli* :

1a. *pli* : la dilapidation de l'apparat impérial
1b. *dépli* : la nouvelle disposition de la Cour
2a. *pli* : la mise à mort symbolique, par l'injure, de la cour de Krivni.
2b. *dépli* : la cour de Krivni réaménagée pour la chasse
3. *dépassement* : le *tempérament* remplace l'incarnation.

Cette disposition ne décrit pas simplement un déroulement chronologique ou d'une composition narrative. Il s'agit d'une logique déterminée par le mouvement *pli / dépli* où le personnage, pâtissant de l'absence de transmission symbolique, s'efforce de se doter d'un nom, en passant par la dilapidation et l'institution d'un système de rechange. Ainsi, dans le balancement entre *a* et *b*, Dovobo passe d'une cour déjà instituée à celle qu'il met en place lui-même. Tandis que de *1* à *2*, Dovobo passe de son propre lieu à celui d'un autre ; de *2a* à *2b* l'agression faite aux autres (une mise à mort symbolique) conduit à la mort réelle, subie par le protagoniste. De *1* à *2*, Dovobo passe d'un chez soi institué par le régime de son peuple, mais où il ne trouve pas vraiment sa place, à un pays autre, où il trouve un chez soi définitif, rivé à l'innommable de son intime. Enfin, au balancement binaire succède un troisième temps, un temps de dépassement logique. À cet endroit, le *tempérament de la race* intervient comme le stade de la constitution du sujet : la séparation d'avec l'instance d'aliénation (ce avec quoi Dovobo se débattait), l'intériorisation et le recours à des éléments du semblant.

Cet épisode constitue une forme de mythe de la nomination, où Dovobo advient en s'anéantissant. Il s'agit de la fable d'un refoulement enfin réussi et qui rejaillit sur tout ce qui a précédé, au cours du voyage en Grande Garabagne : explicitant les conditions qui ont permis cette écriture. Le prête-nom *Dovobo* désigne, par son anéantissement, l'unité qui sous-tend l'écriture fragmentaire de ce livre. Par l'évacuation de Dovobo — de la chose sans nom qui l'habitait et qui empêchait son intégration au régime des semblants —, cet épisode montre les conditions de la perte indispensable à la constitution des représentations. Partant, l'écriture intervient comme suppléance, réalisant la nomination qui faisait défaut. Face à l'espace confiné où se débattent les personnages, l'écrivain incarne ce troisième temps, réalisant le saut qualitatif qui l'extrait de l'aliénation.

IV

LES SEMBLANTS, LA TOPOLOGIE MÖBIENNE

ET LE *PLI*

1 le ruban de Möbius et le pli :
des topologies contrastées

L'EXEMPLE du personnage de Dovobo nous a permis de voir comment le défaut d'une nomination détermine la composition du texte, dans le dépliage de ses parties successives. Il nous faut maintenant voir plus précisément comment se définit la topologie du *pli*, telle qu'elle se matérialise dans l'œuvre de Michaux.

Pour préciser la spécificité du *pli*, nous pouvons partir d'une forme topologique qui lui présente une certaine affinité : le ruban de Möbius[1]. Celui-ci résulte de la torsion d'un demi-tour à laquelle on soumet un ruban avant de joindre ses deux bouts pour former une boucle. Cette opération réalise le paradoxe selon lequel le ruban ne se compose plus de deux faces mais d'une seule : l'envers et l'endroit coexistent sans solution de continuité. Ce modèle éclaire certains aspects de l'écriture de Michaux : par exemple, les passages où le père de A. alternativement se tient en retrait et se montre intrusif ; ou le principe selon lequel le père qui donne la vie peut aussi bien la reprendre (« Je vous écris d'un pays lointain » ; *PL*, I, 592). Mais à l'examiner de plus près, on constate que la forme möbienne se distingue fondamentalement de la topologie que nous trouvons dans l'écriture de Michaux. L'assimilation de l'envers et de l'endroit au sein d'une même surface est conditionnée par une *coupure* : tout ruban est le résultat d'une découpe dans une surface plus large, entraînant la perte d'une certaine quantité de l'étoffe indifférenciée. Seulement quand ce ruban, potentiellement d'une longueur infinie, est soumis à une seconde

---

1. Voir LACAN, *Le Séminaire, Livre XI* (*op. cit.*), pp. 142-3.

coupure peut-on joindre les deux bouts pour en faire un rond. Envers et endroit deviennent alors coplanaires.

Si l'on compare cette topologie avec le processus de la constitution du sujet que nous avons décrit ci-dessus, on discerne des points de similitude. Pour que conscient et inconscient puissent se considérer comme l'envers et l'endroit d'un même sujet, il faut qu'il y ait, non pas une seule opération de perte mais deux : le sujet est le produit d'un *redoublement* de la perte, d'une « refente »[2]. Ce principe s'éprouve sur le plan du langage dans la manière dont le sujet reçoit le message qu'il adresse à l'Autre sous sa forme inversée[3]. Le message dessine une boucle où le sens intentionnel, loin d'anticiper sur une confirmation redondante apportée par son interlocuteur, intègre déjà le démenti de la part de celui-ci : on le constate couramment dans la figure de l'épanorthose, où le locuteur se défend d'exprimer une opinion irrecevable avant d'en livrer la formulation brute (« Ce n'est pas que je..., mais il faut reconnaître que... ! »). Le langage révèle ainsi la logique rétroactive qui le structure et qui est lestée par une part d'inconciliable située au lieu de croisement de l'assertion et de la dénégation, de la protase et de l'apodose. De ce fait, dans toute formulation signifiante, *quelque chose manque* pour qu'un message soit identique pour deux interlocuteurs, pour que celui-ci se réduise à sa signification univoque. Conformément à cette logique, le ruban de Möbius relève d'une logique ternaire où envers et endroit sont réunis par la coupure qui les constitue[4].

---

2. Par exemple, au seuil de *Écrits*, Lacan note : « *Notre tâche ramène cette boucle charmante* [celle de *The Rape of the Lock*] *au sens topologique qu'aurait le mot : nœud dont un trajet se ferme de son* REDOUBLEMENT RENVERSÉ, — *soit tel que récemment nous l'avons promu à soutenir la structure du sujet.* » (LACAN, *Écrits* [*op. cit.*], p. 10).

3. « [...] *dans le langage notre message nous vient de l'Autre, et* [...] *sous une forme inversée.* » (LACAN, *Écrits* [*op. cit.*], p. 9). Voir aussi le chapitre consacré à Aragon dans notre livre : BROWN, *Figures du mensonge littéraire* (*op. cit.*), pp. 225–61.

4. Cette coupure est structurellement analogue à la trace qui donne son cadre au tableau : « [...] *l'horizon de la signification* est toujours lié, comme par une sorte de cordon ombilical, à un point *à l'intérieur* du champ qu'il dévoile. [...] Nous reconnaissons aisément ici la topologie du ruban de Möbius où, dans une sorte d'inversion abyssale, l'enveloppe est elle-même enchâssée par son intérieur. » ([Trad. de] ŽIŽEK, « Why does a Letter always arrive at its Destination ? » [*loc. cit.*], p. 16). Richard Abibon démontre qu'il faut un minimum de trois traits pour extraire un morceau d'une surface (ABIBON, « Neuvième démonstration des trois torsions de la bande de Mœbius » [*loc. cit.*]).

40

Cette topologie correspond à celle que Richard Abibon discerne dans ce qu'il appelle le ruban de Möbius « *|hétérogène| »[5]. Quand celui-ci est mis à plat, une face apparaît dessus, dans toute sa longueur, tandis qu'un deuxième reste entièrement dessous. Une troisième face, enfin, fait la jonction entre les deux autres, passant simultanément au-dessus et en dessous. En outre, ce ruban met en œuvre une *coupure* à l'endroit où, contrairement aux autres plis qui passent de l'avant à l'arrière, se dessine un mouvement inattendu conduisant de dessous à dessus[6]. Cette coupure fonde un point d'exception dans le ruban, un endroit qui permet de localiser un point désormais singularisé.

RUBAN « HÉTÉROGÈNE »

l'Autre l'Un et l'Autre

coupure l'un

Il existe, cependant, une tout autre forme de ruban möbien fondée sur la non-exclusion des contraires. Pour la réaliser, il suffit d'inverser le sens de l'un des bouts du ruban hétérogène. On découvre alors un ruban « *homogène* », dont les torsions s'orientent toutes dans le même sens, et dont chaque face passe simultanément au-dessus et en dessous[7]. En raison de cette répétition à l'identique — en trois endroits du ruban —, la différence se trouve effacée, produisant ce que Richard Abibon appelle l'« *|acoupure| », « *|puisqu'elle intervient pour supprimer l'efficience de la coupure| »[5]. Les trois faces sont désormais identiques, excluant le passage « *|d'Une face à une Autre face, puisqu'il n'y a aucune localité| »[5] : cette localité étant garantie, dans le ruban hétérogène, par la fonction de la coupure. Dans le ruban homogène, un mouvement fait constamment passer dessus/dessous, sans qu'un arrêt mette ce battement en perspective par la référence à un point stable*. Ainsi, l'absence de point de revirement dans le sens des plis exclut, dans le domaine du langage,

5. ABIBON, « Les Trois torsions de la bande de Mœbius » (*loc. cit.*).
6. On peut constater la présence de cette coupure si les deux faces sont d'emblée de couleur différente : aucune des deux couleurs ne recouvre la totalité de la surface.
7. « *|[...] toutes les zones sont à la fois dessus celle qui suit et dessous celle qui précède.| » (ABIBON, « Les Trois torsions de la bande de Mœbius » [*loc. cit.*]).

* Voir *infra*, p. 63.   41

toute ouverture dans la chaîne signifiante. Comme Michaux le remarque au sujet d'un univers qu'il nomme « *Ailleurs* » : « Qui pourrait échapper ? Le vase est clos. » (*A*, II, 3).

Le ruban de Möbius *homogène* éclaire ainsi la topologie à l'œuvre dans le motif du *pli*. Ce dernier forme un dispositif binaire (où le *pli* est complété par le *dépli*) qui ne suppose aucune opération de découpe ou de perte. En conséquence, le *pli* manifeste une tendance à se proliférer et à s'affranchir de toute localisation. Le terme même de *pli* n'induit pas nécessairement l'existence d'un envers et d'un endroit, puisqu'on peut parler d'un pli dans la surface de la terre, sans que la massivité du globe terrestre en soit entamée[8]. Ensuite, s'agissant d'une étoffe (dotée explicitement d'un envers et d'un endroit), celle-ci reste affectée d'une étendue potentiellement infinie : elle n'a aucunement besoin d'être réduite par une opération de découpe pour se recouvrir de plis. Pour trouver un modèle convaincant de cet effet du *pli*, il suffit de partir de la forme d'un cercle. À l'intérieur de celui-ci, suivant son contour, on dessine un tracé en zigzag. La ligne que décrit ce dernier, bien qu'occupant une superficie plus réduite que le rond qui l'entoure, sera plus longue. Ensuite, on brise chacune des droites du zigzag pour en faire des zigzags supplémentaires, et ainsi de suite. Les plis qui composent cette ligne développent une longueur ou — dans le cas de sa transposition en trois dimensions, à l'intérieur d'une sphère — une surface infinies[9]. Pour

8. On distingue la manière dont réagissent les roches à la compression : certaines se déforment lentement pour produire des *plis*, d'autres se cassent, formant des *failles*.

9. Le paradoxe vient du fait que le fini peut constituer le lieu de l'illimité, ainsi que le démontre Jean-Claude Milner : « *Tout terme dès qu'il est posé ressortit à l'être. Y compris quand il est dit de lui qu'il n'est pas. La collection des étants est donc illimitée ; pour autant, elle n'est pas nécessairement infinie.* » (MILNER, *Les Penchants criminels de l'Europe démocratique* [*op. cit.*], p. 19). Il y a illimité dès lors que : « *Rien ni personne n'existe à l'égard de quoi la fonction cesse de faire sens.* » (p. 23).

compléter cette démonstration, nous pourrions convoquer Maurice Blanchot qui explique, dans des termes plus poétiques, la manière dont ouverture et fermeture ne se limitent pas, respectivement, aux espaces immenses ou réduits mais peuvent parfaitement échanger les qualités qu'on leur attribue spontanément :

> L'erreur, le fait d'être en chemin sans pouvoir s'arrêter jamais, changent le fini en infini. À quoi s'ajoutent ces traits singuliers : du fini qui est pourtant fermé, on peut toujours espérer sortir, alors que l'infinie vastitude est la prison, étant sans issue ; de même que tout lieu absolument sans issue devient infini. En outre, le lieu de l'égarement ignore la ligne droite : on n'y va jamais d'un point à un autre ; on ne part pas d'ici pour aller là ; nul point de départ et nul commencement à la marche — avant d'avoir commencé, déjà on recommence, avant d'avoir accompli, on répète [...].[10]

Les *plis* ont la capacité de se démultiplier à l'infini et leur forme — longueur, parcours, profondeur — n'est en aucune manière prédéterminée. Contrairement au ruban de Möbius, on peut parler d'un impact structural minimal : le pli n'entame pas le tissu et n'en modifie que très peu la forme. À cet égard, Deleuze note que le pli baroque « *n'est plus un art des structures, mais des textures* »[11], où le cadre disparaît sous la masse qui déborde (p. 166[11]). Certes, le pli marque l'étoffe mais il ne l'altère pas profondément : il ne fait pas d'elle autre chose que ce qu'elle est depuis toujours. Pour transposer cette topologie sur le plan du langage, on note qu'on peut *plier* et *déplier*, on peut *expliquer* et *déployer*, mais il s'agit toujours du même *topos* et chacune de ces opérations reste, en principe, réversible : l'explication donne à lire le sens d'un mot, et celui-ci peut encapsuler un long discours. On voit, alors, le contraste d'avec le ruban möbien, dont la découpe témoigne d'un choix quant à l'utilisation à laquelle l'étoffe est destinée. Une telle intervention s'affirme irréversible : l'étoffe entamée perd définitivement le nombre potentiellement infini de ses utilisations et, une fois la boucle formée, le tissu porte le nouveau nom qui proclame sa forme.

Ainsi, la topologie du *pli* n'accède pas à une logique *ternaire* mais reste prisonnière d'un mouvement *binaire*. Au lieu que le sujet subisse la refente (--1), qui lui permettrait de s'inscrire dans

---

10. Blanchot, « L'Infini et l'infini », p. 75.
11. Deleuze, *Le Pli* (*op. cit.*), p. 165.

le registre des semblants, il reste déterminé par un balancement binaire, à la manière de Dovobo qui disposait sa cour royale pour mieux la détruire. Les signifiants qui composaient son monde ne lui inspiraient aucune confiance. On peut donc nommer *dépli* l'état des signifiants et des discours qui n'accèdent pas au statut des semblants. En revanche, si les signifiants parvenaient à se détacher de leur aliénation au *pli*, à se structurer autour d'une coupure qui inscrivait le manque, ils participeraient du registre des *semblants*. Tout au long de l'œuvre de Michaux, les signifiants s'efforcent de se *déplier*, de constituer un monde élevé au statut des semblants, mais ce stade de franchissement échoue à advenir. Les signifiants finissent par capituler devant le *pli* — l'absence de nom, la *chose* envahissante — qui les pulvérise, rappelant ainsi sa prééminence sur toute construction d'un monde vraisemblable.

En revanche, la structure ternaire se réalise dans l'acte même de l'écriture, comme le suggère le mythe de Dovobo. La composition écrite accomplit une coupure et instaure — le temps du texte écrit — une inscription définitive. Chez Michaux, l'écriture et la peinture offrent un accès aux semblants où celui qui écrit *n'est pas* Dovobo, n'est pas le *clown*. Là où les personnages se montrent ballottés entre *pli* et *dépli*, là où ils subissent et sèment la destruction, la composition écrite réalise une forme structurée et lisible ; elle ne pâtit pas des forces qu'elle décrit, tout en leur servant de réceptacle.

Ayant situé les principes qui définissent la structure du *pli*, nous sommes en mesure d'étudier quelques-unes de ses incidences sur l'écriture de Michaux. Tout d'abord, on note que le dedans et le dehors entretiennent des rapports d'une contiguïté absolue ; c'est-à-dire, où la continuité qui les relie n'est tempérée par aucune coupure. On en trouve l'illustration dans la préface de *Ailleurs* où le narrateur évoque ses mondes fictifs, déclarant : *« Il traduit aussi le Monde, celui qui voulait s'en échapper. Qui pourrait échapper ? Le vase est clos. »* (II, 3). Ici, le monde (les signifiants communs, la réalité) compose une prison qui produit son propre dehors, l'étrangeté absolue et souvent insupportable (*« Les pays, on ne saurait assez s'en méfier. »*). Par conséquent, toucher à un côté de la cloison, c'est inévitablement convoquer et en modifier l'autre. L'étrange se situe en contiguïté avec le familier et sa « traduction » ne saurait le domestiquer. Seulement, en raison d'une absence de

44

rupture, ces pays n'ont pas « parfait leur installation ».

Cette structure se reflète dans l'organisation de l'ensemble de ce passage. Celui-ci ouvre sur un effet de *pli*, où le narrateur se trouve aux prises avec le dehors : *« L'auteur a vécu très souvent ailleurs [...]. » (A, II, 3). Le Je dépersonnalisé qui s'avance derrière cette troisième personne est associé à un univers d'étrangeté, comme un être de fiction. Ainsi, le Je et l'*ailleurs* se présentent comme envers et endroit, signalant qu'ils sont, tous les deux, taillés dans la même étoffe. La première moitié de cette préface, formulée au passé composé, prend acte de la situation extrême que représente l'affrontement avec le dehors : *« Il est revenu chez lui après chaque voyage. Il n'a pas une résistance indéfinie. ». L'étrangeté et le Je ne sauraient connaître une coexistence harmonieuse.

En revanche, la seconde moitié de la préface inverse cette perspective, commençant par prendre en compte le jugement du point de vue du lecteur ; puis, après le présent verbal, elle recourt au temps du futur. Le narrateur explique que l'étrangeté n'est pas destinée à durer : *« Certains lecteurs ont trouvé ces pays un peu étranges. Cela ne durera pas. Cette impression passe déjà. » (A, II, 3). L'*ailleurs* n'apparaît plus comme radicalement étranger puisqu'il prend racine dans notre monde : à l'inverse de la fermeture exprimée à la fin de la première partie, le narrateur annonce la prochaine prolifération de ces *ailleurs*. Alors que, initialement, ces *pays* se voyaient expulsés en raison de leur extériorité angoissante, ils se trouvent désormais assimilés au sein de la représentation et destinés à composer "le monde" :

Ces pays, on le constatera, sont en somme parfaitement naturels. On les retrouvera partout bientôt... [...] Derrière ce qui est, ce qui a failli être, ce qui tendait à être, menaçait d'être, et qui entre des millions de « possibles » commençait à être, mais n'a pu parfaire son installation... (A, II, 3)

Au cours de ce texte, le repli subjectif (accompagné par l'expulsion de l'étrangeté) et le *dépli* rhizomatique (entraînant l'inclusion de l'étrangeté au sein du naturel) se font écho et appel, l'un à l'autre. Un soutien et une relance mutuels se réalisent où se croisent des propositions apparemment incompatibles : l'*ailleurs* étant excentré et insupportable et, en même temps, destiné à s'importer et à se naturaliser. Aucun terme conceptuel ne vient déterminer l'unité qui fonderait ce mouvement si ce n'est le *pli*, qui est le nom même de cette construction. Ou encore : c'est justement à la dernière phrase — *« commençait à être, mais n'a pu parfaire son installation... » —, se terminant par des points de suspension, que le texte atteint l'endroit où il désigne cette absence de nom.

2   *le pli et l'incessant*

Dès lors que la topologie du *pli* ne se structure pas au moyen de l'irrémédiable de la coupure, rien ne vient opposer un arrêt au battement *pli / dépli*. Au contraire de la fonction symbolique de la nomination, qui fonde le sujet comme un élément d'exception à l'égard du Tout, le *pli* reste ancré dans la continuité matricielle, marquée par le mouvement et la transformation incessants.

Comme le précise le narrateur de « Encore des changements » (*NR*, I, 479–81), le monde régi par le mouvement *pli / dépli* n'offre aucune issue, aucune possibilité de « *mort* » qui signerait, au sein même de la vie, l'effet d'une coupure symbolique : « *Ah ! si je pouvais mourir une fois pour toutes. Mais non, on me trouve toujours bon pour une nouvelle vie et pourtant je n'y fais que des gaffes et la mène promptement à sa perte.* » (480). Dans cet univers, il n'existe pas de véritable arrêt : tout se voit emporté dans une course sans fin, sous les assauts du *pli*. En l'absence d'une coupure, ce narrateur ne saurait être le sujet de ces trans-formations : il s'éprouve, au contraire, comme celui qui les subit, comme leur objet. Le *dépli* constamment refondu et renouvelé est le produit du *pli* qui assène cette injonction de métamorphose. À l'inverse de la manifestation du *pli* qui — chez Dovobo et le *clown* — ravage et détruit le *dépli*, ce *pli* dicte la participation à des métamorphoses sans nombre, comme le narrateur le note dans l'*incipit* : « *À force de souffrir, je perdis les limites de mon corps et me démesurai irrésistiblement.* » (479).

Le narrateur craint que son immobilité ne vienne signer l'effondrement du *dépli* et qu'il ne rencontre l'impossibilité de convertir, un jour, son mouvement en une action cohérente, support d'un monde crédible. Aussi se trouve-t-il dans un lieu de croisement qui signe l'impossibilité qu'advienne enfin un nom susceptible de marquer un point d'arrêt : « [...] *si je ne bouge pas, c'est que je pourris sur place, et si je bouge c'est pour aller sous les coups de mes ennemis.* » (I, 480). Dans ce mouvement frénétique et incessant, les formes du *dépli* n'offrent aucune assise stable, aucun repère fiable ; au contraire, elles perdent leur consistance sous l'effet d'une spécularité exacerbée. Ainsi, dans un passage de *Face aux verrous*, le narrateur se voit piégé dans un dispositif binaire, composé des termes *rêve* et *éveil*. Il se trouve dans l'impossibilité de croire à l'un ou à l'autre de ces deux signifiants : quand un terme se présente, il le rejette au profit de son contraire, et inversement. Le texte ouvre ainsi : « *Je rêvais que je dormais. Naturellement, je ne me laissais pas prendre, sachant que j'étais éveillé, jusqu'au moment où, me réveillant, je me rappelai que je dormais.* » (*FV*, II, 483-4). Le narrateur sait pourtant que son rejet émane nécessairement d'un savoir qui devrait l'orienter à l'égard de ces signifiants identifiants. Mais, puisqu'un véritable ancrage lui a été refusé, il est condamné à chercher indéfiniment : tel Narcisse, il doit s'identifier dans la succession des visages dont aucun ne sera le sien.

Se perdant dans l'oscillation des signifiants, il tente de se situer dans son corps en se mordant les doigts. Par ce geste, il tente d'inscrire le *pli*, de donner consistance à ce qui le pousse dans cette ronde infernale : à défaut de se réaliser une fois pour toutes, à la manière de la coupure symbolique, cette inscription se fait dans la chair. Comme l'affirme l'auteur de « Tranches de savoir » : « *Le mal trace* [...]. » (II, 464). Le *mal*, c'est cette marque du *pli* dans la chair. Mais le balancement rêve/éveil et la morsure (respectivement, *dépli* et *pli*) sont seulement deux versants d'un même *dépli* infini, angoissant parce que sans solution.

Dans ce texte, le deuxième paragraphe donne l'arrimage (se proposant alors comme un *pli* à caractère non charnel, mais *signifiant*)* , indispensable pour contrebalancer le premier paragraphe et pour y inscrire une perspective. Ce *pli* situe l'égarement du personnage-narrateur, énonçant un principe au présent de l'indicatif, par opposition avec le temps du *dépli* qui déroulait un récit au passé. C'est l'énonciation qui offre ce *pli*, apportant l'ancrage symbolique qui échappait au personnage du récit : « *Et ainsi d'insomnies en inutiles sommeils, je poursuis sans m'abandonner jamais un repos qui n'est pas un repos, dans un éveil qui n'est pas un éveil* [...]. » (II, 484). Il s'agit, certes, d'une forme de *pli*, situé dans une construction binaire avec le *dépli* du récit ; il ne paraît pas moins annonciateur du triomphe ultime de l'écrivain qui, lui, trouve sa réponse dans l'élaboration de ce texte.

Privé de tout ancrage apparent, le monde représenté dans les

* Voir *infra*, p. 54.

textes de Michaux compose des ondes ou des moirures, empor-
tées par un mouvement implacable. Il suffit d'une secousse infime
pour que ces moirures (*déplis*) changent totalement d'aspect.
L'aliénation qui caractérise le *pli* ne laisse jamais distinctes les
places de bourreau et de victime, de maître et d'esclave : tout ce
qui commence à prendre forme et autonomie risque, sans préavis,
de se voir renversé en son contraire. Ces renversements sont si
complets qu'on ne sait jamais quelle forme va en surgir. Ainsi,
quand le narrateur de « Animaux fantastiques » (*PL*, I, 581-6) tombe
malade, divers animaux sortent des tapisseries (581) : des monstres
issus des plis et des courbes du décor de la chambre. La réalité
quotidienne s'efface, laissant la place aux forces obscures qui
commandent ; envers et endroit permutent sans cesse, sans raison,
sans vraisemblance. L'enveloppe de la forme corporelle se
renverse en morcellement de chair :

> Pas un animal qui soit absolument inoffensif. Le plus lent, le plus enfermé
> en lui-même, tout à coup une violence insoupçonnable le fait éclater, et le
> voilà dépoitraillé, ses enveloppes crevées, et ses boyaux qui versent, lourds
> et hideux [...].   (I, 584)

Au lieu d'accéder au statut de formes développées, identifiées et
situables au sein d'une réalité stable, le *dépli* reste tributaire du
pli pâtissant dont il est issu et auquel il ne cesse d'être rappelé.
Ainsi, ces formes apparaissent souvent souples, protéiformes,
ectoplasmiques ; en revanche, elles recèlent une force qui peut
inspirer l'angoisse. Comme l'indique la préface de *Ailleurs*, *« le
vase est clos »* (II, 3) et, dans ce passage incessant de *pli* en *dépli*
et de retour au *pli*, rien, pour les personnages, n'introduit une
coupure libératrice.

3   unité möbienne et multiplicité du pli

Dans la mesure où il est le produit d'une coupure redoublée,
le ruban de Möbius présente une structure unifiée : il est Un et
définitivement formé. En revanche, le *pli* est foncièrement
multiple : rien ne lui impose sa forme, sa profondeur, son extension ou le nombre de ses ramifications. Nous l'avons dit : la topologie möbienne concorde avec la logique de la rétroaction signifiante et présente une structure ternaire. Le *pli* relève d'une
logique binaire soumise à une oscillation incessante.

Cependant, la topologie même du *pli* nous invite à inverser cette proposition pour considérer le *pli* comme Un et les *déplis* qu'il engendre comme multiples. Dans la perspective où le *pli* fait voler en éclats l'enveloppe des apparences, sa violence ramène le sujet au même, lui interdisant ce que Michaux appelle les *distractions*. Ainsi : « *Je vivais un événement unique : Souffrir. C'était le seul dans ma journée, le seul en des milliers de secondes. [...] La répétition sans changement était mon lot.* » (FCD, III, 874). L'aspect continu de la journée se brise en des milliers de miettes (*secondes*) sans lien entre elles, puisque chacune est envahie par l'unicité de la souffrance. Celle-ci empêche toute variation, toute évolution qui donnerait confiance en le *dépli* de la vie.

Ainsi, le principe du *pli* consacre la domination de l'Un tout en provoquant l'infinie fragmentation des représentations. Telle est la conception que développe Michaux en rapport avec la conception du moi, dans la Postface à « Un Certain Plume » :

*MOI se fait de tout. Une flexion dans une phrase, est-ce un autre moi qui tente d'apparaître ? Si le *OUI est mien, le *NON est-il un deuxième moi ? [...]
*Il n'est pas un moi. Il n'est pas dix moi. Il n'est pas de moi. *MOI n'est qu'une position d'équilibre.* (Une entre mille autres continuellement possibles et toujours prêtes.) Une moyenne de « moi », un mouvement de foule.   (PL, I, 663)

Selon ce texte, le moi n'est que le résultat d'une *flexion*, d'un *pli* qui, pour peu qu'il se manifeste — le *pli* ultime restant hors représentation —, lance la formation d'un nouveau *dépli*, un nouveau moi, un nouveau visage du sujet. Quant au sujet lui-même, il trouve expression à travers cette multiplicité sans fin.

Le texte « Mes propriétés » (NR, I, 466) illustre ce morcellement. Ici, le narrateur tente de se doter d'attributs susceptibles de lui offrir un habillage, une identité qu'il pourra présenter aux autres : « *Ces propriétés sont mes seules propriétés, et j'y habite depuis mon enfance, et je puis dire que bien peu en possèdent de plus pauvres.* » (465). Au moyen du *dépli*, il cherche désespérément à se procurer une apparence valorisante, là où, ordinairement, le sujet s'éprouve comme déjà doté d'un moi. Le narrateur s'efforce de composer ses propriétés, mais chaque chose qu'il produit reste un « un » isolé, qui ne s'intègre pas à un ensemble. En revanche, cet élément peut se démultiplier à l'infini :

> J'arrive bien à former un objet, ou un être, ou un fragment. Par exemple une branche ou une dent, ou mille branches et mille dents. Mais où les mettre ? Il y a des gens qui sans effort réussissent des massifs, des foules, des ensembles.
> Moi, non. Mille dents oui, cent mille dents oui, et certains jours dans ma propriété j'ai là cent mille crayons, mais que faire dans un champ avec cent mille crayons ? (I, 466)

Cette *multiplicité infinie* reflète l'insistance du *pli* : cet *Un du pli* qui ne lâche jamais prise et qui ne laisse, à la disposition du sujet, que des identités morcelées, sans signification et sans lien avec une réalité achevée. Le *dépli* en reste à un stade d'inachèvement, sans déploiement qui laisserait oublier l'ancrage du narrateur dans le *pli*.

Dans ce développement, il manque l'articulation à la *coupure* qui, comme élément structurant, mettrait un point d'arrêt à la démultiplication et fonderait les représentations dans leur dimension de semblants. À défaut de cette opération, la *dent* ou le *crayon* se présentent comme des rebuts qui pourraient aussi bien être remplacés par n'importe quel signifiant. Dans leur isolement, retranchés de tout autre élément et incapables de se déployer dans un paysage —, ces objets déplient l'identique à l'infini.

Dans l'espace hautement matériel du *pli*, on peut dire que c'est « le manque (ou la coupure) qui manque » (celui-ci porte, alors, le nom d'*obstacle*) : ce manque qui conférerait à l'étoffe son trait d'unité. Michaux évoque ainsi le manque en s'adressant à la vie : « *Le petit peu que je veux, jamais tu ne l'apportes. À cause de ce manque, j'aspire à tant. À tant de choses, à presque l'infini...* » (*NR*, I, 462). Comme il l'écrit à d'autres endroits, l'« *objet* » fait défaut (I, 461, 575) : l'envahissement du *pli* — dans son entièreté et son opacité menaçante — empêche le narrateur de s'inscrire dans la vie et de cerner l'inconnu. En l'absence d'un tel objet, le sujet est voué à l'impuissance, à l'attente, à l'aspiration inassouvie.

Ainsi, dans une écriture structurée par le *pli*, le multiple l'emporte sur l'unité. Dans une vignette, apparaissent au narrateur de « *gigantesques élytres, et quelques énormes pattes d'insectes* » (« Le Sportif au lit » ; *NR*, I, 428). Or ces éléments étonnants ne forment pas une identité unifiée : « *Ces verts rutilants, segments, morceaux et membres divers ne se lièrent pas en forme de corps. Ils restèrent comme les dépouilles respectées d'un noble insecte qui succomba au nombre.* ». Le narrateur voit le *noble insecte*, l'identité royale, comme une sorte d'idéal hypertrophié qui ne s'incarne pas, étant immanquablement livré aux ravages du *pli*. La possibilité qu'advienne un « corps » unifié est refusée, dès lors que le creux du *pli* ne se transforme pas en coupure : l'enveloppe corporelle ne cesse d'éclater en *déplis* morcelés, sous l'action d'une volonté obscure et capricieuse.

La coupure signe l'avènement du sujet de manière irrévocable. Mais à défaut de cet élément structurant, la moindre absence risque de se transformer en abolition complète. Une telle disposition compromet les rapports que l'on attribue habituellement aux êtres grands et petits car, comme le note la narratrice de « Je vous écris d'un pays lointain », la mer se voit arrêtée par « *un peu de sable* » : « *C'est une grande embarrassée. Elle voudrait sûrement avancer, mais le fait est là.* » (*PL*, I, 593). Une entité infime oppose un arrêt sans appel, face à cet être d'une grandeur incommensurable. Comme l'explique le narrateur de « Encore un malheureux » : « *L'eau est toujours la plus forte, de quelque manière qu'elle se présente.* [...] *il a beau exister des ponts et des ponts, il suffit d'un qui manque et vous êtes noyé, aussi sûrement noyé qu'avant l'époque des ponts.*[12] » (*NR*, I, 486). Les *ponts* sont des constructions qui assurent des liens par-dessus l'abîme. Ils permettent de négocier des passages et de franchir des obstacles qui, autrement, seraient insurmontables : ils sont la métaphore de ce qui, comme semblant, assure au monde sa qualité de tissu, son *dépli*. Or en l'absence originelle de l'« Un » de la coupure, la moindre défaillance ne sera pas cernée (grâce à des ponts) mais entraînera le retour de cette même absence, le *pli* qui conserve toute sa force destructrice.

Un paradoxe dans ce texte mérite d'être souligné. Si le pli se distingue par son action tranchante, les passages descriptifs relèvent d'un procédé de *dépli*, où la syntaxe fait lien et dont l'isotopie assure une ouverture métonymique. Or toute cette première partie du texte forme un *dépli* au moyen même de la description des précautions prises par le narrateur et de sa conception des dangers qui l'attendent : elle donne une forme déployée à la menace représentée par le *pli*.

---

12. On entend un écho de Lamartine : « *Un seul être vous manque, et tout est dépeuplé.* » (« *Isolement* », *Première méditation*).

Dans sa seconde partie, le texte effectue un retournement, passant de ce déploiement à un mouvement de *pli*, réalisé dans des jugements contradictoires prononcés par trois médecins. Alors que ces sentences sont assenées comme des vérités, elles se révèlent impuissantes à amener un arrêt ; échec qui provoque l'exclamation : « *Oh ! l'eau, toutes ces eaux par le monde entier !* » (I, 486).

On note que les avis émis par les médecins cherchent à situer le problème, non dans une question de cours d'eau et de *ponts* mais dans le domaine d'une pathologie subjective. Cependant, l'exclamation finale réfute ces jugements en réaffirmant la présence inépuisable de l'eau. Cette assertion est double, contenant à la fois *pli* et *dépli* : *1)* son signifié proclame le triomphe d'un *pli* toujours prêt à engloutir le narrateur ; *2)* face à l'impuissance des médecins, accrochés à leurs métaphores sublimatoires, le narrateur signale qu'il a trouvé sa propre métaphore, appelant désormais sa souffrance *eaux*. En effet, il s'agit d'une métaphore de suppléance, après avoir constaté l'impuissance de la médecine à guérir l'absence d'inscription symbolique : certes, l'eau triomphe mais elle est désormais contenue au sein d'une métaphore. L'action salutaire de celle-ci apparaît dans cette exclamation qui reprend les sentences des médecins pour les dépasser et réaffirmer le cœur du problème, en l'absence d'aucune réponse définitive.

Les textes de Michaux suivent ainsi une ligne de partage finement dessinée entre le mouvement oscillatoire et son dépassement. Entre *pli* et *dépli*, le mouvement tourne en boucle, dans un cercle sans issue. Mais la composition même du texte réalise une mise à distance.

LA TOPOLOGIE DU VERS

Tandis que l'esthétique du pli détermine jusqu'à la mise en forme des vignettes à caractère narratif, les vers offrent une occasion particulièrement propice pour la réalisation matérielle de cette forme. En effet, il semble que la construction d'un grand nombre de poèmes de Michaux se fonde sur une approche similaire du *pli*. L'étude de quelques exemples permettra de montrer la manière dont il fonctionne au sein des formes versifiées.

1   oblitération par le pli : « Emplie de »

Le poème en vers « *Emplie de* » (*V*, II, 184) nous invite, dès son titre, à établir un rapport précis entre la forme versifiée et l'esthétique qui nous intéresse ici. Nous le reproduisons :

Emplie de moi
Emplie de toi.
Emplie des voiles sans fin de vouloirs obscurs.
Emplie de plis.
Emplie de nuit.
Emplie des plis indéfinis, des lis de ma vigie
Emplie de pluie.
Emplie de bris, de débris, de monceaux de débris.
De cris aussi, surtout de cris.
Empli d'asphyxie.
Trombe lente.   (II, 184)

Il ne suffit pas de noter le rythme de litanie qui s'entend dans la répétition des mots *emplie de...*, en tête de vers. Il importe surtout d'entendre la manière dont cette répétition creuse un *pli* : l'insistance, le martèlement, signent l'impuissance du narrateur à se défaire du *pli*, à se libérer de ce sillon qu'il est contraint de nommer sans cesse.

Le mot choisi pour évoquer cette condition est significatif :

dans son évocation du mot *pli*, le participe passé *emplie* — renforcé par la reprise de la sonorité [i] par d'autres signifiants — connote un mouvement d'amenuisement et de fermeture. Cependant, à l'inverse, le verbe *emplir* signifie un degré d'expansion dans le but d'accueillir une substance fluide. Dans ce mouvement contradictoire, on perçoit l'envers et l'endroit d'un même phénomène où il ne se produit aucune coupure. De plus, le terme employé pour marquer le *pli* est un participe passé au féminin, suggérant l'aspect enveloppant et matriciel de cette forme. Si le défaut d'une coupure structurante engendre cette expression du *pli*, l'effet d'une action *tranchante* (ou *entaille*) n'est pas exclu, bien au contraire. Car à l'adjectif *emplie*, il manque le sujet qui permettrait de composer une construction attributive : féminisé, le sujet virtuel n'est pas matérialisé mais reste sous-entendu, muet, absent de la scène de la représentation.

Pourtant — et paradoxalement —, la répétition vise à réaliser une rupture d'avec le même *pli* auquel elle renvoie. Le mot répété prend la forme de ce que nous pourrions appeler une « *arête signifiante* »* : non pas un creux muet et traumatisant mais un pli retourné qui, grâce au nom, cherche à instaurer une réalité consistante. Chez Michaux, l'*arête signifiante* prend la forme d'affirmations axiomatiques, d'un nom ou d'une phrase affirmative que la suite du texte se charge de déplier : l'écrivain lance le nom conjuratoire de manière répétée, dans l'espoir qu'enfin, celui-ci s'incarnera et lui permettra de se libérer de son angoisse.

À cet effet, chaque vers représente l'effort pour réaliser un nouveau *dépli*, pour créer une nouvelle identité et fonder une réalité diversifiée. La voix narrante tente de se doter successivement de toutes les identités possibles. Initialement, les pronoms *moi / toi* (vv. 1, 2) composent un face-à-face comme deux *déplis*, sans que s'y établisse un rapport d'intersubjectivité. Ensuite (v. 3), la phrase se déplie *sans fin* dans les *vouloirs obscurs*, sans que ceux-ci apportent un véritable éclairage ou une définition. Les mots *plis / nuit* (vv. 4, 5) signalent un retour à la position de repli, où le redoublement du *pli* (dans la tournure *emplie de plis*) s'engouffre dans l'opacité caractéristique du *pli* (ainsi que l'exprime le mot *nuit*). Cette obscurité nécessite la recherche d'une *vigie*, dans l'espoir de percer les ténèbres. Mais ces *plis* restent *indéfinis*, compromettant toute possibilité d'accéder à une vision rassurante.

La fin du poème confirme cette chute dans le *pli* : le narrateur

54
* Voir aussi, p. 122.

cède à la destruction, à l'effondrement — dans les mots « *monceaux de débris* » —, à l'opacité de la souffrance (« *cris* » (v. 9)), à l'asphyxie (v. 10). Le vers final se compose des seuls mots « *Trombe lente* ». À cet endroit, une désintégration complète met fin à l'oscillation *pli / dépli*. Ce vers est dissocié, détaché du rythme binaire — *emplie de x* — qui caractérisait le poème jusqu'alors et qui y maintenait une forme de stabilité. On note aussi que les sonorités vocaliques de ce vers s'opposent à celles des vers précédents où la dominance du son [i] faisait entendre la constance du *pli*. Au lieu de constater l'accession à une forme consistante du *dépli*, on assiste à l'engouffrement dans le pli : celui-ci perd son visage pour sombrer dans l'indistinct. Désormais, il n'y a plus de *toi-moi*, de *vouloirs* ou de *vigie*, seulement l'envahissement de la souffrance sans sujet : *cris, asphyxie* (qui étouffe les cris). Enfin, triomphe l'anonymat identifié, depuis le début, au sujet virtuel, achevant d'effacer celui-ci : [~~je suis comme une~~] *trombe lente* ou [~~je ne suis plus qu'une~~] *trombe lente.*

2   construire le repli : « *Dans la nuit* »

Le poème en vers intitulé « *Dans la nuit* » (PL, I, 600) donne un éclairage complémentaire du *pli* dans sa forme versifiée, signant non un échec, sur le plan du récit, mais le retournement du *pli* pour en faire le lieu d'une forme de salut. Une nouvelle fois, le vocable *nuit* désigne l'endroit du *pli*. Le poème ouvre sur les mots « *Dans la nuit / Dans la nuit* » : une tournure sans sujet, sans verbe, composée seulement de la préposition et du substantif. Seulement après s'aperçoit-on qu'il s'agit d'un complément circonstanciel à partir duquel le narrateur va pouvoir se doter de l'identité qui lui manque car, au troisième vers, le sujet grammatical advient enfin : « *Je me suis uni à la nuit* ». Ce vers exprime l'avènement d'un *dépli* sous la forme de l'extension d'une phrase grammaticale.

Ce moment de *dépli* ne s'affirme pas de plein droit ; il n'apporte pas la réalisation d'une réalité mais retombe dans le *pli*, dans la répétition du même vocable dans des vers brefs : « *À la nuit sans limites / À la nuit.* » (PL, I, 600). Cependant, on peut aussi inverser cette interprétation — ce à quoi nous invite la topologie du *pli* — et voir, dans le vocable répété, l'espace d'un *dépli* : celui-ci entoure (vv. 1-2, 4-5) et enveloppe le sujet qui incarne une *arête signifiante* (v. 3), par contraste avec l'homogénéité de l'obscurité.

En effet, par la suite (vv. 11–16), le *dépli* se modèle sur l'envahissement du *pli* lui-même. Les vers s'allongent dans la répétition des mêmes sonorités, pour ensuite se replier : «*Toi qui m'envahis / Qui fait houle houle / Qui fais houle tout autour / Et fume, es fort dense / Et mugis / Es la nuit.*». La morphologie du *dépli* épouse une forme d'étagement afin d'opérer un déplacement, conférant une extension à la structure phrastique : «*Toi qui* [...] */ Qui* [...] */ Qui* [...] */ Et* [...] *es* [...] */ Et* [...] */ Es la nuit*». Dans cette phrase, le sujet se situe au début, trouvant son attribut seulement à la fin. Entre ces deux extrémités, nous suivons le *dépli* réalisé grâce aux pronoms relatifs et à la conjonction de coordination. Cette phrase se déploie comme s'il était impossible de réaliser des articulations phrastiques distinctes sans confirmer son arrimage au sujet initial, conquis grâce au saut du vocatif. Ces phrases n'acquièrent pas une indépendance qui, en faisant chaîne, leur permettrait de poursuivre leur propre logique de représentation et constituer un monde.

Le *pli* prend consistance dans ce poème sur deux versants complémentaires. La poésie du substantif — *la nuit* — exprime une forme de saturation qui caractérise non la coupure («coupure» qui signifie «séparation»), mais l'*entaille* où le sujet se trouve transpercé, pétrifié, au lieu d'être libéré de l'Autre. Cette saturation trouve une expression éloquente dans les termes suivants : «*Nuit de naissance / Qui m'emplit de mon cri / De mes épis.*» (I, 600).

Ensuite, l'envahissement est mimé par le poème en sorte que le *dépli* donne l'enveloppe acceptable à ce qui pourrait se renverser ou surgir comme supplice. Cette mise en forme constitue une manière de déplier, ou de renfermer l'insupportable extériorité dans une intimité accueillante. De fait, l'emploi du vocatif inscrit la présence d'un Autre (au lieu de *l'introuvable Autre*) à la place même de l'abîme. Ce poème apparaît comme un chant d'amour où le poète s'unit à un autre, fût-il un autre impersonnel. Ce qui se dessine comme *pli*, dans le mot *nuit*, devient une métaphore permettant de simultanément replier le dehors et déplier — s'arracher à, se séparer de — le *pli*. La Nuit répond, sur le mode de la sublimation, à l'innommable qui s'abat sur le narrateur.

3   la puissance du renouvellement : «*Mouvements*»

Dans le long texte «*Mouvements*» (*FV*, II, 435–41), le *pli* n'épouse pas l'enveloppement qui le mettrait en harmonie avec le mouvement de *dépli* : il s'inscrit dans des répétitions martelées. Le mot *homme*, par exemple, sert de lieu d'ancrage signifiant, désignant le *pli* et servant de point de départ pour de multiples *déplis* formés par divers compléments : «*Homme arcbouté* / [...] *au bond* / [...] *dévalant* /» (436). Ces *déplis* sont de courte durée, apparaissant comme autant d'impulsions productrices d'une brisure syntaxique : «*homme pour* [...] / *pour* [...] / *pour* [...]» ; «*et les* [...] / *et les* [...]». Ces *déplis* n'ont pas le temps de s'épanouir, de devenir récit, d'étoffer un personnage ou un paysage. Suivant l'exhortation «*Attention au bourgeonnement ! Écrire plutôt pour court-circuiter.*» (454), la force du *pli* brise toute velléité de prendre de l'ampleur et relance constamment les énoncés dans une autre direction, les dotant d'une identité toujours renouvelée. On remarque que le *pli* ignore la contradiction ou les incompatibles : il est comme le point de la géométrie qui, ainsi que l'explique Paul Klee, cité par Deleuze, est «*concept non conceptuel de la non-contradiction*»[1]. Le *pli* détruit les identités et les fait rebondir selon un élan irrépressible : «*Homme non selon la chair / mais par le vide et le mal et les flammes intestines / [...] et les revers / et les retours / et la rage / et l'écartèlement* [...].». Dès lors, le signifiant *homme*, qui sert de tremplin, est vidé de son contenu positif, devenant une sorte de réceptacle qui se remplit de cette force et s'étoffe de ces innombrables *déplis*. Le *pli* correspond ainsi à un «*être en porte à faux toujours vers un nouveau redressement*» (II, 437).

Dans cette optique, ce qui représente une menace, c'est la pétrification : le sujet redoute d'être enfermé dans des significations sclérosées («*géométrie, architecture*» (II, 437); «*alvéoles, colle*» (435)). De cette crainte, découle la nécessité de se faire l'agent du *pli*, de la force féroce qui est «*abstraction*» («*Abstraction de toute lourdeur / de toute langueur / de toute géométrie*» (437)). La force du *pli* ravage les significations, la pensée conceptuelle, la réalité et son corrélat, le moi. Le *pli* est sans visage ; désormais «*on est autrui*» (438) : sans identité propre, le poète assume

1. Deleuze, *Le Pli* (*op. cit.*), p. 20.

toute identité qui se propose à lui. Puisqu'il ne dispose pas d'une inscription symbolique — fonction d'un manque — il est dispensé de payer un « *tribut* » : il revêt ces nouveaux visages de manière « *immédiate, sans pause* » (440), restant soudé à cette force qui commande et dans laquelle il puise son élan. Il prend racine dans cette « *matrice sans fond* » (438) qu'est le *pli*.

La vitesse* qui informe cette construction versifiée s'exprime par l'adverbe *déjà* : « *immédiat, sans pause / déjà reparti / déjà vient le suivant / instantané* » (II, 440). Nous assistons à l'irruption de ce qui ne cesse de précéder la prise de conscience : s'il advient une nouveauté, c'est qu'elle *était déjà là*. À chaque instant, une nouvelle antériorité vient empêcher la naturalisation de la précédente. Le principe de la rétroaction signifiante, qui caractérise l'impact subjectif du langage, n'opère pas à partir d'un endroit de coupure qui supposerait un élément de médiation. Au contraire, on assiste à un mouvement que rien n'entrave : proprement, « *immédiat* ». Par conséquent, le signifiant revient sur le sujet de manière absolue : « *boomerang qui sans cesse revient* [...] / *à travers d'autres / reprendre son vol* » (439). Dans cette frénésie, on discerne l'absence des trois temps : le mouvement *pli / dépli* ne se décomplète pas grâce au temps de la perte (--1) qui permettrait de déployer les représentations imaginaires dans leur dimension symbolique

Dans ce texte, comme dans chacun des autres, c'est l'écriture elle-même qui signe la séparation, l'affranchissement à l'égard du *pli* : dans cet acte, le narrateur se dégage du « *piège de la langue des autres* » (II, 440) faisant sienne cette violence destructrice. Il s'approprie celle-ci, l'arrachant à l'Autre invisible et féroce. Si la *fable* du poème « *Mouvements* » relate le rejet des représentations, le poète n'y adhère pas puisqu'il y acquiert « *le don des langues / la sienne au moins* » (441), accédant à sa véritable énonciation.

Le *pli* témoigne de sa structure topologique précise et de la place centrale qu'il occupe dans l'œuvre de Michaux. Cette instance ne cesse de faire irruption, ravalant les efforts du sujet pour se composer un monde aux apparences cohérentes et humanisées. De cette manière s'impose la prééminence d'un balancement binaire, selon lequel le monde qui commence à se doter d'un visage reconnaissable voit le surgissement d'une instance de violence et d'opacité qui ne tarde pas à le réduire à néant.

Ce cercle trouve ses origines dans l'absence d'une *coupure* — opérée une fois pour toutes — qui aurait inscrit l'impossibilité fondamentale pour le *pli* d'exercer son empire, qui aurait grevé celui-ci d'une faille irréductible, léguant au sujet une place d'exception à l'égard de son *Autre féroce*. En effet, une telle brèche consacre la *nomination* du sujet, autorisant celui-ci à s'approprier ce qui constitue, désormais, son monde. Ainsi s'inaugure une structuration ternaire propre à consolider les *semblants* : le tissage de ces signifiants qui constituent l'aide des échanges humains.

À défaut de ce saut qualitatif, le sujet ou les personnages restent otages d'un Autre obscur et capricieux qui emporte les semblants naissants (*dépli*) dans ses mouvements imprévisibles, des battements qui font passer, sans crier gare, d'envers à endroit, de *pli* en *dépli*. Dans la partie qui suit, nous allons voir comment fonctionnent ces renversements, leur portée et les visages que revêt le balancement *pli / dépli*.

II

RENVERSEMENTS

I

LA FÉROCITÉ DU *PLI*

L E *pli* témoigne d'une configuration topologique dont les conséquences se font sentir à travers l'ensemble de l'œuvre. Si la structuration du *pli* offre une véritable assise aux personnages, voire à la création littéraire, son action reste marquée par le principe de la réversibilité : une force obscure projette le sujet du formé à l'informe, de l'envers à l'endroit, sans aucune raison apparente mais avec une inquiétante régularité. Le sujet se trouve dans l'incapacité de se composer un monde stable et cohérent en raison de cette oscillation qui emporte son existence et défie toute préhension rationnelle. Ainsi les apparences naturelles dévoilent soudainement leur fond inhumain, la clôture intime s'élargit en un gouffre sans limites, l'élan libérateur se trouve annulé par le surgissement d'un roc immuable. Dans ces battements, rien n'est définitivement refoulé, aucune faille structurante ne semble inscrire un point d'arrêt et un espace de liberté.

Cette configuration du *pli* correspond donc à celle illustrée par le ruban de Möbius *homogène**. Ce ruban se distingue par son occultation de la logique ternaire qui, dans le ruban hétérogène, maintient une différenciation irréductible entre l'Un (la face complètement dessus) et l'Autre (la face intégralement dessous), laissant une troisième face réaliser une jonction glissante entre l'un et l'Autre, étant à la fois dessous et dessus[1]. Dans le ruban homogène, les trois faces et les trois plis sont identiques, étant simultanément dessous (lovés dans le *pli*) et dessus (visibles dans le *dépli*). En l'absence de la coupure structurante située à la jonction de l'Un et l'Autre, il n'existe aucun point permettant de mettre en perspective le balancement *pli* / *dépli*. De ce fait, rien ne vient interrompre et relativiser leur basculement. Dans les pages qui suivent, nous nous proposons d'étudier les consé-

---

1. Ces trois faces correspondent, respectivement, aux registres symbolique, réel et imaginaire, selon la terminologie de Lacan.

quences de cette structuration et les diverses figures de sa réversibilité.

1 le naturel et son envers

Le monde du *dépli* témoigne de l'effort pour composer un univers cohérent et consistant, un monde habitable. Ce souci, d'ordre vital, vise à offrir au sujet ce que l'auteur appelle, à l'occasion, des « *compagnons* » (NR, I, 424) ou des « *propriétés* » (465). Une telle recherche se révèle d'autant plus nécessaire que le sujet s'éprouve comme dénudé et démuni face à l'Autre, n'ayant pas bénéficié d'une inscription qui le doterait d'une identité inaliénable. Si nous insistons sur le terme *dépli*, c'est que celui-ci n'accède jamais à une consistance qui signerait la séparation du sujet d'avec son Autre. Le *dépli* reste asservi au pli dont il émane et auquel il retourne immanquablement : le monde qui s'étale devant les personnages n'a jamais un caractère vraisemblable mais compose toujours un voile d'apparences qui menace de chavirer, mettant à nu la profondeur et la violence du *pli*.

Par conséquent, le rapport entre *pli* et *dépli* est gouverné par la figure de la métonymie. Dans le texte intitulé « À la broche » (V, II, 162), nous assistons au glissement qui fait passer insidieusement — mais logiquement — d'un monde aux apparences « naturelles », à son envers, témoignant de la force impérieuse du *pli*. Le mouvement que décrit ce texte opère par contiguïté : des convives entrent dans une pièce et s'assoient à table mais se trouvent bientôt contraints d'avancer pour laisser s'installer les suivants. Ces déplacements ordonnés ne semblent admettre aucun changement de logique ou de structure : il ne s'agit pas, ici, de l'esthétique des ruptures, que l'on rencontre ailleurs chez Michaux[2].

Pourtant, l'instant où ces apparences se renversent ne tarde pas à se manifester. Le mouvement horizontal — de *dépli* — cède à un mouvement vertical — de *pli* — quand ces mêmes invités arrivent au bout du trajet qui leur est destiné : « *Refoulés de chaise en chaise, de place en place, ils se retrouvent devant la cheminée. On les y pousse et hop ! à la broche !* » (V, II, 162). Ce mécanisme fonctionne parfaitement en raison même de son carac-

---

2. Voir par exemple, l'entaille qui caractérise la topologie du vers ou le « *périphérisme* » caractéristique des Hivinizikis*.

* Voir *supra*, p. 54 et *infra*, pp. 112–6.

tère vraisemblable : « *Le naturel ne manque pas ici. Il n'y a rien à redire du côté naturel. C'est pourquoi personne ne résiste.* ». S'il s'agit entièrement du *naturel*, c'est que le retournement endroit / envers ne repose pas sur une différence de nature, sur le surgissement d'une force extérieure. Au contraire, le décor et le mouvement des personnages participent du même dispositif pulsionnel : celui-ci enveloppe *tout*, au point que : « *L'idée de résistance ne s'offre pas véritablement à eux. Ils se laissent faire, saisis par l'évidence.* ». Pour avoir *une idée de résistance*, il faudrait un écart permettant aux personnages d'appréhender le mouvement qui les conduit de leur place assise devant une assiette à leur perte par embrochage. C'est précisément l'absence d'une telle faille qui renferme cet univers dans sa logique binaire : rien, dans ce glissement, n'entrave le renversement qui fait passer les personnages de la surface (*dépli*) — qui confère à la réalité sa cohérence visuelle — à son point d'ancrage (*pli*) : ces deux versants sont animés par le même mouvement, participant de la même substance. Loin de représenter un point de coupure au sein de la réalité, le point d'ancrage signe un creux qui est éminemment rempli... de chair pâtissante.

Ainsi, la réalité ne constitue pas un ensemble auquel le sujet puisse s'intégrer paisiblement comme dans un lieu qui lui serait propre. Dans « À la broche » (V, II, 162), il s'agit plutôt d'un excès de *naturel*, d'un naturel qui fonctionne seul et dans lequel les personnages se voient saisis, emportés malgré eux. Bien que le narrateur ne nomme pas la logique qui préside à ce mouvement de *pli* et *dépli*, elle apparaît comme celle du « mangeur mangé ». En taisant cette cohérence secrète, le narrateur dessine les contours de l'instance implacable qui commande à sa mise en scène. Ce récit met en œuvre une forme de fatalité, mais non pas celle de la tragédie, où les fondements réels de l'univers des personnages se dévoilent une fois pour toutes, amenant le dénouement de l'action et la fin de la pièce. Ici, un ton burlesque infuse ce processus où envers et endroit sont appelés à permuter inlassablement.

Ainsi, à défaut d'une coupure fondatrice, la réalité est condamnée à se retourner de manière répétée et à dévoiler son point d'ancrage. Loin de pouvoir « *se réfugier* » dans le « *tableau de la réalité* »[3], le sujet est constamment renvoyé à l'instance qui le

3. Voir WAJCMAN, *Fenêtre* (*op. cit.*), pp. 243, 255, 262, 429.

sous-tend et le ravine : le *dépli* ne cesse de trahir son fond de jouissance, à résonance réelle. Comme le précise Deleuze, au sujet de l'accroc : « *L'accroc n'est plus l'accident du tissu, mais la nouvelle règle d'après laquelle le tissu externe se tord, s'invagine et se double.* »[4]. Le *pli* dicte, commande : le *pli* est maître. Telle est la leçon de la vignette intitulée « Le Danger des associations de pensées » (V, II, 176). Dans ce texte, le *dépli* est corrélé au *beau* et à une adéquation optimiste, objectivée. Le narrateur évoque une scie et la qualité de son action, qu'il associe à la beauté du bois. L'outil et la matière se réunissent dans ce couplage imaginaire : « *C'est beau, une scie, une scie de scieurs de long, une scie qui puissamment, souplement, tranquillement avance dans une bille de bois* [...]. ». Cette description de l'outil métallique est suivie de l'évocation d'une partie parfaitement épanouie du corps humain : « *C'est beau aussi une poitrine.* » Celle-ci, jusque dans l'évocation de son intérieur — « *Dedans, dehors. Dedans, plus encore* [...]. » —, est située, à son tour, dans un rapport d'équivalence, dénuée de profondeur angoissante, avec l'air des « *hautes altitudes* ». Ainsi, on se trouve devant un univers sans lien apparent avec la subjectivité jouissante : de part et d'autre, nous contemplons le « *beau* », le « *souverain* » et « *prospère* », le « *magnifique* ».

Cependant, au lieu de former un appariement imaginaire rassurant, l'association de ces aires équivalentes se renverse et dévoile l'instance du *pli* qui les commande : la parfaite adéquation du sujet avec sa jouissance. Le souverain et le beau se retournent et révèlent leur misère : « *Mais comme c'est misérable, une poitrine sous une scie qui approche imperturbable* [...]. » (V, II, 176). Aussi l'aliénation l'emporte-t-elle et la scie entre « *comme chez elle* », dans ce lieu qui reste le domaine de l'Autre, une forme de *lointain intérieur*. Rien ne fait entrave à cette pénétration et, loin de se confiner dans le registre de l'objectif, la scie manifeste sa portée purement subjective : « [...] *comme c'est misérable, surtout si c'est le vôtre, et pourquoi vous être arrêté la pensée sur la scie alors qu'il n'y a que votre corps qui vous intéresse, dont la scie par ce fait approchera fatalement ?* ».

Ce rapport entre le signifiant qui tranche dans la chair et le sujet pâtissant achève de retrancher celui-ci des autres, du lien que favorisent les semblants : « [...] *taillant tranquillement dans*

---

4. DELEUZE, *Foucault* (*op. cit.*), p. 105.

la poitrine son sillon qui ne servira à personne [...]. » *(V, II, 176).*
Alors que le verbe *servir* évoque le domaine de la réalité, où
l'utilitaire trouve sa place, la scie qui laboure le corps projette le
sujet dans le hors-sens. L'aporie aussi est exclue par cet envahissement de douleur : « *Trop tard maintenant les réflexions "de
distraction"*. ». Une *distraction* qui, dût-elle se produire, signerait
enfin le passage de cet empire tyrannique à la métonymie des
semblants, à la faveur d'une coupure libératrice.

Cette implacable destruction de la réalité par la *scie* signe une
forme de « castration » qui ravage les semblants langagiers. Or
ceux-ci manifestent un caractère « phallique » dans la mesure où
ils consacrent l'inscription du sujet dans le langage : comme le
formule Lacan, le phallus est « *le signifiant destiné à désigner
dans leur ensemble les effets de signifié* »[5] ; il s'impose ainsi
comme le signifiant du désir. Cependant, restant en deçà de cette
perspective, le *dépli* se révèle fragile et éphémère, impuissant à
empêcher le surgissement du *pli*. L'habillage imaginaire du sujet
se retourne, comme un gant, dévoilant la chair dénudée, et le seul
élément « phallique » visible revêt la forme de cette lame d'acier
qui circonscrit sa "livre de chair". Au lieu que le sujet puisse
découper, cadrer sa réalité, il se trouve accaparé jusque dans ses
recoins les plus intimes. Dès lors, le mouvement *pli / dépli*
dessine les limites de toute existence : là où le sujet se trouve
agi par une force qui incarne sa mort.

Face à cette impasse, la vignette de la « *géante au lit* » (« Au
pays de la magie » ; *A, II, 102)* déploie le rêve d'une jouissance phallique capable de résorber les menaces de destruction. Si le féminin représente ce qui échappe à toute nomination, à toute emprise
dans les réseaux signifiants (phalliques), il est aussi ce à quoi
s'affronte l'homme dans la relation sexuelle. Or dans ce texte, le
dispositif de la prostitution permet d'éviter de rencontrer la jouissance féminine. Les rapports intimes sont réglés par l'argent, et
cette femme immense n'oppose aucune résistance aux attentions
des hommes : « *Elle vit dans une maison et volontiers au lit, dans
le sens le plus abandonné du mot "lit", et dans le pire sens du
mot "maison"*. ». Cette femme-monstre ne se déplace pas et ne
manifeste aucun désir ou jouissance susceptibles de renvoyer,
à ses visiteurs, un démenti de leur puissance virile. Quant à sa
taille démesurée, elle semble faire miroir à une forme illimitée de

---

5. LACAN, *Écrits* (*op. cit.*), p. 690.

jouissance phallique : « *Quant aux hommes, ils sortent de chez elle franchement épuisés, mais avec quelque chose de souverain, ayant atteint un seuil de satisfaction, qui est presque seuil d'abîme.* ».

Ce sentiment de puissance ne vaut que comme impression d'avoir réussi à vaincre les forces obscures de la jouissance féminine. Les hommes quittent la géante, sûrs de pouvoir satisfaire la femme et confortés dans leur identification phallique (*dépli*).

Cependant, ce moment qui paraît annoncer la victoire marque, en fait, l'instant où le triomphe du *dépli* met à nu son ancrage dans le *pli*, dans la destruction des attributs virils dont on a trop facilement tiré une satisfaction imaginaire. Le mouvement de la vignette part de la phrase nominale liminaire « *Géante au lit.* » (A, II, 102) — unité qui fonctionne comme une *arête signifiante* —, pour décrire le déploiement et la posture du corps féminin. On assiste, ensuite, à un basculement à partir des mots *maison* et *lit*. Enfin, se produit un glissement vers la béance du *pli* : le *presque seuil d'abîme* — danger frôlé mais vaincu dans la satisfaction sexuelle — cède à des précisions concernant ce même gouffre : « *Ce grand corps qu'on enjambe, ces bras, cette poitrine qui engloutissent et pourraient aussi bien vous écraser et mettre en pièces donnent pour de bon cette impression de risque et d'aventure dangereuse* [...]. ». Cette évocation réussit encore à tenir la menace à distance grâce à la modalisation (*pourraient*) et une attribution subjective (*impression*). Cependant, le glissement vers le *pli* s'accentue dans le paragraphe suivant, où ces précautions sont balayées au profit d'une assertion formulée à l'indicatif : « *Facilement vexées,* [...] *elles vous arrachent dans un moment de cafard, elles vous arrachent la tête* [...]. ».

La métaphore *géante au lit* apparaît ainsi comme un *dépli* enraciné dans le *pli* du morcellement, dans l'irréductible dimension charnelle de l'homme. Le corps féminin, étendu et offert, se renverse immanquablement (et sans autre raison que le mécanisme qui préside au mouvement *pli / dépli*) en caprice aux conséquences mortelles pour ces personnages. La vignette conclut sur les mots : « [...] *elles vous arrachent la tête sans barguigner comme à un jeune hareng... et adieu longue vie.* » (A, II, 102). La vie à la longueur phallique — correspondant au sentiment éprouvé après la « mission accomplie » — reçoit ainsi le coup de grâce : l'homme se réduit au poisson, puis il perd littéralement la tête, l'élément qui seul peut humaniser le corps.

Dans ces textes, le *dépli* se rapporte à l'image du corps, à la perception de sa forme unifiée qui habille l'épaisseur charnelle. Cependant, ce *dépli* ne saurait se concevoir sans l'extraction d'une part qui, désormais, le fonde comme Tout[6]. Au lieu qu'une telle opération de coupure permette au sujet de se libérer, celui-ci reste aliéné à la part réelle qui lui réclame son tribut de chair pâtissante : le sujet se trouve renvoyé à son dénuement originel, comme si rien — aucune scansion, aucune rupture définitive d'avec son Autre — n'était intervenu. Si les apparences humaines s'entendent comme instance de *dépli*, elles se voient constamment retournées pour dévoiler la chair inhumaine, amorphe, souffrante, livrée à la voracité de l'Autre. La dimension de morcellement s'exprime dans « Ici, Poddema », où se trouve évoqués les enfants « *au pot* »[7] (A, II, 121). Cette gestation en *pots* témoigne de l'absence d'une coupure d'avec l'Autre, comme on le voit chez le peuple des Igapanouas : « *Ce sont ceux qui demeurent dans le pot nourricier deux ou trois ans sans arriver à en sortir, sans arriver au stade final qui rendra possible l'expulsion du fœtus et l'arrivée à la lumière.* ». Par la suite, leur enfance se révèle « *interminable* ». Être né au pot — au creux du *pli* — signifie y rester enveloppé à jamais.

Ces enfants souffrent, par la suite, de tares physiques (« *Le larynx s'est hypertrophié et les chatouille et puis est brûlant.* » (A, II, 121)). Ils ne peuvent se doter d'apparences valorisantes, devant rester à l'état d'un contenu amorphe. Ils sont le déchet de l'Autre, comme le suggère le terme *pot*... de chambre. La proximité sémantique de ce dernier terme souligne aussi l'exclusion de la sexualité et du désir, dans la production de ces enfants. En l'absence des semblants phalliques (*dépli*), les pots interviennent comme une forme de suppléance, un exosquelette minimal pour ces êtres qui se savent incapables d'assumer la reproduction sexuée. Cependant, une telle suppléance ne fait que perpétuer l'aliénation : ces naissances sont, en effet, gérées par le « *gouvernement* » ou l'« *administration* ». À défaut d'une dimension de désir, on ne s'étonnera pas que ces enfants artificiels « *pullulent* » : sans un idéal et le cadrage qu'impose la réalité, rien ne

---

6. « [...] *le champ de la réalité* [...] *ne se soutient que de l'extraction de l'objet* a *qui pourtant lui donne son cadre.* » (LACAN, *Écrits* [*op. cit.*], p. 554).
7. S'associant à la « *marmite* » évoquée dans « Les Yeux » (*NR*, I, 497-8), ce pot laisse entendre la menace de la dévoration : selon le mécanisme propre au *pli*, le « *pot nourricier* » se renverse en *pot* dévoreur.

signale les limites humaines. Au contraire, une poussée repro-
ductrice, animée par un impératif arbitraire, remplace l'investissement subjectif qui caractérise la transmission humaine.

« *L'administration* » (II, 121) incarne cette volonté anonyme qui
ne saurait s'évacuer pour laisser advenir une singularité subjective. De là résulte le renversement qui caractérise cette forme
d'aliénation : l'engendrement effréné est suivi d'une tuerie tout
aussi arbitraire, qui n'est pas sans rappeler le massacre des inno-
cents, dans la thématique chrétienne. L'*administration* — appa-
rentée au « *secret* » et à la « *fatalité* » — installe à peine quelques
éléments de décor ou de « *mise en scène* », pour donner forme à
l'innommable : la chose se passe à la « *place des Rois* » de la
« *capitale* » (lieu dicté par l'étymologie *caput* : tête) où, le cou
posé dans le « *U de grande taille* » (*pli*), la victime subit la décol-
lation. Annoncée dans une « *circulaire* », cette tuerie est, bien
entendu, menée « *rondement* ». Ce retour violent réaffirme la
suprématie du *pli*, et les formes circulaires, sur lesquelles le texte
insiste, soulignent la topologie matricielle qui exclut toute
coupure symbolique, productrice d'un corps structuré et doté de
membres[8]. Ce qui, ici, est *mis en scène*, c'est l'exécution capitale du Roi — autrement dit, de l'idéal paternel —, au profit du
caprice maternel qui, lui, se tient résolument hors toute loi.

2 la férocité du Maître

La topologie du *pli* entraîne ainsi la destruction régulière des
apparences associées au *dépli*. On peut discerner, dans le *pli*, ce
que Michaux appelle, à l'occasion, le *centre* : un lieu associé à
la profondeur, où le sujet éprouve sa saisie pathétique par le
signifiant[9]. Pour peu que le personnage croie évoluer au sein d'un
monde crédible, l'instance du *pli* surgit et le ramène à son statut
originel : où il est transpercé et livré à un Autre tout-puissant. Le
pli se révèle être foncièrement la manifestation d'un *Autre féroce*
et ravageur.

Ainsi, le texte intitulé « Mon Roi » (*NR*, I, 422-5) exprime l'action
qui résulte de l'omniprésence d'un autre persécuteur : une
instance qui persiste à ravaler l'univers du personnage pour

8. Ce qui était refusé aussi à l'enfant de « *Portrait de A.* » : « *Il a ainsi des
milliers de départs de muscles. Ce n'est pas la marche.* » (*PL*, I, 613).
9. Ce centre reste néanmoins distinct d'une position d'équilibre qui situerait un
« moi » corrélé à la réalité, suturant le morcellement et habillant la chair.

l'assimiler au *pli*. Certes, le Roi semble revêtir l'apparence d'un idéal narcissique (une dimension de *dépli*) mais le développement du récit montre qu'il fonctionne, non comme une image paternelle symbolique, mais comme ravage.

Notons d'abord que si le narrateur reconnaît avoir du mal à se «*pénétrer de l'esprit des Lois*» (I, 423), c'est qu'il est resté sous l'emprise d'une instance qui ne lui laisse aucune place pour s'en approprier les signifiants. Ces *Lois* relèvent, en principe, de l'ordre symbolique qui donne au sujet la capacité de s'adapter au code social, jusque dans ses dispositions les plus arbitraires. Or en l'absence d'une telle inscription, les codes ne peuvent faire l'objet d'aucune adhésion dialectisée.

Le récit confirme cette absence d'espace propre au sujet et l'aliénation qui en découle. En effet, le narrateur cherche à s'entourer d'animaux susceptibles de faire office de «*compagnons*» (I, 424) : aussi n'aurait-il plus l'impression d'être seul et il pourrait jouir de l'extension du *dépli*. Cependant, il se trouve dépossédé de tout lieu dès que son *Roi* s'installe chez lui et fait «*dégonfler*» les animaux auxquels son sujet tient tant : «*Telle est ma petite chambre où mon inflexible Roi ne veut rien, rien qu'il n'ait malmené, confondu, réduit à rien, où moi cependant j'ai appelé tant d'êtres à devenir mes compagnons.*». Dans cet espace confiné, le père tyran conserve le monopole de l'épaisseur, du poids (voir I, 429) et, par sa présence massive et étouffante, il interdit à son sujet de prendre son autonomie : l'amplitude du *dépli* s'amenuise, sous l'effet du Père-Roi, pour aboutir à un ensemble de formes sans épaisseur.

Le mécanisme qui préside à ce ravalement révèle la violence de ce Père. Le narrateur contracte des «*dettes*» (I, 423) qui lui valent un «*procès*». Par ce comportement peu raisonnable, il cherche à réaliser une percée symbolique qui le rendrait porteur d'une dette et appelé à la payer. Or au lieu de lui reconnaître la charge de cette responsabilité, le Roi s'applique à tout annuler. Au tribunal, il s'emploie à défendre son «*unique sujet*» — celui qui ne peut, par conséquent, se compter dans la série de ses semblables, où les dispositions de la loi sont opposables à tous —, reprenant la plaidoirie de l'accusation depuis le début, «*comme s'il la faisait sienne*», pour y introduire «*quelques restrictions futiles*». Loin d'être des propos relégués au second plan, ces remarques se révèlent d'une efficacité totale, réduisant progressivement à néant les assertions de l'adversaire. Par ce procédé, le tranchant de la Justice est remplacé par la Loi du caprice et le principe de la métonymie. En effet, les *quelques restrictions futiles* introduites par le Roi ne visent pas à construire un argument, à débattre des principes, à préciser des définitions, au contraire, elles réduisent *pli par pli* toute la substance de l'accusation :

> Cela fait, et l'accord établi sur ces points de détail, il reprend encore l'argumentation, depuis le début, et, l'affaiblissant ainsi petit à petit, d'échelon en échelon, de reprise en reprise, il la réduit à de telles billevesées, que le tribunal honteux et les magistrats au grand complet se demandent comment on a osé les convoquer pour de pareilles vétilles [...]. (I, 424)

Puisque ce Roi n'inscrit pas son propre lieu d'énonciation, ni le tribunal (instance impersonnelle de la loi et de la sanction : *pli*) ni le Roi (idéal narcissique et domination personnalisée : *dépli*) ne représentent l'instance d'un Autre symbolique. Ces deux places se télescopent, en sorte que le monarque apparaisse comme accusation et défense tout en un : envers et endroit, *pli* et *dépli*.

Par conséquent, le personnage-narrateur se trouve opprimé par une instance double qui lui interdit de prendre sa place dans des échanges symboliques. Il précise : « *Il règne ; il m'a ; il ne tient pas aux distractions.* » (I, 425). Ce dernier terme exprime le regard que porte le tyran sur le moindre écart, la plus infime faille qui soustrairait le héros à sa domination. Dût-elle exister, une telle *distraction* ferait advenir une place de sujet : un lieu hors signification, irrécupérable par l'Autre tyrannique.

Celui-ci ne revêt pas toujours une forme personnifiée mais il ne cesse pas moins d'effacer les formes visibles qui, pour lors, perdent leur consistance. Cependant, pour celui qui connaît *la vie dans les plis*, les identités qui tapissent la réalité ne peuvent jamais revendiquer une existence indépendante, autonome et objectivée. Ce qui ne cesse de dominer et de ressurgir, c'est, derrière le visible, le *regard* et, derrière les énoncés, la *voix*[10] ; instances qui sous-tendent la réalité et lui offrent son lieu d'ancrage. Ainsi, le texte « Les Yeux » (*NR*, I, 497-9) décrit comment une étendue se peuple d'yeux : « *Là je vis les véritables yeux des créatures, tous, d'un coup ; enfin !* » (497). Étant aliéné

---

10. « *La voix est ce qui reste après que nous avons soustrait au signifiant l'opération rétroactive de capitonnage qui produit la signification.* » (Žižek, *Ils ne savent pas ce qu'ils font* [*op. cit.*], p. 130)*.

* Voir *infra*, pp. 128-9.

au *pli*, ce *dépli* se montre proprement hallucinatoire : au lieu que les apparences forment un monde objectivé, tous les signifiants convoqués apparaissent comme des avatars des yeux, devenant des instances du regard et des manifestations du Même : « *Les yeux de la drague, les yeux de lait du ventre, les yeux d'encre, les yeux d'aiguillet de l'urètre, l'œil roux du foie, les yeux de mer de la mer, l'œil de beurre des tonneaux* [...]. ». Ces représentations traduisent une surabondance du regard, faute d'être réunies dans des rapports de complémentarité.

Face à cette prolifération à la fois désordonnée et répétitive, surgit le *pli*, sous les espèces d'une entité anonyme : « Tout ça est bon pour la marmite, dit une voix. *La plaine fut aussitôt raclée et nettoyée et plus rien ne subsista, que le sol obscur qui était de l'argile.* » (I, 498). Pourtant, le *dépli* est tout aussi insistant, et la terre se repeuple d'yeux, pour subir encore le même sort. En effet, la voix a besoin de ce déploiement afin d'avoir de la matière à dévorer : « *Et la plaine était immédiatement léchée et lisse, prête à être réensemencée.* » (499). Manifestement, les *déplis* n'ont d'autre force et d'autre consistance que celles qui leur sont conférées par le *pli* ; et le *pli* n'a d'autre visibilité et de signification que celles qu'il trouve dans les *déplis*.

Ces yeux qui se présentent comme des individualités — dans la mesure où chacun est apparié à un signifiant spécifique — sont ramassés au sein de la tournure indéfinie « *tout ça* » (I, 498). La force qui sévit prend la forme d'une scansion tranchante : « *Mais un temps strictement mesuré et implacable s'accomplissant les fauchait d'un coup jusqu'au dernier.* » (499). La volonté qui émane du *pli* se montre impérative, sans sentiment, sans identité, et n'est retenue par aucune entrave. En outre, dans cette action, la voix l'emporte sur le regard. Comme l'obscurité est propre au *pli* — par contraste avec le *dépli* du visible[11] — la voix est aveugle, s'acharnant à anéantir les significations langagières qui composent le déploiement du visible. En revanche, les yeux apparaissent comme autant de personnages ou de *compagnons* qui s'efforcent de peupler le visible, faisant signe de la velléité, de la part du narrateur, de s'extraire du regard et se doter de *propriétés*, de qualités qui soient enfin inaliénables.

---

11. Au sujet de la peinture, Michaux note : « *Jamais je n'ai pu faire une peinture à l'eau valable, sans absence, sans quelques minutes au moins de véritable aveuglement.* » (*ÉR*, III, 574).

Ce récit se présente, en dernière analyse, comme le déploiement de l'expression langagière courante « dévorer du regard », tournure invisible mais opérante dans le *pli* du texte. Ce dispositif se révèle d'une efficacité redoutable car, au lieu que les yeux "dévorent du regard" — se repaissant d'un spectacle —, la voix achève de les "dévorer". Ainsi, les yeux apparaissent comme une simple émanation de la voix ; et les regards qui, usuellement, "dévorent" sont, à leur tour, "dévorés". Le *pli* se présente, ainsi, comme le lieu où envers et endroit se retournent immanquablement, où *pli* et *dépli* permutent sans répit.

Une nouvelle fois, la mise en œuvre de la voix narrative permet d'échapper à cette puissance destructrice. En effet, la première partie du texte forme un *récit*, qui déploie les temps du pullulement des yeux suivi de leur anéantissement (respectivement, *dépli* et *pli* à caractère imaginaire). La fin du texte, en revanche, est ponctuée par un jugement du narrateur qui ancre l'ensemble. De cette manière, la scène est, à son tour, regardée et dite. Grâce à ce mouvement d'extraction, la dernière *arête signifiante* devient semblant, triomphant sur la voix anonyme et ravageuse.

3 vitesse et abstraction

Le mouvement conduisant du *dépli* au *pli* participe d'une temporalité qui exclut tout point mort, toute brèche susceptible d'inscrire un arrêt. La dynamique muette et impersonnelle qui fonctionne dans ces récits évacue toute syncope à partir de laquelle le sujet pourrait saisir ce qui lui arrive. Or pour s'inscrire dans un événement, le sujet éprouve la nécessité, au milieu du bouleversement le plus total, de se reprendre dans l'instant infime qui se produit entre flux et reflux : cette coupure réalise une structure ternaire au sein même du battement binaire. La présence d'un tel arrêt autoriserait l'avènement de formes (*déplis*), leur permettant de se déployer comme autant de semblants, repérables sur une échelle d'équivalences. Ces formes ne seraient pas aliénées au *pli* qui les plonge régulièrement dans le néant, dans la destruction intégrale. En imposant l'existence d'un reste inassimilable, l'écart qui inscrit et garantit la structuration ternaire empêcherait le renversement envers / endroit, *pli / dépli*, d'être complet. Une telle opération de perte ferait signe que l'Autre est frappé d'une dimension d'impuissance, qu'il existe une part sur laquelle même *"mon Roi"* perd ses droits.

Les deux passages que nous venons d'examiner suivent une temporalité déterminée par la syntaxe et la composition textuelle. Cependant, certains textes de Michaux évoquent un état qui dépasse cette possibilité qu'offre la représentation signifiante. On voit plus précisément, alors, que le propre du *pli* consiste à annuler toute coupure pour produire des renversements du tout au tout, sans que s'inscrive la présence d'un reste. Notamment les états provoqués par les drogues manifestent cette aliénation à l'instance désormais envahissante du *pli*, et que l'observation minutieuse par l'écrivain vise à mettre à distance.

Dans le texte intitulé « L'Éther » (*NR*, I, 449–57), Michaux évoque les effets de cette jouissance impossible à maîtriser, déclarant : « *L'éther et l'amour sont deux tentations et deux attentats de l'homme contre le temps. Le temps est chassé durant les saccades de la jouissance. La série précédente est coupée, on peut donc recommencer à compter à partir de.* » (456). Ce que l'auteur désigne par le verbe *couper* évoque une rupture complète qui empêche d'établir un lien d'ordre temporel. Le phénomène de la vitesse abolit la coupure symbolique, le sujet ne peut donc se saisir par anticipation, suivant la logique de la rétroaction signifiante[12].

Paradoxalement, la vitesse évoquée par Michaux traduit une fixité mortifère, en raison même de cette élimination de la temporalité : « *Enfin dégrisé de la vie, il gît au fond d'on ne sait quoi.* » (I, 451). Devenant pur lieu, le sujet sous l'emprise des drogues est envahi par le vide. Certes, sa conscience peut n'être pas abolie : il reste alors contemporain de lui-même en tant que témoin. N'ayant plus prise sur sa propre subjectivité, comme Michaux le décrit dans un autre texte, il s'observe, impassible, se voyant plutôt à la manière d'une dépouille :

Vitesse des pensées, vitesse des images, vitesse des envies, tout arrive à une excessive vitesse, disparaît dans la même vitesse, qu'aucun sentiment

---

12. « *Ce point de capiton, trouvez-en la fonction diachronique dans la phrase, pour autant qu'elle n'y boucle sa signification qu'avec son dernier terme, chaque terme étant anticipé dans la construction des autres, et inversement scellant leur sens par son effet rétroactif.* » (LACAN, *Écrits* [*op. cit.*], p. 805). Julien Gracq y voit le propre du roman, notant que les « *signaux* » que celui-ci émet « *portent délibérément sur ce qui change ou va changer. Et les plus significatifs peut-être portent sur ce qui va changer à terme, le temps verbal d'élection du romanesque étant sans doute non pas le futur mais (si le temps n'existe pas dans la conjugaison, c'est pourtant son mode de projection vers l'avant qui anime la fiction) le futur ultérieur.* » (Julien GRACQ, *Œuvres complètes*, vol. II [Paris, Gallimard, « Bibl. de la Pléiade », 1995], p. 644).

n'influencera. Ça pense, ça n'a pas besoin de lui pour penser. Ça se passe entièrement en dehors de lui. [...] Penser, c'est pouvoir arrêter les pensées, les reprendre, les retrouver, les placer, les déplacer et surtout pouvoir « revenir en arrière ».   (*Connaissance par les gouffres*; III, 134)

Le sujet devient ainsi objet : objet de la vitesse et de sa propre observation. Le *pli* qui accapare le sujet est le lieu de ce *ça* : de la chose qui agite, qui bouleverse, qui brise les apparences, qui anéantit tout arrimage aux semblants. Comme le narrateur le souligne, la rétroaction signifiante (« *pouvoir arrêter les pensées* [...] *"revenir en arrière"* ») est indispensable à la subjectivation pour se détacher de l'Autre tyrannique. Or dans son observation, il n'existe aucune possibilité d'une saisie subjective puisque le processus se déroule du côté de l'objet, dans l'autonomie la plus totale. Ainsi s'accomplit une scission entre le *dépli* de l'observation et le *pli* pâtissant et dépersonnalisé.

Ainsi triomphe ce lieu du non-lieu qu'est le *pli*. Tandis que le sujet, institué par la coupure, se situe dans un lieu naturellement étoffé de signifiants-attributs, la vitesse concourt à l'abolition du lieu, accordant la primauté aux processus dynamiques et rejetant les formes du *dépli*. Le sujet qui se voit livré au déferlement du *pli* n'est plus qu'un vide, submergé par la Chose. Le *pli* s'apparente à la « *jouissance en cascade* » (I, 457) et à l'accélération comme « *processus* », indiquant que ce qui gouverne désormais n'est pas ce que l'on voit en surface (*dépli*) mais l'envers des apparences : « *Plus homme ni femme, il n'est qu'un lieu.* » (450). Tandis que l'identité corporelle paraît tenir grâce à la volonté (438), le *pli* permet de s'abandonner à un état proche de la mort : « [...] *il gît seul dans son tombeau profond. Là, eau battante, enfin délivré d'être le maître, le centre de commandement, l'état-major ou le subalterne, il n'est plus que la victime bruissante et répercutante.* » (450).

L'action du *pli* peut prendre la forme, soit de ce « vide », où le sujet s'éprouve comme dénué de passion, soit de la souffrance qui, pour peu que son emprise s'intensifie, aboutit à une expérience de l'impersonnel. Dans chacun de ces cas, le *pli* manifeste sa puissance envahissante. Selon l'axiome michaldien « *Le mal trace, le bien inonde.* » (*FV*, II, 464), le *pli* s'impose donc comme lieu du mal, de la souffrance. Saisi par ce mal, le sujet se voit privé de son enveloppe corporelle pour devenir pure abstraction, où le réel est simultanément abîme et compacité matérielle, invisibilité et opacité : « *Plissements, plissements / une tête souffre qui n'est plus tête / seulement passage* » (III, 1224). Cette douleur se présente comme une crispation où l'on est aspiré, investi par un Autre dominateur : le *pli* commande à l'être supplicié, « *malmené, flagellé* » (580).

Cependant, cette réduction à un état de pure passivité est susceptible de prendre la forme d'un autre genre de *dépli*. Telle est la « *douleur* » : « *La douleur veut ne faire qu'un avec moi, peser sur moi, se dilater, s'étendre en moi, être ma ville, moi son unique habitant, régner, avoir son saoul en moi.* » (FCD, III, 868). Dans ce passage, l'on entend un écho du personnage du *Roi* tyrannique : là où le personnage cherchait à instaurer et à déployer son univers, à peupler son monde de ses *compagnons*, le *pli* de la vitesse et de la douleur exerce son pouvoir dévastateur. Par la même occasion, ce basculement adopte la forme d'un nouveau *dépli*, par lequel la jouissance se répand, déployant des vagues d'abstraction.

Le *pli* accomplit l'abolition du sujet et le triomphe de l'objet de la jouissance : le sujet se voit livré corps et âme à cette instance capricieuse qui sème l'éclatement, le bouleversement et l'entrechoc des incompatibles (« Dessiner l'écoulement du temps » ; *P*, II, 374). En revanche, tandis que le narrateur déclare que « *dans l'enfer d'impulsions pareillement soudaines, saccadées et démentes, on ne peut imaginer que cessera jamais l'inhumaine vitesse...* », cet arrêt est malgré tout survenu : le bouleversement extrême est désormais intégré, en tant qu'expérience, à une composition écrite. Ainsi, le sujet-narrateur affirme son triomphe sur les forces inhumaines.

4 *l'adhésion au Maître féroce*

Il serait, pourtant, erroné de limiter l'action du *pli* à celle d'une violence univoque dirigée contre le sujet. Certes celui-ci se voit souvent aux prises avec une férocité qui le réduit au statut d'un simple lieu où sévissent des forces incontrôlables ; des forces qui prennent, à l'occasion, le visage d'un Maître terrible, capricieux, impossible à apaiser ni à « tuer ». Mais la beauté de certains textes de Michaux vient de la manière dont le poète se range du côté de cette même violence : celui qui subit l'envahissement incarne ce même objet sur le plan de la voix énonciatrice.

On rencontre l'expression de ce retournement dans le texte en vers intitulé « *Mon sang* » (PL, I, 596), où le déchirement infligé par la violence est porté à la hauteur du sublime : « *Le bouillon de mon sang dans lequel je patauge / Est mon chantre, ma laine, mes femmes.* ». Dans ces quelques mots, nous assistons à des retournements où la souffrance est conditionnée par l'esthétique du pli. Le premier vers, évoquant l'action de patauger, offre une dimension scénique, décrivant le sujet qui accomplit une action dans un lieu précis. Si, paradoxalement, la dimension du signifié assigne cette scène *déployée* à l'espace du *pli*, on peut considérer que les noms-attributs, évoqués au deuxième vers, appartiennent au registre du *dépli*, dans leur capacité à peupler le monde de beauté et de l'éclat des formes. Dans ce même mouvement, la chair nue, d'où émane ce sang, se voit portée vers une amorce de métaphorisation, devenant à la fois *chantre, laine* et *femmes*.

À l'inverse de ce mouvement de dépliage, on peut poser que la scène de l'action est dépliée au moyen de la syntaxe et que le *pli* intervient dans le deuxième vers : les trois substantifs formant une trinité unique insistent, en tant qu'*arête signifiante*, sur le marquage du *pli*. Ainsi, la férocité ne reste pas à l'état brut mais se plie aux contours et aux retournements de l'esthétique qu'elle commande : *le pli se déplie, le dépli se replie*. Le narrateur peut affirmer à la fois « *vi*[*vre*] *dans les éclats* » — où il est déchiré — et dans le *dépli*, où il trouve expression.

Le surgissement du *pli* infuse l'écriture d'une musicalité étrange et brutale, comme on le voit au milieu du poème « *Amours* » (*NR*, I, 503-4), où le poète entonne un chant sauvage et exalté. Au début de ce texte, il adresse ses plaintes à « *Banjo* », sa compagne d'autrefois. Puis, au moyen d'un rythme violent, il se libère de l'identité que celle-ci lui imposait et, par les mots, la dépèce, tout en exprimant une pointe d'affection. Cette violence prend forme dans le nom *Banjo* qui désigne généralement non une femme, mais un instrument de musique dont les cordes produisent une sonorité percutante. Le choix de ce surnom contribue à transformer cette femme en une chose matérielle, objet des coups qui lui sont portés. L'ancienne partenaire du narrateur se voit expulsée pour devenir un chant sonore, tirant l'articulation syntaxique vers des syllabes pures et dénuées de signification mais qui retentissent comme le mot *gong*[13] : « *Banjo,* / *Banjo : Bibolalange la bange aussi,* / *Bilabonne plus*

---

13. Dans *Ecuador* nous lisons : « *Peu de phrases. Le gong fidèle d'un mot.* » (I, 162 ; cf. 488, 505, 768).

douce encore [...]. » (I, 504). De cette manière, l'action du *pli* qui consiste à marteler et découper le corps, se retourne en un mouvement de *dépli*, marqué par une joyeuse musicalité.

Ainsi, si le *pli* relève de l'en deçà de la forme — étant réfractaire aux lois qui régissent les semblants et source d'une force déchaînée —, il ne peut s'exprimer que par l'intermédiaire du *dépli*, par le biais des mêmes formes qu'il ne cessera de fracasser : le *pli* se dit et prend visage au moyen du *dépli*. Ces retournements, qui ne cessent d'être contemporains, trouvent leur exemplarité dans le poème « *Épervier de ta faiblesse, domine !* » (ÉE, I, 779-80). Dans ce texte en vers, l'auteur attribue des paroles au *pli*, commençant par les mots : « *L'être qui m'inspire m'a dit : / Je suis celui qui tremble. Je suis celui qui rompt* [...]. » (779). La dimension décrite par ce texte se situe en deçà de la forme mais, par le style dialogué, le narrateur cherche un moyen pour s'identifier à cette part qui rejette toute parole, qui ne connaît aucune loi, qui ne respecte aucune vraisemblance : la chose qui agit mais ne parle pas.

Dans le dialogue, le Je et le Tu se montrent solidaires : dès que le narrateur profère le syntagme *Je suis...*, il endosse le pronom qui porte cette énonciation, selon la règle linguistique qui précise que « est Je, celui qui dit je ». Ce principe vaut, même dans le cas d'un dialogue feint, où le sujet parle à soi-même pour se donner du courage, pour réunir ses forces. Les interlocuteurs fictifs constituent des doubles où l'être surgi du *pli* — amorphe, fait de chair écorchée (cf. I, 885) — apparaît comme l'*alter ego* du narrateur. De cette identification découlent les formulations : « *Je vole. Tu voles. Je vogue. Tu vogues.* » (779).

Par ses syntagmes, le poème dessine un mouvement de *dépli* tandis que son signifié porte sur le *pli*. Dans cet esprit, la forme versifiée marque l'insistance sur le lieu du *pli*, à l'aide de la construction : *je* + verbe. Ce pronom représente alors la forme signifiante (*arête signifiante*) donnée à l'opacité du *pli*.

Or à quoi correspond le terme de *faiblesse* si ce n'est le *pli*, ce lieu du sujet réduit à une trace sans forme constituée, impuissant à s'élever à la hauteur des identités reconnaissables[14] ? La faiblesse apparaît comme un versant du *pli*, considéré à partir de l'ampleur du *dépli*. Cependant, l'autre versant du *pli* se manifeste

---

14. Voir DADOUN, « Poétique du peu ou La puissance des faibles, des petits et des maigres », pp. 9–65.

dans sa force de destruction : par comparaison avec celui-ci, les formes sont fragiles, des objets de vindicte méritant d'être anéantis. En s'identifiant à cet endroit du *pli*, le narrateur inflige des coups de boutoir aux formes — «*Je romps / Je plie / Je coule* [...]» (I, 779) —, les empêchant d'accéder au statut de semblants. Il donne ainsi une forme chantée à la «voix» impérative portée par une violence incontrôlable. Dès lors, tout ce qui est marqué par les valeurs phalliques — corrélées aux semblants — se voit désigné comme objet du déchaînement dévastateur : «*Je ruine / Je démets / Je disloque / M'écoutant, le fils arrache les testicules du Père / Je dégrade / Je renverse* [...]» (780).

Loin d'être une entité «paternelle», le *pli* se situe en deçà de toute identification, ainsi que le précise le narrateur : «*Je m'assieds en juge, / Je m'accroupis en vache, / Je pénètre en père, / J'enfante en mère.*» (I, 779). Alors, face aux autres qui lui inspirent la crainte, en raison de leur prestige déplié (portant l'éclat de l'idéal oppressant), le sujet dispose d'une liberté absolue pour s'insurger et se révolter. N'étant pas définitivement arrimé aux identifications, le narrateur tour à tour les emprunte et les rejette : étant, certes, frappé de la faiblesse inhérente à cette absence d'identification, il s'en approprie la force incommensurable.

Dans cette forme de paradoxe, le mouvement *pli / dépli* détermine la forme du poème et la solution qu'elle représente pour l'écrivain. Le narrateur annonce sa force réactionnelle — «*Je m'appuie sur les coups que l'on me porte* [...]» (I, 779) — pour se donner le nom qu'il n'a pas reçu par transmission symbolique. Dès le début du poème, la relation *je–tu* sert à instituer un double, à l'aide duquel le narrateur peut s'identifier à cet Autre infiniment violent. Au moyen de ce dispositif, le narrateur emprunte le masque d'une entité anarchique et destructrice : «*Je trompe, je traverse / Je n'ai pas de nom / Mon nom est de gaspiller les noms* [...]» (780). Le sujet d'énonciation de ce poème est celui qui ravage, qui démolit les formes instituées, qui détruit les *déplis* pour... s'affirmer comme *pli* : en s'annonçant comme celui qui ruine les noms (*pli*), il parvient à se donner un nom (*dépli*). L'achèvement du poème réalise la simultanéité de la réfutation et de l'affirmation grâce à laquelle le *pli* devient, pour un temps, *dépli*.

5   une lecture dépliée (1) : "Un Certain Plume"

Le recueil « Un Certain Plume » met en œuvre, dans des récits déterminés par l'isotopie du protagoniste éponyme, les multiples renversements provoqués par le mouvement *pli / dépli*. Une « lecture dépliée » nous permettra d'étudier de près, dans l'ensemble de cette œuvre, la manière dont la violence du *pli* constitue un pôle essentiel de ce personnage, faisant contrepoint à sa singulière légèreté.

On a pu rapprocher le personnage de Plume des qualités que Michaux a discernées dans Charlot (« Notre frère Charlie », *Premiers écrits*[15]), notamment quand il désigne ce qu'il juge être la spécificité de ce personnage de cinéma : *« Charlie, réaction contre le romantisme. »* (I, 44). Charlot apparaît dénué d'intériorité, à une époque où nous « *n'avons plus d'émotions. Mais on agit encore* ». Dans cette réalisation cinématographique, l'espace du *pli* semble être évacué en sorte que le personnage ne se saisisse pas comme doté d'un moi : « *Sa vie est coq-à-l'âne. Ni milieu, ni commencement, ni fin, ni lieu. Les désirs du subconscient, les impulsions réalisées sur-le-champ.* » (45). La forme ternaire de cette scansion syntaxique — début, milieu et fin — n'est pas fortuite dans la mesure où sa structuration tranche sur celle du *pli*, produisant une coupure corrélée à un arrimage réel. Dès lors que Charlot échappe à cette structuration, il ne saurait être affecté d'un inconscient : rien, chez lui, n'est refoulé, rien ne fait entrave au surgissement des signifiants dans leur qualité matérielle.

Chez Charlot, tout se déroule en surface, sur le plan du *dépli* : sans arrière-pensée, sans réflexivité psychologique. Cependant, il faut supposer une articulation de ce plan à quelque chose qui régit les *déplis*, qui en suscite la manifestation. L'immédiateté et l'efficience, qui caractérisaient les actions apparemment erratiques du personnage, ne peuvent que découler de la pulsion : une instance qui commande absolument et face à laquelle le personnage ne dispose pas de réserve subjective. C'est ainsi que Michaux distingue Charlot de Proust et Freud, qu'il qualifie de « *dissertateurs du subconscient* » (*Premiers écrits* ; I, 45). Contrairement au romancier et au psychanalyste, Charlot apparaît comme un « acteur du subconscient ». Autrement dit, il est une pure

---

15. Voir MATHIEU, « Légère lecture de "Plume" » pp. 101–57.

manifestation du *subconscient*, là où Proust et Freud situent l'écart de l'inconscient entre le sujet et la pulsion pure. Par conséquent, on peut déduire qu'il existe bien, chez ce personnage, un arrimage dans le *pli*, celui-ci engendrant le battement pulsionnel qui ne peut prendre forme qu'à travers le jeu du *subconscient*, dans des actions arbitraires dénuées de calcul ou d'inertie défensive. Même la dérive du *dépli*, avec ses jeux de miroirs et son allure de superficialité cocasse, se montre foncièrement ancrée dans le réel du *pli*. Le pli assure l'isotopie des vignettes*, là où le *dépli* enchaîne des actions apparemment dénuées de continuité rationnelle.

Plume correspond en grande partie à cette analyse de son *frère* Charlot : agissant sans calcul, il reste intouché par les choses qui lui arrivent, ne cherchant pas à modifier le cours des événements, n'influant pas sur les intentions de ceux qu'il rencontre. Plume flotte, erre, se laisse brimer mais renaît toujours à la même place, ne connaissant pas le poids du passé, ne composant pas une histoire : Plume est éminemment *dépli*. Cependant, la lecture du texte apporte des nuances à ce jugement, dans la mesure où ses divers épisodes témoignent du mouvement inlassable de *pli* et de *dépli* : cette dynamique se montre cruciale pour apprécier la logique qui préside aux aventures de ce personnage.

le phallus défait par la chair

Plume se montre profondément ancré dans le *pli* qui ne cesse de vouloir réduire ce héros à sa seule dimension charnelle. Ainsi, dans « Une mère de neuf enfants » (I, 637-8), une *femme* — prostituée — aborde Plume, se déclarant *mère* de neuf enfants, identité qui la pousse à appeler le protagoniste « *mon petit* ». Cette mutation dans l'identité féminine semble témoigner de la difficulté, pour ce personnage, d'évacuer la mère qui se tapit dans une femme pour faire, de celle-ci, une partenaire. La singularité de cette prostituée s'efface ensuite et, non contente de parler d'un à un, elle se fait multiple, rameutant « *ses amies* », puis tout le quartier, alertant enfin, un agent de police. Ces femmes « plument » (p. 126[15]) Plume de son argent, évoquant ce qu'elles supposent être sa peur de la syphilis avant de le posséder de force. Pour compléter cette chute, la *mère de neuf enfants* déclare : « *Tant qu'il n'y a pas eu de sang, il n'y a pas eu de véritable satisfaction.* » (I, 637). Cette descente aux enfers souligne l'action du *pli* en tant que mise à nu de la chair, comme sou-

---

* *vignettes* : unités encadrées, d'une longueur limitée, qui peuvent aisément se détacher de l'ensemble dont elles font partie.

mission à l'impératif et à la tyrannie de l'instance maternelle.

Cependant, l'esthétique du pli ne saurait irrémédiablement se teinter de tragique car il n'existe jamais de *pli* sans *dépli*, jamais de mouvement descendant qui n'appelle, aussitôt, son contraire, pas de profondeur qui ne serve de point de rebroussement vers la surface*. Ainsi, contrairement à cette descente où le *dépli* cède à la chair pâtissante, la seconde partie de la vignette adopte une scansion rapide : les femmes invoquent la nécessité de quitter la chambre d'hôtel qui n'est «*payée que jusqu'à minuit*» (I, 638). Pour la première fois, Plume répond à ses assaillantes, au lieu de garder ses réflexions pour lui. Il proteste, déclarant qu'elles pourraient bien payer avec l'argent qu'elles lui ont volé. Par contraste avec la scène représentée dans la première partie de la vignette, cette seconde partie décrit une remontée vers la surface. On peut aussi s'attacher au plan du langage et noter qu'après le *dépli* de la scène fictionnelle, ces scansions prennent la forme d'*arêtes signifiantes*, au moyen desquelles Plume s'engage dans le discours. Cependant, Plume ne s'affirme ici que sur l'initiative des femmes. À la suite de l'assimilation auxquelles elles soumettent leur victime, ces bourreaux féminins évoquent l'éviction de Plume : ainsi, ce *dépli* s'entend comme l'effet du *pli* et non comme le résultat d'une rupture advenue dans le discours. L'«indépendance» de Plume — sa nouvelle naissance, après avoir été réduit à être objet de jouissance de la mère-prostituée — n'est qu'un effet du mouvement *pli / dépli*, régi par le caprice de son Autre tyrannique. Certes, Plume songe que cette expérience lui fera un «*fameux souvenir de voyage*», mais une telle appropriation subjective est loin de causer une modification dans le personnage ou de construire une historicité.

Pour peu que les apparences accèdent au statut de semblants, elles marquent une inscription phallique. Mais le vocable *plume* annonce déjà la difficulté de donner consistance à un tel statut[16] : ce substantif féminin, attribué à un personnage qu'on suppose de sexe masculin, ne se distingue pas par ses qualités de pénétration ou de structuration. Tout au plus convient-il (certes, ce n'est pas rien) pour désigner l'outil d'écriture, suggérant que le signifiant *plume* ne s'intègre aux semblants que par le biais de l'écriture, qui permet de suppléer à une inscription défaillante. Dans cette

---

16. On peut établir une comparaison avec l'utilisation, par le personnage de Swann, chez Proust, des «*catleyas*», où la fleur devient un simulacre du phallus. Voir : Brown, *Figures du mensonge littéraire* (*op. cit.*), p. 186-7.

---

* Voir *infra*, pp. 112–6.

optique, « Plume avait mal au doigt » (I, 633-4) illustre la manière dont le *pli* inflige une forme de « castration » qui, pour être une mutilation au lieu d'une coupure symbolique, n'instaure pas les semblants : au contraire, le personnage se voit précipité dans un état de dénuement charnel, confronté à son absence de consistance. Pour cette raison même, au lieu de rester voilé, le phallus évoqué dans ce texte prend la forme imaginarisée du membre-outil.

Dès le début de ce récit, le personnage se plaint d'avoir « *un peu mal au doigt* » (I, 633). Cette faille minimale dans le corps signale l'effraction du *pli* et compromet l'intégrité physique du personnage. Alors que, sur le conseil de sa femme, Plume va chercher une simple pommade, le chirurgien met en œuvre le processus démesuré de l'amputation. Plume lui oppose de faibles et inutiles protestations qui apparaissent comme autant d'*arêtes signifiantes*, face aux paroles du chirurgien. Celui-ci s'impose en maître et porteur du discours, occupant l'espace du *dépli* (les prétextes, les arguments, justifications) qui dissimule l'insistance du *pli* : la volonté implacable de procéder au retranchement de tout ce que sa victime a pu conquérir en termes d'image corporelle.

Plume proteste, prétextant la nécessité de conserver son doigt pour écrire à sa mère, mais le médecin reste insensible à cet argument. En effet, seule la mère serait à la hauteur d'un médecin paternel (autorité investie du savoir) ; mais nous savons, depuis « Mon Roi » (*NR*, I, 422), que le géniteur n'est que l'autre face de la justice tranchante. Or aux yeux de Plume, le doigt phallique est destiné à parer aux redoutables assauts de son Autre (père ou mère) tyrannique. L'écriture, adressée à l'objet maternel, est évoquée comme un moyen pour se défendre de la sauvagerie qui se prépare. Ce subterfuge se révèle futile et c'est ce même doigt que le *pli* va ôter au héros : les propos superficiellement rassurants du médecin recouvrent, sur leur envers, le projet de mutilation.

La seconde partie du texte déploie un nouveau versant composé de la dénonciation, par la femme de Plume, de cette amputation. L'épouse apparaît comme l'image inversée du chirurgien, exprimant un avis tout à fait contraire à ce maître barbare. En tant que femme — remplaçant la mère —, elle revendique l'utilité de l'organe phallique, déclarant : « *Les infirmes c'est méchant, ça devient promptement sadique.* » (I, 634). De ce jugement, on déduit que les infirmes, tout en étant les victimes du *pli*, se logent dans son creux et peuvent s'en faire les instruments. Constatant la mutilation physique de son mari, elle lui inflige, à son tour, une entaille morale, où les invectives tranchantes soutiennent, sur leur envers, la demande d'amour, l'exigence que Plume soit un homme, entier : «*Dès que ta main sera un peu trop dégarnie, ne compte plus sur moi.*». En effet, dans cette partie du texte, l'on assiste à la mise en question du désir du personnage, dans la relation qu'il entretient avec sa partenaire féminine : il s'agit de savoir comment mettre le *pli* à l'abri et à l'œuvre dans la relation sexuelle, à l'écart de la mère. À la différence de celle-ci, la partenaire féminine n'est pas «*une femme très sensible*» (633), elle n'enveloppe pas le héros pour mieux le trancher jusqu'au sang.

À défaut d'un personnage capable de porter sa jouissance du côté du désir, la construction de la vignette offre une réponse. La solution se loge entre le conseil modéré de la femme («*"Il suffit souvent d'une pommade..."*» (I, 633)) et la réponse apaisante de Plume («*"J'ai encore neuf doigts et puis ton caractère peut changer."*»[17] (634)). Ces deux énoncés encadrent le récit, restituant la normalité du *dépli*, autour de l'assertion du *pli* qui surgit sous les espèces de l'amputation et des invectives.

Dans ces circonstances, la réalité n'offre qu'une consistance trompeuse, fonctionnant comme un écran au service des inscrutables desseins du *pli*. Si Plume évolue au sein des signifiants qui composent la réalité, il ne manifeste aucune distance à l'égard de ceux-ci : demeurant passif, il se laisse mener par ceux qu'il rencontre. Ainsi, «Dans les appartements de la reine» (I, 626–8) ce n'est pas le héros, Plume, qui institue la réalité mais le personnage de la Reine, associée au registre du *dépli*. Si, initialement, Plume se fait connaître comme porteur d'une mission, détenant des «*lettres de créance*», ce statut officiel est oublié dès que la Reine lui annonce l'absence du Roi : «*— Voilà. Le Roi en ce moment est fort occupé. Vous le verrez plus tard.*» (626). L'effacement de l'autorité suprême semble laisser le champ libre à un échange moins solennel entre les deux personnages.

En effet, Plume se trouve un reflet dans ce personnage féminin, sur le mode de la séduction. Loin de maintenir sa position

---

17. Dans le vocable *neuf*, on entend l'équivoque qui s'inscrit entre le nombre cardinal et l'adjectif qualificatif.

symbolique (celle d'ambassadeur, par exemple), Plume suit la Reine, qui le conduit à l'intérieur du palais, jusque dans sa chambre à coucher... Le prétexte qu'elle évoque — celui de parler du Danemark (on y entend une référence à *Hamlet*, où le fils rivalise avec un père dénoncé comme usurpateur) — perd rapidement toute sa crédibilité. Avec l'éloignement du Roi, ce n'est pas seulement la Reine qui se met à nu mais on assiste aussi à l'effeuillement du *dépli*. Les prétextes avancés par la Reine sont manifestement de dérisoires paravents pour masquer son désir sexuel. Quant à Plume, il reste docile, sans exprimer la moindre opinion personnelle, qu'elle soit d'acceptation, de refus ou d'interrogation : double fausseté qui signe le mouvement métonymique du *dépli*.

Tout au long de cette partie de la vignette, ni Plume ni la Reine n'évoquent leur désir : tout reste dans le non-dit, derrière les prétextes et le consentement tacite. De cette occultation résulte l'incapacité de ces personnages à adopter une vraie position à l'égard de leur intimité à deux. Par conséquent, les semblants cèdent à l'inconsistance du glissement, révélant le *dépli* comme une scène instituée au seul profit du voyeur royal qui se dissimule derrière son auguste fonction. Au moment où, nu, ce nouveau couple se perd dans une étreinte : *« C'est alors que le Roi entra ! » (I, 628). Plume se trouve « castré » par cette intrusion : le *pli* destructeur se traduit graphiquement par une ligne en pointillé qui dessine une entaille, un tracé muet où se mêlent silence et vocifération.

À cette violence, le narrateur oppose son jugement sous la forme d'une *arête signifiante* : «*Aventures terribles, quels que soient vos trames et vos débuts, aventures douloureuses et guidées par un ennemi implacable.*» (I, 628). Ainsi, l'absence du Roi ne peut que présager son retour sous la forme d'une instance d'aliénation : le surgissement du *pli* qui dissipe le chatoiement du *dépli*, dévoilant la nature insupportable de son envers qui, néanmoins, donne son assise à l'écriture.

la recherche d'un ancrage symbolique

La métonymie du *dépli* ne cesse ainsi de rappeler son ancrage dans le *pli*. Loin d'être un personnage qui prend du plaisir dans la dérive ou qui fait l'éloge de l'errance, Plume ne dispose d'aucune distance lui permettant d'élaborer une telle position subjective. Le texte y puise une grande part de son caractère énig-

matique : le mouvement du *dépli* reste aussi dénué de signification que le *pli* qui le conduit et qui lui oppose un arrêt brutal.

« Plume au plafond » (I, 640-1) situe ce rappel du *pli* du côté
d'une inscription signifiante. Si les aventures de Plume apparaissent souvent comme le *dépli* d'expressions courantes[18], cette
vignette prend appui sur un renversement de l'expression *avoir
les pieds sur terre*. Ainsi, d'emblée : « *Dans un stupide moment
de distraction, Plume marcha les pieds au plafond, au lieu de les
garder à terre.* » (640). La première partie de la vignette (*dépli*)
montre Plume suspendu à l'envers, s'étant en quelque sorte
envolé dans une extériorité sans remède. Pourtant, le narrateur
précise que son personnage aurait aimé se loger dans un creux :
« *Comme il aurait voulu être dans une cuve pleine d'eau, dans
un piège à loups* [...]. ». Plume aurait préféré être enveloppé dans
le repli et « *entrer dans le plafond* », mais la métonymie à
laquelle cette surface le contraint lui barre ce recours : « *Mais les
plafonds sont durs, et ne peuvent que vous "renvoyer", c'est le
mot.* » (640-1).

Le second *dépli* de cette vignette décrit l'appel à un arrimage
signifiant : « *une délégation du Bren Club* » (I, 641) vient aider
Plume à descendre et lui présente des excuses, assorties à des
explications. Ce *dépli* — complémentaire au premier — offre des
éléments d'un ancrage mais ne laisse pas moins intacte la question du *pli* qui s'inscrit à la jonction de ces deux *déplis*. Les
excuses et explications officielles ne développent pas un véritable
cadrage signifiant : elles ne font pas contrepoids à l'étrange légèreté de Plume puisqu'elles se montrent aussi métonymiques que
l'égarement dans les hauteurs.

L'ancrage dans le *pli* prend, à l'occasion, la forme des agents
aux ordres d'une justice sévère et menaçante, comme on le voit
dans « Plume à Casablanca » (I, 638-9). La première partie de cette
vignette forme un *dépli*, cadré par l'arrivée du voyageur et la
perspective de son départ le lendemain. Entre ces deux points de
scansion, Plume part faire des « *courses* », s'occuper des
« *affaires urgentes* », s'adresser à la Société générale, se tournant
ensuite vers des activités touristiques sans caractère d'obligation.
Dans ce temps de *dépli* cadré, Plume est parti aussitôt qu'il est
arrivé.

---

18. Comme le démontre Jean-Claude Mathieu dans « Légère lecture de
"Plume" », notamment la partie intitulée « Plume au pied de la lettre », pp. 121–32.

Cependant, le rappel, à la fin de cette section, de la ponctualité indispensable au départ — concernant « *l'emplacement du bateau* » (I, 639) — fait basculer le personnage vers un *dépli* opposé, cette fois marqué par le caractère impératif du *pli*. Plume s'inquiète des contrôles qui seront effectués par les douanes et les médecins du service de Santé. Loin des distractions qui constituent l'agrément du tourisme, Plume est saisi par le souci de son intégrité physique. Cet esprit d'inquiétude pourrait s'alimenter dans le vide et rester sans conséquences, mais l'activité même du personnage y met un terme : « [...] *la police toujours inquiète, le questionna, entendit sa réponse et dès lors ne le lâcha plus.* ». Ainsi, l'instance de la loi se présente comme un *pli* d'ancrage qui confère un sens aux deux formes de dérive (*dépli*) : celle du plaisir et celle de la légalité.

inutile résistance

Tout en se tournant vers le tranchant du *pli*, Plume fait des gestes de résistance qui n'ont jamais la force nécessaire pour infléchir les événements. À ces moments, le personnage se confine dans un discours composé de vagues prétextes en l'absence d'une position propre : il reste aliéné à la tyrannie du *pli*. Plume cherche constamment à s'excuser dans un effort pour se réconcilier avec le convenu ; mais sa quête du vraisemblable le laisse sans inscription réelle, l'incitant à s'effacer toujours davantage.

Dans « Plume voyage » (I, 625-6), le héros ne cesse de se faire évincer des lieux où il veut s'introduire, évictions qui composent la matière du récit. Les adversaires de Plume se déchaînent, déclinant tous les maux que sa présence pourrait déclencher, prétendant que tout repose sur lui, au point de lui prêter la capacité de faire tomber le Colisée en ruines (626). Cependant, la menace que l'on attribue à Plume — en toute mauvaise foi — est exactement celle que représente son *Autre féroce* pour le héros.

Sur le revers de cette violence, les dénonciations fallacieuses composent le *dépli*, évoquant une réalité dans laquelle Plume se trouve représenté et grâce à laquelle il vient à l'existence. Dès lors, Plume prend son parti : « *Mais il ne dit rien, il ne se plaint pas. Il songe aux malheureux qui ne peuvent pas voyager du tout, tandis que lui, il voyage, il voyage continuellement.* » (I, 626).

Face aux griefs qu'on lui adresse, Plume acquiesce sobrement : ses répliques se lisent comme autant d'*arêtes signifiantes* ponctuant les tirades (*déplis*) coléreuses. L'on remarque surtout que ces faibles protestations offrent des simulacres d'un mouvement de subjectivation. Ces mêmes phrases relancent l'histoire, puisque Plume n'y énonce rien qui soit susceptible de provoquer un vrai changement de son destin. Au contraire, il accepte une expulsion pour en subir une autre. Il ne fait autre chose que poursuivre la répétition : ses mots n'infléchissent pas la force du *pli* qui agit par son intermédiaire.

Cette passivité de Plume se retrouve dans d'autres vignettes. Dans «Plume au restaurant» (I, 623-5), le personnage s'efforce d'adhérer à la réalité, choix qui suppose, d'ordinaire, que le sujet jouisse d'un certain retrait par rapport au vraisemblable ; or, Plume ne connaît que deux modalités d'existence qu'il illustre tour à tour : celle du *pli* et celle du *dépli* complémentaire. Ainsi, lorsqu'il se trouve menacé par le *pli*, il s'efforce d'adhérer à la réalité vraisemblable, sans réussir à convaincre ses interlocuteurs.

Lorsque Plume déjeune au restaurant, le maître d'hôtel le regarde «*sévèrement*» et affirme «*d'une voix basse et mystérieuse*» : «*Ce que vous avez là dans votre assiette ne figure pas sur la carte.*» (I, 623). Plume tente de répondre à cette constatation incongrue. Se sentant gêné devant l'insistance de ses interlocuteurs, il évoque sa précipitation, son ignorance de la carte, cherchant par tous les moyens à s'excuser, se proposant de dédommager ses hôtes pour la gêne que sa malencontreuse erreur a pu occasionner. Ses efforts pour s'esquiver — c'est lui qui parle, pour l'essentiel — et se faire oublier demeurent vains : au maître d'hôtel succèdent le chef de l'établissement, un agent de police, un commissaire de police, «*ceux de la Secrète*» (624) et, enfin, «*un grand rustre*» (625). Plume évoque divers prétextes mais aucun ne convainc : ses explications apparaissent comme autant de *déplis* qui ne mordent pas sur la réalité vraisemblable.

Alors que Plume déplie ses explications, les figures de l'autorité insistent sur le même point de défaillance. Si le plat ne figure pas sur la carte, c'est que l'existence de cette "livre de chair" (qui est aussi, par analogie, celle du personnage) n'est pas agréée : elle est irrecevable dans la réalité convenue. La chose qui se trouve dans l'assiette apparaît comme une obscénité que Plume aurait étalée aux yeux de tous, la révélation de sa honte. Or cette obscénité n'est autre que celle du *pli* ; aussi voyons-nous la chair dénudée désignée — voire, suscitée — par les instances de l'autorité qui cherchent à saisir l'intériorité pâtissante de Plume. En l'absence d'une coupure symbolique, l'existence du personnage reste sous l'emprise du pli, l'empêchant de congédier ses adversaires intrusifs.

Cependant, on note que les deux parties de cette relation d'antagonisme restent dépendantes l'une de l'autre. Face à ses accusateurs, Plume ne peut que proférer ses faibles protestations qui, par leur insuffisance, suscitent une violence accrue de la part de la Loi. En même temps, les agents de l'autorité ont besoin de cette résistance dérisoire pour les conforter dans leur sentiment de tenir un réfractaire qu'ils doivent briser.

l'irréductible dépli

Ainsi, il convient de voir, dans la résistance de Plume aux assauts de l'Autre obscur, ce par quoi le *dépli* reste irréductible et incontournable pour le *pli*. Pour cette raison, Plume aussi est strictement indestructible : le *pli* ne peut réellement l'entamer. Dans « Un homme paisible » (I, 622-3), Plume pratique le repli par résistance passive, par endormissement. Son monde disparaît par étapes : le mur, la maison, sa femme, chacun constituant un élément de *dépli*. À travers la succession de ces étapes, Plume est poursuivi par l'instance du *pli*, jusqu'au moment où sa femme se trouve coupée en « *huit morceaux* ». Loin de réagir à ces disparitions, — au lieu de s'inscrire comme acteur au sein d'une réalité — Plume se rendort. Il se plonge dans son évanouissement subjectif, dans son repli où chaque événement est « déjà passé » avant qu'il ait pu en prendre conscience : ainsi, sa femme s'est fait tailler en morceaux, lui fait-on remarquer, « *sans même vous en être aperçu* ». Plume reste un anti-héros, impuissant à entreprendre une action. Intouché par la logique rétroactive du signifiant, le personnage ne peut saisir les événements dans la perspective de leurs conséquences ; il n'éprouve aucune nécessité d'agir en fonction de l'avenir.

Alors que la première partie de cette vignette reste en lien avec le *dépli* sous la forme d'une préoccupation avec l'action, la seconde partie affirme le lien avec le *pli* par sa mise en scène de la justice qui, elle, s'efforce de fixer l'intériorité et d'en extraire un savoir : « *Voilà le mystère. Toute l'affaire est là-dedans.* » (I, 622) (voir p. 138-9[15]). Toutefois, si le premier volet du texte conduit inéluctablement vers la mise en pièces de la femme de Plume, la justice n'est pas plus efficace à instaurer un discours salutaire. Certes, elle réclame des explications et prononce la sentence, mais Plume reste impuissant à répondre. Aussi se trouve-t-il condamné à subir un sort analogue à celui de sa femme : il doit être exécuté.

Le *pli* montre, dans ce texte, son caractère double : d'un côté, il se dévoile comme jouissance de la chair pâtissante — à la fois entaille arbitraire et sentence de justice —, de l'autre, il se referme, devenant repli de Plume dans la *boule* matricielle. Ces deux versants paraissent intimement liés, dans la mesure où l'un comme l'autre signent l'absence d'une inscription dans les semblants, le défaut d'une coupure séparatrice : tandis que Plume se replie dans sa *boule* de somnolence, se soustrayant au tranchant de la loi, cette posture même suscite la violence, un *pli* dont la force reste entière.

personnage et esthétique du fragment

S'agissant de cet anti-héros, le terme de *personnage* est, on s'en doute, hautement problématique puisqu'il désigne, usuellement, un effet imaginaire dans une œuvre de fiction : le personnage se rapproche de l'idée que se fait le lecteur d'une « personne ». Certes, Plume semble présenter des traits humains mais il est essentiellement une entité textuelle. Son nom l'annonce : *plume* est l'instrument emblématique de l'acte d'écrire. Dans une œuvre de fiction, le personnage a pour fonction d'assurer une certaine isotopie : dans le roman picaresque, par exemple, les pérégrinations du personnage à travers une multiplicité des lieux, accompagnées de ses rencontres et aventures, trouvent leur point de constance dans la figure du héros. Tel est le cas aussi de Plume, sauf que la présence de ce personnage ne nous dispense pas de nous interroger sur la dimension fragmentaire de ce texte.

« Un Certain Plume » se compose d'une série de textes qui ne développent pas une progression ou l'historicité d'un apprentissage, particularité qui rend le terme *épisode* mal approprié pour évoquer les aventures du héros. Il semblerait plus juste de reprendre chacun de ces textes pour le terme *vignette*. Chaque vignette prend la forme d'un *dépli* sans lien apparent avec les autres, où le personnage de Plume renaît dans un contexte à chaque fois différent[19]. Par conséquent, on peut très bien annoncer la prochaine exécution du personnage (I, 622) sans que ce funeste destin empêche le héros de revenir dans la vignette suivante, oublieux de toute histoire, de tout passé. En effet,

19. À quelques rares exceptions près, telle l'évocation du « *Bren Club* » dans les vignettes XI et XII.

Plume n'apprend pas de ses « expériences » — il ne s'attelle à aucun « apprentissage » et n'accède à aucune « connaissance de soi » —, il ressort de chaque épreuve intouché.

Ce qui résulte de notre analyse de ces quelques vignettes de « Un Certain Plume », c'est l'inertie qui retient Plume irrémédiablement à la même place : le constant renouvellement des décors et des personnages secondaires ne sert qu'à marquer cet endroit et à signer la répétition. Autrement dit, la diversité des *déplis* met en relief le caractère massif du *pli*. Or au cours de ses inlassables errements, jamais Plume ne perce l'identité de cette instance qui lui dicte ses actions, qui creuse ses points d'achoppement : il est vecteur d'un *faire* et non modalité d'un *savoir* qui, lui, est le produit d'une prise de distance. Pour cette raison, on ne saurait reconnaître à Plume un véritable statut de « personnage » : il incarne plutôt un pur événement textuel, ainsi que son nom nous l'y invite. Plume ne marque aucune distance par rapport à la pulsion parce qu'il est la pulsion même, jusque dans ses effets de surface. Par conséquent, chaque vignette est chargée de donner une nouvelle représentation du *pli*, de la manière dont celui-ci s'inscrit comme répétition ou comme glissement progressif.

On peut affirmer que, dans ce texte, le pli blanc de la page — blancheur de l'œuf, enveloppement de la *boule* — donne naissance au *dépli* du récit, à l'inscription qui trace et entame cette surface. Il importe alors d'établir une distinction — comme avec chacun des textes de Michaux, sinon dans toute œuvre de fiction littéraire — entre « l'échec » manifeste dans le récit et la fonction de l'écriture pour celui qui élabore cette création. Contrairement à la répétition « pathologique » à laquelle on assiste dans les fictions, les vignettes inscrivent un *dépli* symbolique — non confiné dans le registre de l'imaginaire — grâce à l'hiatus qui se marque entre chacun des épisodes. Cette inscription est comparable à celle de tout *incipit*, dans la mesure où chaque vignette apparaît parfaitement singulière, ne pouvant aucunement s'entendre comme la suite de la précédente. Les différentes impasses dans lesquelles s'engouffre le personnage ne s'additionnent pas du point de vue de l'écrivain : au fil de cette œuvre, se construit une issue salutaire grâce à la création, dimension d'inédit qui fait l'attrait du *pli*.

II

DEDANS ET DEHORS

L A lecture de « Un Certain Plume » a permis de voir la parfaite continuité entre *pli* et *dépli* qui interdit de voir en ces derniers des entités distinctes. Ce texte témoigne aussi de l'absence d'un écart qui conférerait, au personnage, une conscience, une subjectivité. La construction binaire qui réunit les termes de *pli* et de *dépli* marque leur profonde identité, permettant à l'un de se glisser ou de se transformer en l'autre, sans que s'y produise un saut qualitatif, une coupure existentielle. Nous pouvons explorer cette unicité à travers l'opposition, fréquente chez Michaux, du *dedans* et du *dehors*. Comme l'indique le texte de « Un Certain Plume », le *dedans* représente l'état de celui qui se trouve soumis à l'injonction de l'Autre, plongé dans une opacité qui n'admet aucune faille salutaire. Le *dépli* ne peut, alors, que se concevoir comme une ouverture, comme la conquête d'un degré de liberté et d'accomplissement individuel. C'est cette conception que développe un passage de « Au pays de la magie » (A, II, 66–104). Le narrateur y explique que « *l'enfant naît avec vingt-deux plis. Il s'agit de les déplier. La vie de l'homme alors est complète. Sous cette forme il meurt.* » (69-70). Selon ce passage, la vie s'accomplit dans la réalisation des potentialités cachées de l'enfant ; il s'agit de donner forme et extension à chacune des possibilités qui prennent leur source dans les *plis*. La vie se définit comme un processus de *dépli*, grâce auquel le personnage donne consistance à chacune des individualités qu'il recèle en lui. Raymond Bellour commente : « *Déplier jusqu'au bout, sans cesse, afin de déjouer l'emprise du noyau, c'est vivre selon le sens de la vie.* » (II, 1097). La vie prend fin au moment où chaque *pli* a été complètement ouvert : le *dépli* se retourne, alors, pour rejoindre son ancrage au plus profond du *pli*, dans la mort.

Ce mouvement d'expansion ne s'accomplit pas sans contre-partie : «*Parallèlement à cette opération l'homme forme un noyau. Les races inférieures, comme la race blanche, voient plus le noyau que le dépli. Le mage voit plutôt le dépli.*» (A, II, 70). Alors que le *dépli* induisait l'idée d'une ouverture vers le mouvement en surface — la constitution des apparences et l'individuation —, le *pli* (ou son équivalent, le noyau développé au cours de la vie) insiste sur une intériorité impossible à éliminer. Ce noyau semble désigner un effet de durcissement résultant de la dimension cumulative de l'expérience, par opposition à la fraîcheur et au potentiel séminal représentés par le *pli* enfantin. À la place du développement d'un savoir — marqué par le renouvellement d'une coupure structurante —, une concrétion se forme au fil de la vie. Or le narrateur affirme que la *race blanche*, réputée préoccupée par la conceptualisation et l'abstraction, porte son regard davantage sur ce noyau. Dans cette caractérisation, le noyau exprime moins la capacité de ratiocination que la soumission à une instance qui maintient sa prise sur la chair, au détriment d'une individuation libératrice. Ainsi, une valeur négative se voit accordée au *pli*, sous la forme de ce que l'auteur appelle, ailleurs, le «*farouche noyau pétré*» (V, II, 211). Par voie de contraste, le narrateur note que la recherche des Mages vise à démultiplier les aboutissements esthétiques qui habillent le *pli* d'un voile : dans la magie, la causalité du noyau est écartée au profit de la forme réalisée dans tout son éclat.

Pourtant, contrairement à ce que semble indiquer ce passage, l'intériorité du *pli* est susceptible d'apparaître comme une voie de salut. Face à une certaine forme de dispersion entraînée par le caractère différentiel du signifiant, le *pli* marque un lieu d'arrimage. En effet, si le signifiant possède, pour Michaux, un caractère massif — comme l'envers de sa labilité —, il représente aussi le «*maître qualificatif*» («*Toujours son "moi"*»; QJF, I, 112) que le sujet recherche désespérément. Un tel signifiant fonctionne manifestement comme suppléance, à défaut d'une véritable inscription dans le langage. Ainsi, dans la première vignette de «Magie» (PL, I, 559), le narrateur cherche un remède à sa nervosité («*J'étais autrefois bien nerveux.*»), et le trouve dans une construction qui lui offre une identification artificielle, caractérisée par l'intériorité.

Pour réaliser cet objectif, le narrateur doit renoncer à toute distraction qui disperserait inutilement sa concentration : «*Mais *je m'éparpillais en de nombreuses et inutiles vues.* » (I, 559). Cette *distraction* le pousse à abandonner sa recherche d'une adéquation avec le *pli* et à se laisser porter vers la dimension chatoyante du *dépli* : « *Et puis, malgré moi, je regardais les femmes de temps à autre, et ça, un fleuve ne le permet pas* [...]. ». En effet, cette dispersion apparaît comme une trahison à l'égard du signifiant tyrannique qui ne tolère (comme nous l'avons vu dans « Mon Roi »[*]), aucune inattention. De même que, quand il s'envole vers le plafond, Plume aspire à pénétrer dans la matière de celui-ci (I, 640-1). Aussi le narrateur s'efforce-t-il de s'unir au fleuve l'Escaut ; puis il entreprend la même expérience avec une pomme.

Pénétrer dans un objet apparaît comme une solution à sa nervosité, ainsi que le narrateur l'explique dès le début de la vignette : « *Je mets une pomme sur ma table. Puis je me mets dans cette pomme. Quelle tranquillité !* » (I, 559). Cependant, cette apparente adéquation avec un objet harmonieux et libre de tourments ne va pas sans contrepartie car, une fois dans la pomme, le narrateur rencontre un état de mortification : « *Quand j'arrivai dans la pomme, j'étais glacé.* » (560). En effet, la démarche du narrateur implique la recherche d'une instance implacable en sorte que, dans la pomme, il se voit dépouillé de son identification à l'enveloppe corporelle (humaine ou végétale) : « *Mais en un mot, je puis vous le dire.* Souffrir *est le mot.* ». À ce moment, il se situe au-delà même d'une souffrance où il saurait se saisir comme sujet pâtissant : la paix réside dans cette possibilité de renoncer (« *ayant renoncé à tout.* » (559)) à la dispersion, pour se retrouver au sein d'une sorte d'utopie. On pense alors à l'Escaut qui « *se glisse vers la Hollande où il trouvera la mer et l'altitude zéro* » : le narrateur s'unit à un objet de manière fusionnelle, s'enveloppant dans le repli — *zéro* ou *boule* de la pomme — afin de trouver la paix.

Un texte dans « Ici, Poddema » discerne une certaine utilité dans l'intériorité du *pli*, puisqu'elle offre un moyen d'asseoir le lien en société (*dépli*) au lieu de renforcer, comme on serait porté à le croire, le sentiment de solitude. À défaut de l'inscription du manque — qui permet le déploiement des semblants —, le lien entre les êtres s'articule aux mouvements de *pli / dépli*, où opèrent la participation et l'identification. Parmi les nombreuses « *chambres* » évoquées — et où se marque le souci de l'intériorité —, la « *chambre aux malaises* » (A, II, 107–9) permet aux personnages d'entrer dans un contact intime avec les « *cinq registres de souffrance* » (107). Le narrateur explique qu'à défaut de cet apprentissage, on reste renfermé et imperméable, assimilé, pourrait-on dire, au *noyau* : « *Sans cette expérience, on est comme en dehors de l'humanité, indifférent aux voisins, à leur peine, à leur joie aussi. On reste dur et insensible parmi eux et en somme ridicule.* » (108). Grâce au « *savoir sentir* » acquis dans cette démarche, les personnages peuvent s'identifier aux souffrances des autres, à des douleurs qui, autrement, resteraient incommunicables.

Le *pli* se présente ainsi comme une modalité de savoir et de transmission. Ce savoir n'est certainement pas de l'ordre de celui qu'engendre la séparation : c'est-à-dire, la possibilité de percevoir les impasses et les souffrances des autres grâce à une subjectivation du manque ; la faculté d'appréhender les autres comme foncièrement énigmatiques, constitués par leur rapport absolument singulier à l'être. Ici au contraire, le personnage éprouve son impuissance à participer à l'humanité sans subir, dans sa propre chair, des souffrances analogues. Par conséquent, chacun se voit condamné à en passer par une série de souffrances répertoriées, pré-identifiées. Une telle perspective suggère que l'Autre incarné par le *pli* serait toujours, pour chacun, le même : comprendre la souffrance des autres, c'est la saisir comme étant identique à celle que l'on a connue soi-même.

Après cet apprentissage, les personnages éprouvent un sentiment d'euphorie. Cette émotion s'associe à un mouvement de *dépli* ; cependant, si l'on vise ce dernier pour lui-même, on risque de simplement se lover dans la *boule* qui annule la relation avec les autres : « *Trop d'euphories se forment en cocon, ennemies des autres* [...]. » (II, 108). Aussi faut-il viser véritablement la souffrance où, dans le *pli*, on est envahi par l'Autre, pour mieux en connaître l'envers, dans le bonheur du *dépli*. Chacun se trouve alors réconcilié avec les autres : « [L'euphorie] *doit être connue comme apaisement, résolution.* ». Ce relâchement de la tension permet d'enfin « *harmoniser toute la société* ». Notons, toutefois, que cette réconciliation ne peut que présager le retour du *pli* pâtissant : ses semblables — quels qu'ils soient — doivent leur air de bonté au seul répit laissé par un tortionnaire qui reste sans visage.

Cette distinction entre l'Autre tyrannique qui surgit du *pli* et les personnages qui peuplent le *dépli* nous conduit à une distinction concernant la nature de l'intériorité chez Michaux. La topologie du *pli* s'oppose aux conceptions réalistes de l'intérieur et de l'extérieur. Selon ces dernières, l'intérieur se compose de ce qui est propre à l'individu, de ses attributs et possessions et aussi de ce qu'on qualifie d'intime[1]. Le moi et le monde se présentent comme des doubles complémentaires : le sujet, conforté par le principe d'identité, s'affirme maître de sa subjectivité, dominant, en contrepartie, le monde qui représente le champ de son action[2].

Cette rassurante symétrie est neutralisée dans le dispositif qu'élabore Michaux : l'intériorité est loin de conforter l'idée d'une propriété inaliénable, qui permettrait au sujet de se situer face à un monde objectivé. Dans un texte isolé (Fragment de « *Chaînes enchaînées* »[3] (I, 516)), l'auteur évoque le « *solitaire* » qui, au lieu de se cloîtrer chez soi, protégé par son enveloppe corporelle, se trouve « *dans la grotte* », « *dans son nez* », « *dans sa face* », celle-ci, à son tour, étant « *ouverte péniblement* ». Ces couches successives, gouvernées par le principe de la métonymie, traduisent l'impossibilité de se libérer de son repli solitaire afin de nouer des relations avec l'extérieur. Dans ces trois vers, la répétition de la préposition *dans* marque l'insistance qui caractérise cette solitude, faisant du dehors une fausse réplique du dedans. Le mouvement qui conduit de l'intériorité du *solitaire* vers l'extérieur ne consolide pas l'efficacité de celui-ci à assurer une armure identificatoire. Dès lors, le *pli* se manifeste jusque dans la face où on lit la profondeur de sa peine.

En effet, cette pénible ouverture se solde par une défaite où le *dépli* du visage s'effondre, cédant à la pression exercée par le *pli* : « *Sa face est dans la tristesse / la tristesse est dedans / dedans, dedans [...].* » (I, 516). S'engage ainsi un mouvement de continuel repli, multipliant les expressions de cette profondeur par des expansions, comme suit :

Le désespoir est dans son FOND
son fond, son TRÉFONDS, son GRAND FOND
se DÉFONT, se REFONT, sont arides
et les rides s'y rangent en grand nombre.

---

1. Voir : Llewellyn BROWN, « Habillages de la mort : intime et extime chez Genet », pp. 65–78 in *Pour une définition de l'intime au XXᵉ siècle*, Lila IBRAHIM-LAMROUS *et* Séveryne MULLER eds (Clermont-Ferrand, Presses universitaires de Clermont II, mars 2005).

2. Ainsi se constitue la subjectivité moderne, dans son rapport au monde : « *Le Moyen Âge présentait une nature impénétrable avec ses montagnes dressées en murailles acérées et imprenables, qui arrêtaient la marche et le regard. Le paysage moderne, c'est l'œil qui pénètre le monde, le conquiert.* » (Gérard WAJCMAN, *Fenêtre* [*op. cit.*], p. 264).

3. Publié en 1928, en marge de « *La Nuit remue* ».

Une telle succession, où l'on suit l'expansion des *plis*, dénie toute possibilité d'un arrimage stable et définitif.

Cette absence de stabilisation témoigne du fait que la structure du *pli* n'oppose aucun arrêt au glissement qui conduit de l'intérieur vers l'extérieur, pour ensuite imposer le mouvement inverse. Aucune coupure ne vient situer chacun des termes binaires dans sa spécificité ou préciser comment le sujet pourrait se tenir à l'égard du *pli*. Son intériorité ne lui appartient pas mais bascule vers une extériorité mortelle : « *Et Mort ! et puis encore la Mort ! | et dans le dehors ! Mort ! Mort ! Mort !* » (I, 516). Dans la *mort*, l'intérieur rejoint l'extériorité la plus radicale. Le sujet s'y trouve cerné, enfermé dans un cercle sans issue, comme l'indique la tournure paradoxale « DANS *le dehors* ». Le dedans apparaît comme un trou circonscrit et sans fond — mort dedans, mort dehors — qui conditionne les représentations. On en déduit que le dedans et le dehors se rencontrent et se croisent à l'endroit du *pli* : ils sont taillés dans la même étoffe, composant les bords d'un même abîme[4].

La topologie du *pli* suppose que le retournement de l'envers et de l'endroit gouverne l'opposition *dehors | dedans*. Le principe de cette esthétique se résume dans l'oxymore du titre *Lointain intérieur* (PL, I, 557sq.). Deleuze note qu'il s'agit d'« un dedans qui serait plus profond que tout monde intérieur, *de même que le dehors est plus lointain que tout monde extérieur* » (p. 103 ; cf. p. 126[4]). Dans cet esprit, le narrateur de « Bonheur » évoque une expérience extatique en ces termes : « *Venant d'un centre de moi-même si intérieur que je l'ignorais* [...]. » (NR, I, 475). Cette phrase convient particulièrement à la vignette intitulée « Le Honteux interne » (475-6), où certains sentiments, éprouvés par le narrateur, parviennent à l'annuler en tant que sujet : « *Et cette sérénité fait un avec la joie, et tous deux font zéro de moi.* » (476). Se formule ainsi une disposition binaire, où il est impossible que les trois termes — *sérénité, joie, moi* — se nouent pour composer un sujet serein et joyeux. L'union des deux sentiments abolit la conscience du personnage-narrateur.

Loin que cet envahissement de sentiments réputés positifs conduise à l'exaltation, il s'y opère un retournement où le moi se défait. Le dedans devient le dehors, et le personnage se trouve

---

4. Deleuze cite Michaux en soulignant cette topologie quand il évoque « *un* espace du dedans, *qui sera tout entier co-présent à l'espace du dehors sur la ligne du pli.* » (DELEUZE, *Foucault* [*op. cit.*], p. 126).

aussitôt dépossédé : « *Or donc, elle se substitue à moi, me rince de tous mes attributs et quand je ne suis plus qu'un gaz, qu'est-ce qu'un gaz peut faire ?* » (NR, I, 476). En effet, le sujet sent qu'il ne peut exister et se saisir par la réflexion que quand il est «*fermé*» : une entité close et dissociée du monde extérieur. Ce narrateur ne connaît pas la possibilité de *s'inscrire* dans une réalité réputée objective. Aussi s'exclame-t-il : « *J'étais autrefois si bien fermé ! / Maintenant, toute ouverture, et le théâtre de la lècherie.* ». Ce renversement témoigne de la qualité matricielle de l'état de fermeture, de cette part qui reste enracinée dans le réel du sujet. Aliéné à son Autre jouissant, le narrateur peut tout autant connaître une exaltation mystique ou, à l'inverse, se voir plongé dans une souffrance et une honte sans mesure.

Face à cette expérience, le narrateur se tourne vers la réflexion savante : « *Il y a dans les traités d'anatomie une partie qu'on appelle le "honteux interne", un muscle je crois, je ne suis pas sûr.* » (NR, I, 476). Le *pli* de l'intime, témoignant de l'emprise de l'Autre, dépouille le sujet de son habillage imaginaire qui, nous l'avons vu, est d'ordre phallique. Or ici, ce que l'on pourrait identifier au phallus (sous sa forme imaginaire : *un muscle*) est mis en doute (*je crois*), malgré le recours à la caution scientifique. Ce faux nom semble destiné à suppléer à une absence radicale de nomination. Par conséquent, au lieu d'être érectile et d'assurer une identification virile, ce *muscle* désigne un point de vulnérabilité, devenant le lieu du viol, de la féminisation du narrateur : « *Je suis livré à la joie. Elle me brise. Je me dégoûte.* ».

Paradoxalement, la narration revêt le statut d'un *dépli* chargé de raconter ce ravinement, conférant une forme esthétique à l'expérience de l'innommable. En revanche, le texte conclut sur une arête axiomatique, couchée dans un langage "scientifique". Ce nouveau *pli* cherche à donner une forme symbolique au viol : le nom *honteux interne* se répète, dans un effort insistant pour cerner le *pli* réel qui fait effraction dans le corps, qui émane du plus intime, là où le sujet est le plus exposé. Certes, l'affirmation « *J'étais autrefois si bien fermé !* » (I, 476) dessine une forteresse salutaire face à ce *dépli* ravageur. La nomination de la fin de cette vignette vise à restituer cet état où le sujet se sentait protégé contre l'agression. Le narrateur n'y parvient que partiellement car la répétition de *honteux interne* résonne comme une voix qui le harcèle et le pousse à chercher l'apaisement. La topologie dessinée ici se fonde, ainsi, sur le retournement : le *dépli* narratif raconte le *pli* persécuteur ; à l'inverse, l'arête axiomatique cherche à rendre possible un *dépli* convaincant, la restitution d'une image corporelle crédible.

Dans ce retournement, rien n'arrête le glissement du *dépli* vers le *pli*, et chaque refuge trahit son ancrage dans l'ouverture la plus traumatisante. Il en va ainsi dans la « *grande salle* » (« Dans la grande salle » ; *ÉE*, I, 789) qui, initialement, se présentait comme un lieu d'équilibre où le moi, comme masque du sujet, pouvait s'imaginer le maître (*NR*, I, 450). En réalité, ce moi reste confiné dans une position d'aliénation puisque sa prétention à la domination ne cesse de prendre appui sur le *pli*.

En effet, l'envers de cette *grande salle* trouve expression dans « *les grands hurlements du Monde* » (I, 789), où elle est « *jetée aux quatre vents* ». Selon cette perception, la fermeture de la pièce représente une forme de *dépli* destiné à préserver une intimité maîtrisée, tandis que le *pli* se rapporte à l'extérieur angoissant et mortifère : « *Dehors la foule libre s'esclaffe de gaieté, de moqueries ou bien elle crie sa fureur.* ». Ce partage est loin d'être étanche et on glisse d'un versant à l'autre, sans qu'il y ait d'ancrage définitif. Le narrateur souligne cette instabilité, quand il note que ces « *maîtres* » sont, en réalité, des « *esclaves* ».

Au lieu que les personnages réunis puissent, à l'aide de leur salle-monade[5], contrôler la totalité des énoncés composant un monde, seuls des fragments tronqués arrivent à leurs oreilles : « *Dans la salle, tout en délibérant, l'un d'eux capte un mot venu du dehors, une exclamation, la fin d'une phrase, un écho incertain arrivé entre les mille vagues du hasard.* » (I, 789). Ce ne sont pas des phrases qui, par leur clôture syntaxique, dessineraient la part de leur manque à signifier. Au contraire, les bribes que les personnages saisissent laissent apparaître le chaos jouissant (le *pli*) dont ils émanent. Ainsi, on assiste à un processus sans fin, et ceux qui délibèrent dans cette salle sont littéralement « pliés » (« *Alors inquiets, flottants, pliés* ») dans leur effort pour saisir l'*entaille*[6]. Ils cherchent à suturer celle-ci pour tapisser un monde enfin humanisé. Mais les irruptions de l'extériorité angoissante continuent sans relâche : « *[...] et la situation incessamment renouvelée par les mots intempestifs ne reçoit pas sa solution.* ».

---

5. Voir DELEUZE, *Le Pli* (*op. cit.*), pp. 133–63.
6. Il convient de distinguer l'*entaille* de la *coupure*, celle-ci étant d'ordre symbolique[*].

* Voir *supra*, p. 54.

Cette action ne connaît pas de cesse parce qu'aucun écart ne vient marquer une séparation irréductible avec l'Autre. À la place d'une telle coupure se situe le *pli*, un creux qui fonctionne comme un réceptacle *plein de jouissance*[7] et qui fonde la réalité du sujet. C'est en référence à ce lieu que Michaux écrit le texte « Dessiner l'écoulement du temps » : « [...] *j'eusse voulu* [...] *donner à voir la phrase intérieure, la phrase sans mots, corde qui indéfiniment se déroule sinueuse, et, dans l'intime, accompagne tout ce qui se présente du dehors comme du dedans.* » (P, II, 371). Cette phrase que l'auteur évoque rejette manifestement le caractère différentiel du signifiant, restant étrangère à l'aporie qui lui est consubstantielle. En vertu de son absence de rupture, elle se situe à un lieu de croisement qui s'excepte du dedans et du dehors : la phrase sans mots annule toute contradiction pour occuper la place de l'impossible, prenant son origine dans le versant réel du *pli*.

En effet, cette dimension du *pli* sert de point d'articulation aux *déplis*, ceux-ci restant définis par leur caractère limité, étant déployés dans le registre imaginaire. Dans cette perspective et afin de définir plus précisément la topologie de ce *pli*, le narrateur fait référence au *tempo*. Il note que tant que le sujet maintient son propre « tempo » (II, 373), ce *pli* ne menace pas les formes du *dépli*. Sa vision du « monde » demeure intacte tant que le *pli* reste hors champ en tant qu'objet dissimulé. En vertu de cette extraction, le sujet se sent autonome, maintenant son équilibre « *à travers événements, émotions, aventures* » : il adhère aux *déplis*, ignorant l'enjeu du *pli*.

Cependant, l'unité de la *"phrase sinueuse"* (P, II, 371) ne tarde pas à se retourner et, dès que le tempo subjectif se voit perturbé, le *pli* fait irruption sous les espèces de « *l'inhumaine vitesse* » (374), faisant voler en éclats l'homogénéité des *déplis* : « [...] *un autre* [tempo] *à la place, inconnu, terriblement vite, rendant tout méconnaissable, insensé, décoché* [...]. ». Des « *impulsions* » « *saccadées et démentes* » surgissent, ne dévoilant pas le vide en tant que tel mais faisant pulluler une multiplicité infinie et incessante de *déplis* : « *Images où dans un ruissellement, un étincellement, un fourmillement extrême, tout reste ambigu et, quoique criant, se dérobe à une définitive détermination* [...]. ».

---

7. Lacan évoque l'écriture comme un « *godet prêt à toujours faire accueil à la jouissance, ou tout au moins à l'invoquer de son artifice* » (LACAN, « Lituraterre » [*loc. cit.*], p. 19).

Loin d'atteindre leur plein épanouissement, ces *déplis* restent fragmentaires, projetés par des impulsions d'une violence extrême.

La brisure de ces *déplis* témoigne de la continuité sans faille du *pli* qui commande. Au revers des représentations éclatées, la constance de cette force incommensurable demeure inentamée : « [...] *on ne peut imaginer que cessera jamais l'inhumaine vitesse...* » (II, 374). Dans leur mouvement de vases communicants, *pli* et *dépli* restent inextricablement liés et l'action de l'un rejaillit sur l'autre. Aussi le *pli* n'est-il pas saisissable en tant que tel : pour se manifester, il fait démultiplier les *déplis*, n'existant qu'en tant qu'instance qui engendre et ravage les formes visibles. Par conséquent, la *phrase sans mots* ne peut se dessiner et s'élever à la hauteur du sublime sans déclencher une explosion. L'alternative s'énonce comme suit : ou bien le *pli* se dissimule comme intériorité, laissant l'imaginaire des *déplis* se suturer ; ou bien il surgit, faisant voler en éclats toute apparence d'harmonie. La seule unité étant celle, inqualifiable, du *pli* jouissant.

Cette jouissance vient de "l'intérieur" où le sujet est livré à un *Autre féroce*, dimension qui apparaît aussi comme radicale extériorité. Le texte « Crier » illustre le retournement grâce auquel l'intérieur se déploie vers l'extérieur sans, cette fois, briser le cadre de la réalité. Le narrateur de ce texte évoque la souffrance que lui cause un panaris. Malgré sa douleur, il ne lui est pas possible de crier : « *La nuit venait de tomber et ma chambre était prise entre deux autres où l'on dormait.* » (*NR*, I, 483). La souffrance prend la forme d'un *pli* caché sous la réalité, celle-ci étant associée aux deux chambres d'hôtel qui l'enserrent et où souffre le narrateur.

Afin de se procurer un soulagement, le narrateur trouve le moyen d'extérioriser sa douleur : « *Alors, je me mis à sortir de mon crâne des grosses caisses, des cuivres,* [...] *j'en fis un orchestre assourdissant. Tout tremblait de vibrations.* » (I, 483). La douleur du *pli* trouve expression sous la forme de ce *dépli*, représenté par les instruments de musique et leurs sonorités éclatantes.

Cette structuration du *pli* se reproduit sur le plan de la vignette dans son ensemble. La fantasmagorie des instruments de musique se trouve contenue entre l'introduction, ancrée dans la réalité, et le retour à cette même réalité où le narrateur met à profit sa mise en scène et donne expression à son cri : « *Alors, enfin assuré que dans ce tumulte ma voix ne serait pas entendue, je me mis à hurler, à hurler pendant des heures, et parvins à me soulager petit à petit.* » (I, 483).

Ce texte nous donne à lire une forme de synthèse entre *pli* et *dépli* : entre l'insupportable enfermement dans la réalité, d'une part, et l'exaltation imaginaire, de l'autre, le narrateur réussit à canaliser son cri au sein même de la réalité. Il produit un hurlement qui n'est pas réel — celui par lequel il imposerait à tous ses voisins l'expression brute de sa douleur — mais strictement subjectif et porteur d'un effet salutaire : un cri qui tait sa voix intérieure, enracinée dans la souffrance. L'intériorité du *pli*, située en continuité avec l'extériorité du sujet pâtissant, se détache de la réalité. Cette disposition se renverse, à son tour, devenant un *dépli* narratif qui donne voix et ampleur au *pli*. Par cette démarche, le narrateur parvient à conférer une extériorité et une existence textuelles à ce qu'il a de plus intime.

III

SCISSION ET PÉRIPHÉRISME

Sɪ l'exemple de Plume permettait de discerner la manière dont ce personnage de surface était tributaire du *maître féroce*, il nous faut aussi explorer le versant contraire et prendre la mesure du *dépli* dans sa remarquable superficialité. L'esthétique du *pli* s'oppose ici à la topologie möbienne dans la mesure où celle-ci entraîne l'identité de l'envers et de l'endroit conditionnée par l'effet de la coupure*. La topologie du *pli* s'apparente à celle du ruban de Möbius « homogène » : les faces du ruban passent alternativement devant et derrière, sans inscrire de place singulière. Dès lors, et pour recourir à l'image du pan de tissu, tout renfoncement de celui-ci dans un *pli* exerce une pression sur le *dépli*, qui doit renoncer à son ampleur et épouser ce tracé. Dans ce mouvement, la profondeur du *pli* conduit vers l'envers de la surface, où l'intériorité se renverse en extériorité angoissante. Tout mouvement de ce type prend la forme d'un basculement du tout au tout, non le passage qu'assure une passerelle lancée par-dessus l'abîme. Ainsi on constate un effet de scission qui dissocie le glissement sans fin en surface de l'infinie profondeur de la béance. Deleuze souligne cette structure scindée au sujet du pli chez Leibniz : « *La monade est l'autonomie de l'intérieur, un intérieur sans extérieur. Mais elle a pour corrélat l'indépendance de la façade, un extérieur sans intérieur.* »[1]. Précisons que cette scission structurale n'implique pas l'indépendance de ces deux versants puisque, comme nous l'observons chez Michaux, « *chacun des deux termes relance l'autre* » (p. 40[1]).

---

1. DELEUZE, *Le Pli* (*op. cit.*), p. 39. Il note encore : « *Deux ensembles infinis dont l'un ne rejoint pas l'autre.* » (p. 40).

* Voir *supra*, pp. 39–41.

« Le Voyage en Grande Garabagne » offre nombre d'exemples de créatures imaginaires qui fuient les profondeurs. C'est le cas des Émanglons qui, contrairement aux Hacs qui se réjouissent des irruptions de violence, vivent en surface et manifestent une préférence pour la fermeture (A, II, 25). Ces êtres aiment les parfums qui leur permettent d'« *obtenir des horizons, des voyages* » (14). Ils contemplent le spectacle des lanternes la nuit et écoutent le murmure des ruisseaux qui font un mouvement superficiel de *pli* (*égratignure*) et de *dépli* : « *Les Émanglons se sentent incessamment égratignés* [pli] *par le murmure des petits bonds de l'eau des ruisseaux, égratignés et tout de suite après pansés* [dépli]. » (12). Leur rapport à la musique confirme cet amour du fluide : « *Ils aiment davantage encore l'impression que la musique se délace (comme si les musiciens contournaient une montagne, ou suivaient une ruelle sinueuse), se déplace et vient à eux comme au hasard des échos et des vents.* » (18-9). Leur théâtre se construit à l'aide d'un jeu de glaces, dont l'effet de *dépli* dissimule le réel du manque : « [...] *des personnages y apparaissent* [...] *plus réels que s'ils étaient présents, plus concentrés, épurés, définitifs, défaits de ce halo que donne toujours la présence réelle face à face.* » (19).

Cet attachement quasi exclusif aux effets de surface témoigne d'un refus de la coupure ou d'une impuissance à l'affronter. Par conséquent, les Émanglons « *n'aiment pas les fenêtres* » (II, 19) : « [...] *ils ont des maisons avec des fenêtres, même avec beaucoup de fenêtres, mais toutes fausses, et pas une ne pourrait s'ouvrir, même s'il s'agissait de fuir un incendie* [...]. »[2]. Si cette surface sans faille est destinée à confirmer l'hermétisme du contenant — propre à assurer contre l'intrusion menaçante de l'Autre —, elle est aussi un *pli* matriciel qui conduit à un étouffement mortel. Ces créatures ne peuvent composer avec la coupure puisqu'elle se retourne immanquablement en une ouverture incontrôlée qui les expose à tous les dangers : « *Une vraie fenêtre, susceptible, un jour, d'être ouverte, les rend malades ; c'est pour eux comme si déjà on en enjambait l'appui, qu'on entrât, et la file des intrus qu'on ne peut repousser s'allonge à leurs yeux.* ». Les Émanglons

---

2. Cf. DELEUZE : « [...] *la monade n'a de meubles et d'objets qu'en trompe-l'œil.* » (DELEUZE, *Le Pli* [*op. cit.*], p. 39).

vivent hantés par la crainte que leur maison ne tombe sous les assauts d'un «*ver*» qui est «*porté par le brouillard*» (II, 16) : «*Dès que la brèche est faite (est-ce pour ça aussi qu'ils ont si peur des fenêtres ?) une maison entière est consommée en quelques jours.*». Au lieu d'une *coupure* structurante, la brèche signale le basculement du *pli* vers l'envahissement du dehors angoissant. Qu'il s'agisse alternativement de la surface ou du dehors, cette continuité sans limites définit leur univers.

Ces êtres étranges, qui fuient l'affrontement et se laissent bercer par le chatoiement des surfaces, ne connaissent pas de limites, éprouvant leur enracinement dans un Tout dénué de rupture salutaire[3]. Ainsi, les pleurs apparaissent comme de purs effets de surface, susceptibles de provoquer l'émoi de l'Émanglon car, en l'absence d'une séparation qui conférerait à chacun sa singularité, tout son être reste dépendant de la fragilité des apparences : «*Sans motifs apparents, tout à coup un Émanglon se met à pleurer, soit qu'il voie trembler une feuille ou tomber une poussière* [...].» (II, 18). Tous ses semblables se voient emportés par la contagion du même mouvement de *pli*, et se mettent à pleurer : «*Car ce qu'ils sentent est un effritement général du monde sans limites, et non de leur simple personne ou de leur passé, et contre quoi rien, rien ne se peut faire.*».

Vouées corps et âme au *dépli*, ces créatures meurent souvent par abandon, non à la suite d'un événement imposé. Les Émanglons vivent par empathie identificatoire, cherchant à éviter toute différenciation : «*Ils se collent à l'eau, des lanières passées sous le ventre, attachées à deux planches, et restent ainsi sans bouger, pendant des heures.*» (II, 25). Leur abandon est parfois si total que le surgissement du *pli* les laisse sans défense :

Si une tempête s'élève et que des vagues successives et déferlantes les bousculent et les empêchent de respirer, ils cèdent sans cris, sans appels, lâchent leurs appuis et se laissent couler au fond. Ils ne luttent pas, quand même ils le pourraient. (II, 25)

Il en va de même pour la mort par pendaison : «[...] *ils se pendent avec facilité, pour un "oui" pour un "non", dès qu'ils sont arrivés à un certain point.*» (II, 28). Leur suicide ne consti-

---

3. Il s'agit de ce que Jean-Claude Milner nomme l'«*illimité*» ou, selon la terminologie de Lacan, le «*pastout*» : «[...] *le pastout requiert, comme condition positive de son émergence, qu'aucune existence ne soit posée qui lui fasse limite* [...].» (MILNER, *Les Penchants criminels de l'Europe démocratique* [*op. cit.*], p. 20).

tue pas un acte, car il prend la forme d'une chute, sans drame, dans le *pli*. Dans le même esprit, l'intensité du plaisir peut provoquer l'évanouissement, comme lors des spectacles des lanternes : « *Plusieurs s'installent dans les branches où ils connaissent un intense ravissement et on est parfois obligé de les ramener chez eux, inanimés et absents d'eux-mêmes.* » (14).

Dans cet univers fermé, on ne s'étonnera pas que les Émanglons souffrent de problèmes respiratoires (II, 17, 21) : ils ignorent la syncope vitale qui permet de rebondir dans la vie. D'ailleurs, l'une des façons de mourir consiste à se faire étouffer par une « *belle jeune fille vierge* » (11) : mort qui s'apparente à un retour au stade fœtal, au regard du prestige entourant la jeune fille qui confère à ce sort des allures séduisantes.

De telles apparences d'équanimité sont pourtant trompeuses puisqu'elles prennent racine dans la violence du *pli*. On le constate dans la haine réservée aux « *ambitieux* » (II, 26) et la détermination des autres à réduire ceux-ci à la norme. De même, les Émanglons « *ne tolèrent pas les célibataires* » puisqu'ils affirment : « *Un jour, il tuera, violera une fillette, à qui cela fera grand mal, voudra fonder une nouvelle religion [...].* » (15). Et : « *[...] les hommes atteints dans leur virilité sont volontiers pris de frénésie.* ». L'attachement à la vie en surface, à la fluidité, aux reflets chatoyants, témoigne d'un déni de la réalité du *pli*. Au lieu d'une coupure qui opère comme un constant rappel de l'enracinement du sujet, ces créatures s'efforcent de rejeter toute rupture, au point de se prêter à des retournements violents. L'absence d'un véritable ancrage symbolique fait que les multiples éclats du *dépli* restent aliénés à l'*Autre féroce* qui fait valoir sa suprématie dès qu'apparaît la moindre faille dans les clôtures enveloppantes ou dans les apparences lumineuses.

2 l'insistance du pli

L'attachement angoissé que manifestent les Émanglons pour les surfaces chatoyantes prend aussi la forme d'une fuite effrénée en avant, dans un effort de s'approprier une représentation. Il en va ainsi dans le texte « Un Homme » (« Un peuple et un homme (portraits) » ; I, 546-9), où il est question d'un personnage atteint de « *périphérisme* » (*Textes épars 1936–1938* ; I, 547) et dont la vie entière prend les couleurs du mensonge. N'ayant pas de visage en propre, il faut un travail de Titan à cet homme pour raccommoder les apparences, pour se donner une consistance dans le *dépli*. Il se voit contraint de faire accroire aux autres puisqu'il ne possède pas de vérité : « *Toujours à tisser, dans le Temps, en avant, en arrière, comme un bon menteur doit savoir faire, attentif à laisser supposer, et à en faire accroire* [...]. » (I, 548). À défaut de l'opération de coupure, ce personnage s'efforce de faire advenir, par ses mouvements effrénés, un substitut de la rétroaction signifiante qui lui reste inaccessible[4].

Ces faux-semblants sont cependant voués à l'échec puisque la démarche de cet homme vise à dénier le *pli* et, partant, son propre dénuement. Ainsi : « *S'il y avait une vérité immédiatement actuelle dans le visage, le sien eût été couvert de rides, de ridelettes, de milliers, de milliers.* » (I, 548). Ces *plis* viennent marquer la place de sa « *peur de la gifle* », de son « *appréhension jamais digérée d'être réprimandé* ». Cet homme qui, dès lors qu'il cesse de s'agiter, se trouve « *enlisé, dans des regrets, des souvenirs d'actes manqués, de malaises* », vit hanté par l'instance d'aliénation qui empêche ses discours de le représenter. Ces *milliers* de rides inscrivent le poids avec lequel l'Autre pèse sur lui, composant une masse épaisse, impénétrable, que la parole ne saurait entamer.

Ainsi, les *déplis* sont privés de substance autre que celle que leur prête — et leur reprend — le *pli*. Leurs moirures et leurs éclats ne font que trahir le caractère immuable du *pli* qui les soustend. Par-delà des effets de surface, le sujet michaldien souffre d'une scission qui le sépare de sa propre vie, ainsi que l'auteur l'exprime dans « *Ma vie* » : « *Tu t'en vas sans moi, ma vie. / Tu roules, / Et moi j'attends encore de faire un pas. / Tu portes ailleurs la bataille. / Tu me désertes ainsi. / Je ne t'ai jamais suivie.* » (*NR*, I, 462). Dans ces vers, on remarque un croisement selon lequel la vie, dotée de mobilité, *roule*, alors que le sujet, arrêté à son stade de *boule* (« Portrait de A. » ; *PL*, I, 608), se montre incapable d'accéder au dynamisme de la rétroaction signifiante. Un autre motif croisé réclame notre attention : la vie et la bataille s'éloignent tandis que le sujet *se sent déserté*. Celui-ci ne connaît pas la possibilité d'être lui-même déserteur ou de se construire

---

4. Un message, comme la structure phrastique, se construit dans l'anticipation de sa ponctuation finale : seulement après coup est-il possible de lire l'énoncé, d'en déterminer le sens et la portée. « *Car ce qui est omis dans la platitude de la moderne théorie de l'information,* [...] *c'est de l'Autre que le sujet reçoit même le message qu'il émet.* » (LACAN, *Écrits* [*op. cit.*], p. 807).

dans la vie. Sous le coup de cette scission, il s'enlise, incapable de faire un pas, tandis que le *dépli* (la vie), représentant la réalisation épanouie, manifeste une autonomie qui la lui rend étrangère. Au lieu d'être un discours dans lequel le sujet se sentirait inscrit, la vie qui est sienne (*ma vie*[5] apparaît comme un double qui le rejette. À peine peut-on supposer que le recours à l'adresse (*je-tu*) ouvre une brèche annonciatrice des semblants[6].

La possibilité d'une adhésion subjective aux signifiants s'appelle, dans « Fils de morne » (*QJF*, I, 122-9), l'« *expression* », et sa disparition entraîne la chute des personnages dans l'état de « *mornes* ». Dans ce récit, le Roi descend dans la rue et remarque que le monde a changé : « *C'est l'expression qui s'est décollée de l'homme.* » (122). Privé d'*expression*, l'homme s'appréhende comme un simple lieu, traversé par un langage que ne soutiennent aucun affect et aucun désir. Le langage paraît n'avoir plus prise sur sa singularité, les mots ne s'incarnent plus : « *Supprimée l'expression, qu'arrive-t-il, la parole toujours à part naturellement.* » (123). Corrélée au *dépli*, la parole reste hautement impersonnelle et ne peut plus servir d'outil pour constituer une individualité. Le sujet qui sombre dans le *pli* reste tributaire d'une instance qui seule saurait le réconcilier avec la vie mais qui, en raison de l'entièreté de cette tâche, est identifiée à « *l'introuvable Autre* » (*NR*, I, 451). Rien ne fait lien d'un bord à l'autre de la scission ou, dans les mots de « Fils de morne » : « *Si l'expression ne revient pas aux hommes* [...] *le rococo est à une distance aussi illimitée que l'art khmer.* » (*QJF*, I, 124). Une telle rupture interdit toute constitution d'un lien et d'une dialectique de vie.

La scission propre à la topologie du *pli* se manifeste, non seulement dans le *périphérisme* mais aussi dans les moments où le *pli* de la douleur absorbe le sujet et menace de le submerger. Dans le texte « Bras cassé », le personnage se trouve plongé dans les profondeurs du *pli*, dissocié de son image corporelle. À la place de celle-ci, vient une série d'objets hétérogènes : « *Braise dans le bras.* [...] *Horrible cette braise... et absurde. Là, était mon bras, avant. Il ne peut être devenu braise.* » (*FCD*, III, 862) ; « *Depuis ce matin à ma droite, à ma droite qui n'est plus un bras, qui n'est plus de la braise, un meuble.* » (864). À la faveur de cet accident, le *dépli* corporel — l'image de l'unité du moi —

---

5. Cf. l'exclamation « *Qui ne fait mieux que sa vie ?* » (*V*, II, 159).
6. Rappel de la fin de « La Ralentie » (*PL*, I, 579) et « L'Éther » (*NR*, I, 451).

n'est plus porteur d'une identité humaine. La douleur s'accapare du corps et inspire ou impose, à l'esprit du personnage, des identités inhumaines, hétéroclites. Celui-ci sent l'imminence d'un morcellement du corps : « *Son attachement à son appareil organique qui lui paraît aller de soi, quelque fois pourtant part en pièces, exactement en morceaux.* » (871).

En proie à la maladie ou brisé par un accident, le personnage se trouve renvoyé à son état natif : son absence de vrai ancrage dans le langage. Tombant sous la domination du *pli*, le personnage montre que n'importe quel signifiant sert à le revêtir, à lui procurer un *dépli* de substitution, puisqu'il n'en dispose pas qui lui soit propre. L'homme souffrant ressemble à l'oie à sa sortie de l'œuf (*boule-repli*) et qui « *s'attache au premier mouvement à deux pattes* » (III, 872), au lieu d'attendre la vue d'une oie maternelle. Se compose alors un ensemble d'identifications de fortune ressemblant à un patchwork. Dans ces circonstances, ce qui importe, c'est la fonction du *dépli* (l'image corporelle), non l'intégration de cette identification à des semblants reconnus.

Puisqu'il s'agit d'une disposition structurale et non d'un effet de pure imagination, cet état de scission ne disparaît pas avec la guérison. Le narrateur affirme que son expérience du « *mal* » (« *Mal et moi horrible "entre-nous", rideaux tirés.* » (III, 868-9)) lui procurait une jouissance dont il prend la mesure au moment de réintégrer l'enveloppe corporelle. Cette dernière s'impose à lui telle un corps étranger : « [...] *ils* [les mouvements de rééducation] *me parurent contre nature.* » (871. Cf. 875). Ce retour des signifiants communs a pour effet d'entamer l'entièreté du sujet jouissant, mettant une fin à son sentiment d'infini :

Elle [*la main*] avait fait retraite. [...] Dangereuse grandeur. On la ramenait tout à coup à l'ordinaire. [...] Je perdais cette étendue illimitée *sui generis* qu'est un potentiel, une réserve, un inemploi. Il fallait passer du virtuel à l'actuel, de l'abstrait au concret [...].   (III, 870)

Une sensation de chute s'empare du personnage privé de ce potentiel : « *Déchéance !* ». Dès lors que le patient se trouve réinséré dans le *dépli* des discours vraisemblables, son être intime se réduit à la minceur d'un *pli*. L'impérialisme des discours rapetisse le sujet, alors que la maladie lui offrait l'impression d'une expansion illimitée et un sentiment d'extase.

Ainsi, les signifiants ou les discours communs — régissant la perception d'un corps — restent dissociés du personnage qui les perçoit comme parasitaires (III, 875). Celui-ci se trouve, par leur action, désagréablement rattaché à la collectivité : « *J'étais dans la rue, renvoyé au brassage général, c'est-à-dire à la participation.* » Lui et son corps apparaissent « *domestiques et superficiels* » (876) par contraste avec l'exaltante période de la maladie, époque où son bras et sa main étaient « *indifférenciés* » (875). Or face à cet effet des discours, il s'agit de conserver une part de repli salutaire, pour éviter de se perdre dans la généralité. Il convient de subjectiver le *pli* : « *On a besoin sans doute de sa tendance* [celle de la main gauche] *à être en retrait, inactive, subsensible, d'une certaine façon étrangère, lointaine, non participante, parente du végétatif, du secret, de l'envers.* » (877). Le retrait dans *l'envers* souligne la topologie qui est en jeu ici : le repli se présente comme un état de paix et de réconciliation avec soi, à l'abri du *pli* pâtissant.

3   une lecture dépliée (2) : « Les Hivinizikis »

La tendance au périphérisme caractéristique du *dépli* mérite que nous l'examinions de plus près, à partir de l'exemple des Hivinizikis, dans « Voyage en Grande Garabagne ». Ce « peuple », permet de voir comment l'esthétique du *pli* résiste à la logique de la rétroaction signifiante. « *Toujours pressés, en avant d'eux-mêmes* » (A, II, 57), les Hivinizikis confirment la préséance du signifiant sur le savoir mais, en l'absence de l'effet d'une coupure, cette anticipation ne connaît pas d'aboutissement. Ces êtres sont entièrement emportés par l'acte et il leur est impossible de construire la trame d'une temporalité, d'épouser une cohérence chronologique : leur précipitation les condamne à oublier ce qu'ils viennent de faire autant que les éléments contextualisés :

Enthousiastes, impétueux et « en pointe », mais toujours pour peu de temps, diplomates-papillons, posant partout des jalons qu'ils oublient, avec une police et un état-major possédant des dizaines de codes secrets extrêmement ingénieux, dont on ne sait jamais lequel appliquer, qui changent et se truquent à nouveau constamment.   (II, 157)

Seule l'existence d'une identification subjective et d'un inconscient permettrait de tramer une dialectique, de faire lien sur la foi d'un ancrage pré-institué.

Dans l'action incessante des Hivinizikis, on ne perçoit aucun lestage : parce que ces créatures ne possèdent pas de moi, ils n'opposent aucune résistance aux changements qui les saisissent. Les Hivinizikis ne ressentent pas de fatigue, contrairement aux Émanglons, qui tombent victimes de diverses « maladies » ; ils n'entretiennent jamais d'arrière-pensées, puisque ces dernières supposeraient une certaine « persévérance dans l'être ». Au contraire, il se produit constamment chez eux un refoulement total et instantané. Par conséquent, ils restent étrangers à toute forme de destin, puisque celui-ci implique que le *pli* ne cesse de ramener les événements — quelles que soient les ruses et les esquives du héros — à leur nœud fondamental[7]. Contrairement au héros tragique, les Hivinizikis n'ont rien à perdre puisque chaque coupure est totale, entraînant un renouveau immédiat et intégral. De même, ils ne connaissent ni la surprise ni le traumatisme : l'inattendu est la norme et le pathos en est banni.

À la différence des Hacs (dont l'Autre persécuteur prend une forme extériorisée) ou des Émanglons (chez qui il est intériorisé), les Hivinizikis ne manifestent aucune aliénation à une instance tyrannique. Frappés d'impersonnalité et propulsés par une sorte d'excitation maniaque, tout leur fait désir, comme s'il n'y avait pas de sujet susceptible d'accueillir ces incitations, comme s'il n'existait pas de temporalité. À la place du passé, on voit seulement l'état qui a immédiatement précédé et qui est aussitôt oublié. Ces êtres étranges filent « *ventre à terre* » (II, 59) après le signifiant, justement parce qu'ils sont sans identification propre. Cet état de mouvement perpétuel, où chaque action est constamment renversée par une pluie d'événements, dessine, en filigrane, une dimension d'encombrement : tout fait événement, sans qu'une péripétie devienne le point d'ancrage d'un *état* marqué par les circonstances de temps et lieu, caractérisé par sa vraisemblance[8].

---

7. À la condition de préciser que l'esthétique du pli, par la répétition qu'elle impose, exclut le tragique qui, lui, est marqué par le caractère définitif de son dénouement. Voir *supra* l'analyse de l'épisode de Plume : « Une mère de neuf enfants » (pp. 82-3).

8. Voir Pierre CORNEILLE, *Discours de la tragédie* in *Théâtre*, texte préfacé et annoté par Pierre LIÈVRE, édition commentée par Roger CAILLOIS (Paris, Gallimard, « Bibl. de la Pléiade », 1950), p. 108.

Cette agitation sur le plan du *dépli* entraîne une absence de hiérarchie, dans la mesure où celle-ci reste une fonction de l'objet cerné. Pour lors, tout événement se situe sur le même plan d'égalité : ce qui arrive est toujours radicalement nouveau et réclame un investissement total, littéralement *absolu*. Par exemple, le cavalier qui est «*lancé à toute allure*», est frappé par la beauté d'une jeune fille (II, 59). Il s'agit nécessairement d'une rencontre inédite qui exige un engagement sans réserve : «*Aussitôt il lui jure un amour éternel, sollicite les parents,* [...] *prend la rue entière à témoin de son amour, parle immédiatement de se trancher la gorge si elle ne lui est accordée* [...].». D'après cet exemple, il apparaît que l'aléatoire préside à la succession des rencontres, comme dans un jeu de cartes. Un élément unique assure l'isotopie de ce texte et préserve les limites de la vignette : le même personnage («*ce cavalier*») conduit les actions, fait des rencontres et reste identifié comme le «héros» du récit. Cette isotopie minimale repose sur un signifiant vidé de contenu, sans identité si ce n'est celle d'une *arête signifiante* : un nom, un axiome, qui se déplie à la place du *pli*. Le *pli* comme lieu du pâtir ne s'entend que comme une dimension sous-entendue mais toujours déniée.

Ce qui commande aux événements chez les Hivinizikis, c'est la coupure et le renversement : non pas la coupure qui, dans les semblants, est relayée et relevée par les liens signifiants, mais celle qu'institue le symbolique dans son caractère abrupt, radical. De cette coupure — et d'une logique rétroactive du signifiant qui échoue à faire boucle, à se nouer pour enserrer le réel du sujet — provient l'absence de savoir des Hivinizikis : «[...] *brouillons, non par confusion et brume de l'esprit, mais par une multitude de clartés surgissant hors de propos, logiciens effrénés, mais criblés de fuites et de départs intuitifs* [...].» (II, 57). En l'absence de la marque d'une perte, le signifiant ne peut faire médiation : celui-ci n'est pas frappé de l'*aporie* qui lui permettrait de s'enchaîner dans une métonymie discursive. Il survient entier, inentamé, fait qui l'empêche de s'inscrire dans un ordre de préférences ou une échelle de valeurs. Les signifiants subissent des renversements du tout au tout, suggérant que c'est moins du nouveau qui advient que du Même qui repasse sur son envers : «[...] *prouvant, par raisonnement, l'existence ou la non-existence de tout ce qu'on veut* [...].».

Les Hivinizikis portent à sa pointe extrême la logique binaire

114

du *pli* : témoignant du caractère différentiel du signifiant, celle-ci met en évidence l'absence d'un tiers susceptible de faire médiation. Ainsi : « [...] *entrant (mais pour peu d'heures) dans le lit et le sommeil à la fois, en sortant pareillement, comme une porte qu'on ouvre et qu'on ferme* [...].» (II, 57). Le caractère immédiatement opérant de cette action, et sa structuration selon une logique oppositionnelle, produisent un renversement du tout au tout : de l'un à son contraire, à l'exclusion de toute dialectique. Il s'ensuit que dans un contexte où deux personnages se font face, leur place respective suivra cette même logique. Ainsi : « *Joueurs (du matin au soir occupés à jouer aux dés leur fortune, qui change de mains d'un instant à l'autre, à ne plus savoir qui est l'endetté, qui le créancier)* [...].». La capacité d'assigner des places suppose une coupure grâce à laquelle, quel que soit le rôle que l'individu joue dans la société ou le masque qu'il revêt à l'occasion, il ne cesse d'être perçu comme un sujet singulier et irremplaçable. Chez les Hivinizikis, au contraire, le signifiant ou le rôle portent des conséquences réelles et immédiates. Ainsi, il suffit que le magistrat, au tribunal, déclare : « *"Je ne saisis pas, dit-il. Supposons que ce soit moi le criminel."* » (58), pour que ce représentant de la Loi soit traité en conséquence : « [...] *tellement ils se mettent dans la peau les uns des autres, on ne sait vraiment à qui on a affaire, ni de quoi il s'agit* [...].». Ce peuple ne connaît pas la mise à distance qui permet de faire semblant, d'adopter une place dans un dispositif donné et s'y prêter comme acteur. Ici, le rôle est tout et l'être n'est rien, puisqu'il n'existe pas, chez ces sujets, d'identité inaliénable qui commande à leur réalité.

Malgré cette apparence de désordre, une logique discrète préside à cet étrange univers ; on le constate dans l'évocation des batailles (II, 60-1). Quand les Hivinizikis partent en guerre, les rencontres successives et l'oubli qui s'ensuit produisent des ruptures dans la logique du conflit : « *Un général, aux grandes manœuvres, gagne une bataille et met l'ennemi en fuite, puis, ne sachant plus de quel camp il fait partie, se fait battre par une misérable arrière-garde ennemie qu'il croyait être à lui.* » (60). Rien n'est acquis, tout est immédiatement et intégralement remis en jeu par le constant renversement des places. Cependant, le thème de la bataille assure l'isotopie de ce *premier dépli* de la vignette, là où la cohérence des actions se voit contrariée par le principe des renversements abrupts.

Dans le *second dépli* de cette vignette, la proposition est retournée, car il ne s'agit plus de personnages qui livrent manifestement bataille, qui jouent le rôle d'hommes de guerre. Au contraire, les scènes ou les actions les plus contrastées et les plus anodines (possédant un aspect cohérent) apparaissent comme de simples façades ou des parades trompeuses dissimulant une stratégie extrêmement savante. Au lieu de se présenter comme des guerriers, les personnages prennent l'allure des êtres les plus ordinaires : « *Ces messieurs nonchalants que vous voyez cueillant des poires dans ce verger ne sont pas de simples maraudeurs. Ce sont deux colonels (du dimanche), ils attendent le résultat d'un savant mouvement qu'ils ont amorcé. Et ces colonels sont l'un acteur, l'autre prêtre.* » (II, 61). Ainsi, la trame de la stratégie guerrière traverse la vie civile la plus banale.

Ces deux versants ou *déplis* — le fil contrarié par le caractère chaotique des actions, opposé à l'unité des diverses façades avec leur fil caché — ne se superposent ni s'annulent mais se relancent dans la mesure où l'on pourrait transposer la proposition de l'un à la scène de l'autre. L'incohérence de l'action des guerriers pourrait bien n'être qu'une façade chargée de dissimuler un ordre plus secret tandis que les apparences de la vie quotidienne s'interpréteraient comme la manifestation d'une société anarchique. Si le mot *bataille* assure l'isotopie de cette vignette, on peut lui donner le nom d'*arête signifiante*, puisqu'il s'agit d'une métaphore que le texte déplie de deux manières opposées, comme l'envers et l'endroit de ce même signifiant. Il faut alors — nous le verrons de plus près dans la partie qui suit — supposer que ce fil manifeste sert à traduire un *pli* dissimulé qui fait l'unité de ces deux versants et qui se situe à leur point d'intersection.

IV

FRAGMENTATION ET VIGNETTES

L A dialectique de la multiplicité et de l'unité est au cœur de la question du *pli*. Dans *Ailleurs*, le lecteur découvre une multiplicité de mondes étranges, dont chacun est singulier, et dont aucun n'est destiné à bénéficier d'une extension indéfinie. Dans ce livre, on ne trouve pas un « monde » universalisable, semblable à celui que l'on attribue à un roman réaliste, supposé refléter une réalité historique ou sociale. Chaque vignette de ce livre se conçoit comme un *dépli* inédit, créé *ad hoc* comme pour parer à l'éruption de quelque chose d'insupportable, émanant du *pli* : pour le contenir et le canaliser, le cadrer et le justifier, à défaut de pouvoir l'expulser une fois pour toutes. Ces univers surgissent de manière absolue, selon le caractère erratique du *dépli* dont rien ne peut présager de la forme ni de l'endroit où il apparaîtra.

Les vignettes produisent un effet de dispositif, d'appareillage[1] : à chaque lieu, à chaque moment — dans le *hic et nunc* de l'écriture fragmentaire — correspond un caractère, une âme. En pratiquant, dans ce livre, une forme d'« ethnographie », en décrivant les « coutumes » ou les « pratiques » de tel ou tel « peuple », l'auteur crée des lieux et des temps qui donnent forme à une singularité inquantifiable, l'appareillant afin qu'elle donne l'illusion d'une existence normée. Quelle que soit l'étrangeté des vies données à contempler, la mise en scène situe des personnages et des sociétés où joue l'assentiment d'une collectivité. L'ethnographie apparaît ainsi comme une structure symbolique préétablie,

---

1. Relevons que le mot *appareil* a, pour sens initial (fin XIIe s.) « *préparatif* », « *apprêt* », d'où « *déroulement d'un cérémonial* », « *magnificence* » (1538). Il s'agit de l'apparence, déploiement extérieur des apprêts, particulièrement en parlant du déroulement d'un cérémonial aux yeux du spectateur : *funèbre appareil, somptueux appareil*. Ce sens coexiste, depuis le XIIe s. avec celui d'« *ensemble d'éléments préparés pour obtenir un résultat* » (*Le Robert : Dictionnaire historique de la langue française*, Alain REY ed. [Paris, 1992]). Ces divers sens éclairent l'appareillage qui opère dans l'écriture de Michaux.

voire stéréotypée, qui soulage l'écrivain d'une part de cette étrangeté angoissante et incommunicable.

On mesure ce qui sépare cette construction du registre des semblants, où le lien et la médiation pallient l'aporie inhérente au système symbolique : la dimension du manque traverse toutes les représentations pour les marquer d'une absence de jouissance. Précisément, la fonction du nom[*] consiste à poser qu'en un endroit au moins, quelque chose fait exception (« non ») au Tout. Dans l'univers régi par la topologie du *pli*, en revanche, ce vidage n'a pas lieu et les *déplis* restent irrémédiablement aliénés au *pli*, donnant forme et expression à son plein de jouissance.

Ainsi, *pli* et *dépli* imposent le partage d'une interprétation double par laquelle, d'une part, on assiste à la représentation de choses — mages, manifestations merveilleuses, actes barbares — qui paraissent étranges au regard de la norme réaliste ; d'autre part, la proximité d'une jouissance insupportable est signalée par un langage qui mobilise des repères universels, par des allusions historiques ou réalistes. Ainsi, l'esthétique du *pli* engendre un partage mouvant, indécidable, où deux versants apparemment contradictoires s'imposent de manière concomitante.

Face à cet indécidable — et contribuant à la fonction d'appareillage —, le mouvement *pli / dépli* détermine la forme binaire des vignettes, se présentant comme une démarche visant à tisser des liens par-dessus l'innommable, à pallier l'absence de nom. Ainsi, dans la vignette traitant de la « *parthénothérapie* » (« Au pays de la magie » ; *A*, II, 95), les deux *déplis* se disposent selon une opposition entre la généralité et l'axiome, d'un côté, et le particulier ou le récit, de l'autre. Dans la curieuse forme de « thérapie » que nous décrit le narrateur, ce qui fait énigme, c'est la conjonction d'un « remède » aux allures systématisées et d'un phénomène émotionnel d'ordre « poétique ».

La vignette ouvre sur un axiome : « *La parthénothérapie est une des institutions les plus répandues dans le pays.* » (II, 95). D'emblée, nous sommes plongés dans la vie de la société conçue comme institution. L'*arête signifiante* que propose cette phrase se déplie ensuite pour évoquer une forme de brutalité : il existe un « *marché d'enfants* » et, quand les jeunes filles sont adolescentes, elles sont « *prises comme médicaments* ». Si elles conservent leur virginité, il est néanmoins précisé que « *c'est le contact qui compte* », surtout pour « *les plus grossiers* ». La violence commence ensuite à se résorber grâce à une mise à distance

118

puisque : «*La simple présence proche suffit amplement.*». Au cours de ce premier *dépli*, se profile une violence touchant au sacrifice de l'enfant à une sorte de Père primitif insatiable. Cependant, le déni de la sexualité vient renverser ce fond au moyen du sublime, qui se traduit par le voile de la virginité.

Dans le second *dépli*, cette proximité avec la sauvagerie se renverse : le narrateur abandonne la dimension collective et institutionnelle pour donner un exemple de la «*simple présence proche*» (II, 95). Se dessine ainsi, dans ce passage, une progression :

1. Évoquant sa maladie, le narrateur se laisse guider par un conseiller qui le met en lien avec des morceaux sublimés du corps de la jeune fille («*épaule*», «*naissance de poitrine*») ;

2. Le traitement se porte ensuite sur la jambe, sur laquelle la jeune fille fait le geste de lacer / délacer (*plier / déplier*) ; ce mouvement d'aller-retour permet de raccommoder le trou que représente la maladie ;

3. Le regard de la jeune fille fait un mouvement analogue, passant du patient à la jambe. Ici, une dimension subjective (par contraste avec l'objet-jambe) s'inscrit dans le regard qui perd, alors, son caractère angoissant : grâce au regard de la jeune fille, le malade se trouve impliqué dans le processus thérapeutique ;

4. Il s'agit bien, pourtant, d'une *parthénothérapie*, puisque la séance se déroule dans le silence, et les sentiments de la jeune fille restent «inconnus». Ainsi, la progression du texte nous fait passer des courbes du corps à un membre isolé (aux allures phalliques), puis à un mouvement qui démontre la possibilité d'un tissage entre ces pôles opposés[*]. Enfin, on passe à une attitude de détachement : vers le regard et un amour désincarné, où la jeune fille reste vierge et intouchable. S'accomplit ainsi une spiritualisation du féminin, aux antipodes de la sauvagerie évoquée dans le premier dépli, et dont le propre consiste à dénier le sexuel.

La dimension d'«*inconn[u]*» (II, 95) qui reste intacte chez la jeune fille fait écho à la «*crise d'étouffement*», dont souffrait le patient, suggérant que le remède reste d'ordre sublimatoire : il n'y est pas question d'une démarche de symbolisation, interprétation confirmée par l'absence de parole. Par contraste avec le premier *dépli* — où s'exerçait le pouvoir arbitraire et jouissant du Maître —, l'inconnu, à la fin de ce second *dépli*, s'élève à la hauteur d'une présence sublime. De même, à l'enfermement dans

---

le corps vécu comme une *boule* — ce qu'indiquent les crises d'*étouffement* — répond, non une ouverture, mais une enveloppe éclatante qui contribue à transfigurer cet état. Dans ce mouvement qui met en opposition les deux *déplis* successifs — le premier étant comme une imitation de l'action du *pli*, le second donnant à voir l'éclat imagé du *dépli* —, l'un renvoie à l'autre, le premier étant à la base du second et ce dernier enveloppant le premier de sa brillance et de son mystère. Il se crée ainsi un mouvement oscillatoire où un terme n'annule pas son contraire mais l'entretient. Ce mouvement salutaire permet, à l'image de la thérapie évoquée sous sa forme personnalisée, de tendre un voile qui rend l'inconnu enfin supportable.

Ce principe de tissage opère à la fois sur le plan de l'ensemble des recueils et dans les diverses voies d'approche explorées par l'écrivain : la forme du *pli* / *dépli* change avec chaque livre, comme pour border la chose innommable d'une manière nouvelle, pour mieux la circonscrire et la tenir à distance. Les livres de Michaux représentent autant de tours du *pli* / *dépli* qui, dans leur renouvellement même, signent la constance de la chose qui les cause. Les livres et les vignettes replient, en leur sein, l'angoissante étrangeté qui constitue leur dehors absolu. Ainsi, chez les « *Hacs* » (A, II, 5-11), les spectacles de violence s'entendent comme l'expression d'un Maître capricieux et malveillant qui oblige les habitants de ce pays à se lancer dans des combats fratricides, à perpétrer des vols, à déclencher des incendies, à organiser des lâchers de fauves... Cependant, dans ce lieu où règnent l'anarchie et la destruction généralisée, chaque manifestation est conçue comme le *dépli* d'un spectacle qui s'accompagne, à l'occasion, de ses formes subsidiaires. Le narrateur évoque l'existence d'un prête-nom (ou *arête signifiante*), sous la forme du « *numéro* » du « *spectacle* ». Un tel nom permet de considérer ces manifestations comme parfaitement normales et attendues. Ainsi, un combat d'une brutalité extrême « *porte le numéro 24* » (5). Le lâcher d'une panthère noire est affecté du numéro 72 (8) et le narrateur précise que, s'il faut payer une amende pour produire ces manifestations, « *les spectacles au-dessus du numéro 60 paient l'amende* ». Dans ces textes, le chiffre fonctionne comme un "nom", dénué de signification, qui renvoie au caractère arbitraire et mécanique de cette sauvagerie. Ce dispositif fonctionne au point de permettre un *non* redoublé par lequel les personnages opposent leur refus à

120

l'interdiction formulée par la loi (sous la forme de l'amende). Puisque ces actions violentes et barbares sont transformées en spectacle, il devient possible de les apprécier, de les contempler, de les comprendre, au lieu de les subir : de l'étrangeté, l'auteur fait une création. À ce titre, les institutions sociales ne fonctionnent pas comme des instances symboliques qui opposent un *non* à la jouissance hors la loi. Au contraire, elles se présentent comme des manifestations du *dépli*, prenant racine dans le *pli* qui les fonde et avec lequel elles conservent un rapport de contiguïté. Tout au plus, les institutions servent-elles à canaliser la violence, à déterminer la manière dont il convient de semer des incendies (II, 8) ou pénétrer par effraction (II, 9-10). Grâce à ces garde-fous, la violence ne surgit plus comme une anomalie traumatisante : elle participe au fonctionnement de cette société, se situant sur le même plan du *pli / dépli*.

Dans le chapitre consacré aux Hivinizikis, la place du *pli* est occupée par la coupure du vide, celle qui provoque les renversements, au lieu que s'impose, comme dans d'autres endroits, un *pli* persécuteur et suppliciant. Le *dépli* occupe le bref temps pendant lequel se poursuit une action « vraisemblable », « cohérente », en sorte que chaque vignette se construit à l'aide d'une multiplicité de *déplis* fragmentaires. Au sein de cet éclatement, les reprises pronominales assurent l'isotopie du texte puisque toutes les actions concernent un même « personnage ». Ce dernier, relayé par ses substituts pronominaux (dans la vignette du cavalier : « *Ce cavalier* [...] IL *lui jure* [...]. *Cependant, passe* SA *femme* [...]. LE *voilà* [...] » (A, II, 59)), opère comme une métaphore qui dessine, sur son envers, le rien qui ne cesse d'insister. L'outil grammatical soutient la métonymie signifiante qui pallie l'immensité du vide. La forme fonctionne ainsi comme un prête-nom.

Ce principe de métaphorisation est relayé sur le plan de l'ensemble du livre : à la place du personnage, les noms « *ailleurs* », « *Grande Garabagne* »... opèrent comme autant de noms de l'innommable, traduisant, sur le plan signifiant, l'unité de toutes ces vignettes par-delà leurs ruptures. Dans cette esthétique du fragment, chaque vignette représente un *dépli* provisoire, évanescent, destiné à se renouveler pour révéler d'autres facettes de l'*ailleurs* angoissant.

Cependant, l'unité de cette écriture fragmentaire ne se limite pas à sa dimension signifiante. De nombreuses vignettes se composent de *déplis* contradictoires, comme dans les actions successives des Hivinizikis. En effet, puisque le *pli* ne possède pas d'ancrage fixe, puisqu'il n'inscrit pas une coupure définitive et irrévocable, il ne cesse de surgir, relançant des *déplis* qui revêtent une forme et une nature totalement imprévisibles. Le caractère fragmentaire de cette écriture engendre ainsi la mise en avant d'éléments qui apparaissent comme autant d'«incompossibles». Comme le remarque Deleuze, l'esthétique du *pli* implique la formation d'un « *chaosmos* »[2]. Or si l'on remarque des contradictions sur le plan des représentations signifiantes, on est fondé à supposer que l'unité se situe ailleurs, à l'extérieur de ces figures : on peut faire une comparaison avec le mensonge, où celui qui affabule témoigne de la constance de sa jouissance de menteur qui, elle, reste éminemment « vraie »[3].

Autrement dit, ce qui fait la profonde unité d'une représentation, c'est la chose qui s'extrait de son ensemble, qui lui reste excentré[4]. De même, la cohérence de cette écriture aux allures fragmentaires se tient hors représentation, constituant le lieu du *pli*, à l'endroit où le sujet se trouve aux prises avec l'altérité la plus absolue. Chaque *dépli* offre une réponse à ce réel. Si chaque vignette manifeste son isotopie démontrable (la succession de pays étranges, la cohérence des caractéristiques discernées chez les différents peuples, Hivinizikis, Émanglons, pays de la Magie, Poddema...), ces métaphores ou prête-noms (*arêtes signifiantes*) viennent signaler la présence de la Chose qui se creuse au fil de ces dépliages successifs. Nous pourrions alors représenter le rapport entre ces éléments de l'écriture de Michaux selon la disposition ternaire qui suit :

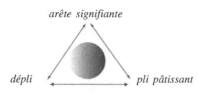

arête signifiante

dépli   *pli pâtissant*

2. DELEUZE, *Le Pli* (*op. cit.*), p. 111.
3. Cf. : « [...] *au niveau de ce que Lacan appelle le plus-de-jouir, il n'y a pas de contradiction. Le plus-de-jouir est toujours vrai.* » (Jacques-Alain MILLER, « Le Vrai, le faux et le reste », *La Cause freudienne*, n° 28, octobre 1994, pp. 9–14 [p. 13]).
4. Slavoj ŽIŽEK *et alii, Tout ce que vous avez toujours voulu savoir sur Lacan sans jamais oser le demander à Hitchcock* (Paris, Navarin, 1988), p. 204.

L'*arête signifiante* désigne le *pli* au moyen d'un énoncé axiomatique. Cette assomption du nom apparaît comme le pôle opposé du *pli*, comme un triomphe sur lui. Le *dépli* s'oppose à l'*arête signifiante* dans la mesure où il donne une extension imaginaire à ce que celui-ci cerne dans le raccourci du nom. En même temps, le *dépli* traduit la recherche d'une forme et d'une individuation que lui dénie le *pli*. Quant au *pli pâtissant*, il apparaît comme la face nommable de la Chose qui échappe à toute représentation et qui se situe au centre de cette triangulation[5].

5. On voit que ce schéma rejoint la représentaîon möbienne (le ruban « hétérogène ») où le nom des trois pointes du triangle désigne les trois faces : arête signifiante (l'Un), pli pâtissant (l'Autre) et *dépli* (l'un et l'autre). Le trou se définit comme ce qui insiste à la même place, restant radicalement extérieur à toute représentation.

V

UNE LECTURE DÉPLIÉE (3)

LE *PLI* ET L'ALIÉNATION
(«AU PAYS DE LA MAGIE»)

L'ESTHÉTIQUE du *pli* fonde ses effets sur des renversements qui conduisent inlassablement de *pli* en *dépli* et de retour au *pli*. La grande force qui infuse cette écriture trouve ses origines dans le caractère massif, inentamé de cette disposition topologique. Si, par voie de contraste, la coupure symbolique permet un apaisement et une réconciliation avec le signifiant, sous la forme des *semblants*, son absence rend les apparences (*déplis*) instables et porteuses de menace, imprégnées d'une étrangeté angoissante. L'étude de «Au pays de la magie» (A, II, 66–104) permet de saisir comment l'esthétique du *pli* engendre cette atmosphère d'étrange beauté, bref, comment elle est productrice d'énigme[1].

1 l'entaille dans la réalité

Ce que nous concevons habituellement comme «naturel», constitutif d'une «réalité», prend forme et s'étoffe au moyen des semblants et du registre imaginaire. Dans cette perception, causes et effets s'enchaînent selon une logique métonymique : diverses perceptions trouvent à se compléter, instituant des hiérarchisations, des emboîtements qui rassemblent divers phénomènes au sein d'une représentation commandée par un point de vue unifié. En revanche, ce qui se qualifie comme *magie*, dans ce livre, doit ses effets à des apparences anti-naturelles.

---

1. Rappelons ce que Michaux écrit de la peinture de Paul Klee : «[...] *pour entrer dans ses tableaux* [il] *suffit d'être l'élu, d'avoir gardé soi-même la conscience de vivre dans un monde d'énigmes, auquel c'est en énigmes aussi qu'il convient le mieux de répondre.*» (*P*, II, 363). Voir : BROWN, «Entre le nom et la lettre : aspects de l'énigme chez Henri Michaux», pp. 89–108.

Dans la magie, la complémentarité que l'on se plaît à trouver dans la réalité — rendue perceptible au moyen des effets de médiation symbolique — fait défaut. Par exemple, dans une cage, la sonorité fait percevoir la présence de perruches — sans l'ombre d'un doute — mais cette perception n'est pas confortée par la vue des oiseaux : « *On voit la cage, on entend voleter. On perçoit le bruit indiscutable du bec s'aiguisant contre les barreaux. Mais d'oiseaux, point.* » (II, 66). Ici, le son commande à la perception, s'accompagnant d'un indice visuel isolé, d'ordre métonymique (le contenant). Cependant, fait défaut le complément visuel qui naturaliserait cette perception. Là où un dépli réussi, porté vers la réalité, aurait livré le complément indispensable — la vue des oiseaux —, le *pli* coupe court à l'extension métonymique, la privant de consistance. Dans cette vignette, l'unité du monde reste suspendue à l'absence d'un indispensable élément de représentation.

Cette étrange absence souligne combien notre conception de la réalité s'emblématise sous la forme du paysage, impliquant une saisie d'ensemble, la formation d'une unité harmonieuse[2]. Or cette unité suppose l'extraction d'un objet, dont Lacan souligne le caractère paradoxal : « [...] *le champ de la réalité* [...] *ne se soutient que de l'extraction de l'objet* a *qui pourtant lui donne son cadre.* »[3]. Pourtant, chez Michaux, comme nous l'avons vu, l'extraction initiale n'est pas suivie d'une séparation, ce qui entraîne le retour répété de cet objet sous la forme du *pli*. Nous pouvons remarquer ce phénomène dans une vignette, en lien avec le paysage et la réalité vraisemblable : « *Il se forme, disent-ils, en la plupart des gens qui regardent un paysage, une capsule.* » (II, 83). Cette *capsule* n'est autre chose qu'une forme particulière de l'objet qui, en relation avec le champ du visible, s'appelle « regard » : la chose qui cause et oriente la recherche du sujet à travers l'écran du visible.

Dans l'impossibilité pour le sujet de s'appuyer sur le visible, la visée de la magie consiste à saisir cet objet : « *Cette capsule est le médium entre le paysage et le contemplateur. Si le contemplateur pouvait arracher cette capsule et l'emporter, il serait heureux incommensurablement, il conquerrait le paradis terrestre.* » (II, 83). En tant que *médium*, la capsule a une fonction analogue à celle de la fenêtre, étant un dispositif qui sépare et

---

2. WAJCMAN, *Fenêtre* (*op. cit.*), chap. « La Fabrique du paysage », pp. 232–67.
3. LACAN, *Écrits* (*op. cit.*), p. 554.

relie[4]. Cependant, à la différence de celle-ci, la capsule se laisse prélever de son paysage, telle une chose matérielle. Elle permet ainsi de tourner le dos à la « réalité », avec ses réseaux signifiants, et de concevoir un objet merveilleux qui serait l'essence du paysage : en prise directe avec l'irreprésentable de l'objet regard. Dès lors, sa fonction ne consiste pas à « représenter » la réalité sous une forme abrégée mais de procurer une sensation de complétude (*paradis sur terre, heureux*). La capsule apparaît comme le produit d'un retournement de gant, où l'entaille du *pli*, n'étant plus invisible et destructrice des formes de la réalité, offre en raccourci l'essence de celle-ci. Ainsi s'accomplit, dans l'écriture, une sorte de fusion sujet-objet, où la *magie* signale l'intervention de ce *pli* sublimé grâce auquel un monde sans âme se renverse en parousie.

Nous rencontrons le mécanisme inverse dans l'évocation de « *l'horizon retiré* » : « [...] *Mages qui savaient vous enlever l'horizon et rien que l'horizon, laissant visible tout le reste* [...]. » (II, 89). L'horizon donne au monde son cadre, permettant d'appréhender le « contenu » du paysage : il constitue le point de fuite grâce auquel le spectateur s'inscrit dans l'objectivité du tableau. L'horizon n'est donc pas un élément parmi d'autres mais l'élément structural, équivalent au *pli*. Par conséquent, à la suite de la suppression de l'horizon, le personnage se trouve en proie à l'angoisse, comme si le monde ne formait plus qu'une immense sphère lisse, dénuée d'une marque d'inscription subjective : « [...] *la soudaine soustraction de l'horizon* [...] *me causa une angoisse tellement grande que je n'aurais plus osé faire un pas.* ». Par l'effacement de cette marque, le monde des objets laisse transparaître la Chose qu'il recouvrait de son écran : quand le *pli* disparaît, le personnage se trouve entouré du *dépli* intégral, l'enveloppe ou le sac étouffant.

Au pays de la magie, ces phénomènes produisent un sentiment d'angoisse : le surgissement d'une chose qui ne s'intègre pas dans un paysage conceptuel est hautement anxiogène. En ces moments, le sujet se trouve confronté à quelque chose d'intime qui s'impose comme une extériorité radicale : imprévisible et

---

4. « *Or il n'existe qu'un seul appareil à séparer : le langage. De sorte que parler de l'homme et du monde c'est déjà compter trois, c'est impliquer ce troisième terme qui les sépare et les relie dans leur séparation. La fenêtre est aussi pareillement un appareil qui sépare et qui relie.* » (WAJCMAN, Fenêtre [*op. cit.*], p. 20-1).

impossible à maîtriser. À l'opposé des divers éléments qui se combinent de manière harmonieuse pour former un monde, la magie signe l'apparition d'une dimension de singularité absolue qui ne satisfait pas aux critères métonymiques de la causalité. Cette chose totalement unique, étrangère à toute dialectique, révèle le *pli*, comme l'instance qui maîtrise la réalité dans son ensemble et qui revient pour la réduire. En attribuant au *pli* le nom *magie*, Michaux donne à cette expérience bouleversante un habillage imaginaire à l'aspect mystérieux et sublime.

Pour mieux saisir l'enjeu de cette réalisation du *pli*, nous pouvons examiner la vignette où le narrateur évoque le « *livre des sommeils du lion* » : « *Ce livre contient toute magie. Il est tenu caché.* » (II, 100). Un fragment de ce livre représente des plis ou des cercles concentriques qui ne font qu'envelopper l'absence du signifiant fondateur des semblants : « *Les quatre cercles qui comptent, qui donnent la clef des autres, se trouvent à l'intérieur de cette ville interdite, mais le premier cercle, clef de tous les autres, n'est pas représenté sauf à qui de droit, dans le sable et aussitôt effacé.* » (101). Le secret est donc entretenu pour conforter le sentiment que ce signifiant premier existe, qu'il n'est pas tout simplement absent, qu'il n'est pas le lieu d'un abîme.

Ce nom ultime ne se tient pas dans une représentation accessible à tous, dans le *dépli* ou dans la dimension transmissible des semblants : il est montré seulement à un être unique et anonyme, fondé en droit, puis effacé. Cet Autre sert en quelque sorte, de garant aux représentations. En revanche, exposer ce nom au tout-venant serait outrepasser cette autorité indispensable, laissant l'intime du sujet à ciel ouvert, livré à la jouissance d'un Autre sans limites. Pour cette raison, il importe de l'effacer, de répéter le refoulement qui, pour ce sujet, n'est jamais définitif et symbolisé. L'effacement, traduisant l'absence radicale de nom, désigne l'abîme sur lequel s'élève le titre-*incipit* « *Le livre des sommeils du lion* » (II, 100) : ce dernier apparaissant comme une *arête signifiante* apte à donner un visage à l'abîme.

Une telle construction circulaire est nécessaire pour instaurer cette nomination ponctuelle qui ne cesse de renvoyer à la *magie*, c'est-à-dire à l'entièreté de la jouissance contenue dans le *pli*. Celle-ci revient en force quand le narrateur éprouve la persécution de la voix, cette dimension qui excède la chaîne signifiante et dont le poids et la prégnance se font singulièrement sentir lorsque la nomination symbolique est forclose[5]. En l'absence d'une nomination fondatrice, il est impossible que le narrateur entende ce qu'on lui adresse autrement que comme une persécution : « *Je n'entendais que réclamations :* / *"On vous a téléphoné. [...] On vous a fait retéléphoner... Que signifie ?... Pourquoi n'avez-vous pas répondu ?"* » (II, 81). Le signifiant qui ouvre la chaîne reste manifestement sous l'emprise des forces magiques, confiné dans le secret insondable dont le personnage reste à jamais exclu : le narrateur ne possède pas la *clef* puisqu'il n'a pas été intronisé au langage qui fait communauté et assure la transmission. Dans l'impossibilité d'inscrire une faille dans cet Autre persécuteur, la seule réponse qui soit à sa portée est celle d'exprimer une frustration existentielle : « *J'enrageais, je m'affolais, je regrettais de n'être plus enfant pour avoir encore le droit de crier, pleurer, taper du pied, me plaindre à quelqu'un.* ». Dans ces récits, les mages restent les détenteurs exclusifs d'un secret impénétrable : celui concernant leur art, leur existence et leurs réalisations singulières, dénuées d'utilité apparente (II, 78, 80). Le signifiant qui tenaille le narrateur, celui de son aliénation, est celui qui lui sera toujours refusé.

Ces étranges personnages permettent néanmoins de donner une forme à l'absence du nom. Confronté à des phénomènes inexplicables, le narrateur s'invente un double : le mage, celui qui donne un visage — en tant que maître : source d'une volonté, d'une intentionnalité — au mystère. Le mage s'impose comme celui qui commande, qui communique avec le signifiant maître, c'est-à-dire avec la mort. Cette démarche sert un objectif où, à défaut de l'accès aux semblants — la dimension qui instaure une réalité crédible, un réseau de signification où la cause du désir s'entend entre les lignes et dans l'équivoque —, le narrateur expérimente l'axiome de Wittgenstein : « *Ce qu'on ne peut dire,*

---

5. « [...] *c'est toujours le même murmure, ruisselant, sans hiatus, comme un seul mot sans fin et par conséquent sans signification, car c'est la fin qui la donne, la signification aux mots.* » (Samuel BECKETT, *Nouvelles et textes pour rien* [Paris, Minuit, 1991], p. 168). On trouve, ici, un écho de Lacan : « *Ce point de capiton, trouvez-en la fonction diachronique dans la phrase, pour autant qu'elle ne boucle sa signification qu'avec son dernier terme, chaque terme étant anticipé dans la construction des autres, et inversement scellant leur sens par son effet rétroactif.* » (LACAN, *Écrits* [*op. cit.*], p. 805). Voir aussi Slavoj ŽIŽEK : « *La voix est ce qui reste après que nous avons soustrait au signifiant l'opération rétroactive de capitonnage qui produit la signification.* » (ŽIŽEK, *Ils ne savent pas ce qu'ils font* [*op. cit.*], p. 130).

il faut le taire. »[6]. Les mages portent la charge de ce *taire*, de ce refus de transmettre la nomination : « *Et une fois de plus et près de savoir, d'enfin apprendre un des maîtres secrets, la conversation était détournée ou aboutissait à un soupir.* » (II, 94). Ces maîtres laissent le mystère intact, retenant le nom qui, dût-il advenir, disperserait l'étrangeté pour rétablir une vision réaliste, c'est-à-dire introniser le sujet auprès des semblants.

L'évocation de la *magie* donne forme à l'étrangeté, à cette action du *pli* qui témoigne de l'insistance et la férocité du maître, qui coupe court à tout déploiement et prive les représentations de leur autonomie. En revanche, est tout aussi « magique » le *dépli* qui représente l'effort de s'affranchir de cette tyrannie, de déployer une métonymie du vraisemblable. Ainsi, l'apparition d'un phénomène anti-naturel appartient encore à l'effet du *pli*, à son entaille dans l'étoffe de la « réalité ». Le narrateur affirme : « *J'ai vu l'eau qui se retient de couler.* » (II, 68). Cette eau figée, coupée de sa qualité fluide, semble exprimer un instant de saisissement subjectif où l'écoulement du temps s'arrêterait. L'objet familier (*eau*) marque une entaille intervenant dans le tableau du monde. En raison de cette rupture, l'eau n'est plus une matière inanimée mais prend une allure autonome, comme dotée de sa volonté propre.

Cependant, l'entaille portée par le *pli* se transforme en *dépli* grâce à son intégration dans un discours de vraisemblance. Le narrateur personnifie les actions de l'eau, déclarant : elle « *se retient* » (II, 68), est « *habituée* », « *le mal que se donne l'eau* », elle « *ne cherche pas* », « *elle attend* ». L'eau est décrite à la manière d'un animal obéissant. À ce vocabulaire psychologique répond la volonté du mage, celui qui personnifie l'aspiration à une domination sur les choses ou les personnes. Enfin, le narrateur émet des hypothèses et explique des circonstances susceptibles de contrarier ce phénomène : « *Naturellement, il faut que ce soit votre eau et pas une eau d'il y a cinq minutes, une eau qu'on vient précisément de renouveler. Celle-là s'écoulerait tout de suite. Qu'est-ce qui la retiendrait ?* ». L'adverbe *naturellement* souligne la fonction de ce *dépli* : le phénomène étrange et absurde se trouve, grâce à lui, naturalisé et intégré dans un univers où la magie n'est pas toute-puissante. Dans cette approche, le narrateur évoque la magie comme si elle était une

---

6. Rappelons qu'il s'agit de la Conclusion du *Tractatus logico-philosophicus*.

pratique tout à fait courante, tributaire de certaines règles compréhensibles et des contingences de notre monde quotidien.

2 le point de maîtrise

La force de la *magie* représente une émanation du *pli*, de cette dimension qui, pour fonder les semblants, fait l'objet du second refoulement[7] (voir III, 875). En l'absence de celui-ci, les personnages de Michaux restent aliénés à l'empire du pli qui fait régulièrement chavirer leurs univers si fragiles.

Si le *dépli* confère des apparences d'une vie individuée, le *pli* ne tarde pas à imposer la réalité de la destruction. Le pays de la magie se tient sous le signe de la mort, comme le signale la vignette liminaire :

> Entourant le pays de la Magie, des îlots minuscules : ce sont des bouées. Dans chaque bouée un mort. Cette ceinture de bouées protège le pays de la Magie, sert d'écoute aux gens du pays, leur signale l'approche d'étrangers. (II, 66)

Ce qui fait la force et la consistance de la magie, c'est son ancrage dans le signifiant de la mortification ; notamment, celui-ci lui permet d'opposer un barrage au monde extérieur. Cette instance du *pli* offre une continuité qui traverse les coupures propres à la réalité puisque les *morts* peuvent servir d'instruments d'écoute, franchissant les distances. Il apparaît ainsi que le *pli* sous-tend l'ensemble de la réalité vraisemblable. Pour cette raison, il s'impose dans sa consistance matérielle, par opposition au *dépli* dont la nature reste évanescente. Il en va ainsi des « *pensées* » qui, elles, ne relèvent pas des semblants :

> La pensée est tout autre chose dans le pays de la Magie qu'ici. La pensée vient, se forme, se fait nette, s'en va de même. Je sentais fort bien la différence. Ces espèces de présences éparses, ces idées qui, en Europe, vous traversent la tête continuellement, sans profit pour les autres et pour vous-même, vagues, contradictoires, ces larves là-bas ne se présentent point : ils ont établi le *grand barrage*, lequel entoure leur pays. (II, 88)

À défaut d'accéder à la consistance des semblants, le narrateur ne reconnaît que le *dépli* : l'inconsistance et l'incohérence des pensées-*déplis* lui paraissent fades et sans force par comparaison

---

7. La coupure qui constitue le ruban de Möbius *hétérogène*.

* Voir *supra*, pp. 39sq. .

avec la densité et la force du *pli*. En revanche, les *pensées*, au pays de la magie, sont hautement matérielles puisqu'elles sont ancrées dans ce qui, pour l'homme, est le plus définitif : la mort.

Puisque l'action du *pli* se trouve attribuée à des forces personnifiées — aux mages —, ces derniers exercent leur pouvoir sur le monde des apparences. Des accidents et embûches ne sont pas causés par des contingences : ils sont l'expression de cette force et de cette volonté exercées par les mages. Ainsi, quand quelqu'un est pris « *d'un éternuement irrépressible* », on offre l'explication : « *On lui a pincé la corde.* » (II, 69). Un tel geste porte manifestement sur l'inscription fondamentale du personnage car, dès que l'on fait ce geste « *sérieusement* », celui-ci meurt. Cette intervention s'empare du personnage dans le plus intime de son être, produisant un effet indépendant de sa volonté. La pratique de la magie se présente ainsi comme une expression du *lointain intérieur*, de cet endroit du *pli* où l'intérieur et l'extérieur se croisent et affirment leur identité.

S'opposant à la rétroaction signifiante, l'action du *pli* coupe court à la temporalité, et la maîtrise dont témoigne la magie assure l'absence de grands criminels dont l'action s'exercerait au moyen de la force brute. Un texte évoque, à cet égard, « *des Nérons, des Gilles de Rais* »[8]. Dès que cette pente s'éveille chez quelqu'un, elle est prise en charge par un conseil qui mène son enquête. Le savoir visé sur cette jouissance va jusqu'au point d'ancrage mortel du personnage, conduisant à la sanction fatale. Le texte exprime explicitement le phénomène d'aliénation en jeu : « *L'Homme tombe. Ne sachant ce qui lui arrive, serrant tantôt sa tête, tantôt son ventre, son bas-ventre, ses cuisses ou ses épaules, il hurle, il se désespère, il est au comble de la détresse :* on vient de le prendre à lui-même. » (II, 75). Celui qui est jugé coupable se trouve atteint dans ce qui lui est le plus insupportable — « *Angoisse indescriptible ; intolérable aussi.* » — au point qu'il se donne la mort, s'offrant en sacrifice à son *Autre féroce*.

Devant cette force, le *dépli* ne peut offrir qu'une illusion d'autonomie. En effet — et par voie de contraste —, dans l'univers des semblants, les actions n'entraînent *pas nécessairement* des conséquences *immédiates* sur celui qui les accomplit. Selon la formulation de Lacan, l'émetteur reçoit son message sous une

---

8. Selon la variante : « *Nérons, des Hitler.* » (II, 75, *var.*).

forme inversée[9], logique qui ne suppose pas un retour mécanique et instantané mais laisse la place à une part d'inquantifiable. Or au pays de la magie, celui qui commet des infractions peut se voir puni sans l'intervention d'aucun agent visible : les relais des institutions sociales et d'un bourreau extérieur (*dépli*) n'offrent aucun secours au malfaiteur :

> Punition des voleurs, leurs bras durcissent, ne peuvent plus être contractés, ni tournés, ni pliés. Et plus durcissent, et plus durcissent et chair durcit, muscle durcit, artères et veines et le sang durcit. Et durci, le bras sèche, bras de momie, bras étranger.   (II, 91)

Par son forfait, ce voleur exprimait l'absence de séparation d'avec l'Autre : il cherchait à consolider son existence en prélevant un objet à celui-ci. Par conséquent, il ne saurait jouir de « *l'impunité* » qu'offrirait la réalité et son action lui est renvoyée : son bras — instrument du délit — durcit, gagné par la rigidification. L'insistance du *pli* est soulignée par la répétition du verbe *durcir* et par les dentales sur lesquelles se conclut ce *dépli* explicatif : « *Déchirante désillusion.* » (II, 91).

Ce premier *dépli* part d'une formulation axiomatique et suit la description de la règle générale, en insistant sur l'action percutante du *pli* que font résonner les dentales. Suit un *nouveau dépli*, cette fois sur le registre d'un récit offrant l'exemple d'un personnage singulier qui subit l'action d'agents personnifiés (les Mages). La forme d'énonciation change ici puisque, au lieu de parler du principe sur le plan de son incidence symbolique, le narrateur recourt au récit et au rêve (« *vision* », « *je les ai vus* », (II, 91)). Le texte raconte l'histoire d'une princesse, nous faisant passer ainsi de la criminalité (impliquant un fauteur anonyme) à la dignité de la lignée royale. Le narrateur abandonne la certitude, issue de l'omniscience, au profit de l'hypothèse modalisée (« *Elle avait dû voler.* » (II, 91)). Enfin, à la place du dessèchement de son corps, la princesse assiste à la transmutation de son avant-bras en métal précieux.

Le *vol* représente ainsi la recherche d'un degré d'autonomie où le personnage s'efforce d'instituer une transmission qui n'a pas eu lieu, cherchant à s'inscrire dans le *dépli* de manière conséquente. Si cette transmission devait se réaliser, l'Autre serait

---

9. « *Car ce qui est omis dans la platitude de la moderne théorie de l'information*, [...] *c'est de l'Autre que le sujet reçoit même le message qu'il émet.* » (LACAN, *Écrits* [*op. cit.*], p. 807).

marqué d'une faille et le personnage aurait contracté une dette envers son Autre symbolique[*]. Dans ces récits, en revanche, une telle entreprise est destinée à échouer, ainsi qu'on voit en rapport avec le temps. Le narrateur de ce texte note que la succession des journées existe « *en soi* », ayant la forme d'une complétude inentamable et à laquelle le sujet reste aliéné :

> Une journée en soi existe et la précédente existe et celle qui précède la précédente, et celle d'avant... et elles sont bien agglutinées, des dizaines ensemble, des trentaines, des années entières, et on n'arrive pas à vivre, *soi*, mais seulement à vivre *la vie*, et l'on est tout étonné.   (II, 92)

La scission engendrée par la topologie du *pli* produit une faille infranchissable entre le personnage et sa propre vie. Par conséquent, celui-ci cherche à « *sortir sa journée du mois* » (II, 92), dans un effort pour se l'approprier. De ce temps qui reste irrémédiablement lisse, il doit extraire un temps sien. S'identifiant à l'instance qui l'afflige, il s'efforce de se rendre "maître" de ce segment de temps. Il s'agit, en quelque sorte, d'élever un *pli* positivé au sein du *dépli* étouffant qui renferme sa temporalité. Cependant, le *dépli* cruellement uniforme prend le dessus, et le mage est contraint « *à abandonner la journée à l'enclenchement des suivantes au plus tard vers minuit* ». Ainsi triomphe l'instance de maîtrise, obligeant le personnage à reconnaître son « *tribut à l'existence animale* ».

En l'absence d'un lieu d'ancrage inaliénable, le pays de la magie compose un labyrinthe de miroirs, où chacun vit dans la crainte d'être manipulé ou dépossédé, à son insu, par d'autres magiciens :

> Même des gens importants, des manières de personnages, m'ont dit dans des moments de sincérité, démasquant leur peur : « Est-ce bien moi ? Ne remarquez-vous rien..., rien d'étranger en moi ? » Tant ils ont peur d'être occupés par autrui ou commandés en mannequins par des collègues plus forts.   (II, 96)

L'autonomie de chacun — son identité même — est toujours susceptible d'être mise en cause. Aucune instance n'offre un point de butoir : le Christ peut encore « *vampiriser* » les Européens deux mille ans après sa mort (II, 96). La liberté ne peut se manifester que par les tours de force du magicien — toujours évaluables sur une échelle de puissance — mais les traitements que celui-ci inflige aux autres ne le rendent pas invulnérable. Au

* Voir *supra*, pp. 70sq. .

contraire, la manipulation peut se retourner sur lui sous la forme d'un « message inversé ». De la même manière, les inculpés de la justice magicienne n'ont pas besoin qu'on leur formule l'accusation dans des mots audibles et compréhensibles, pour qu'ils entendent la certitude de leur culpabilité et la sentence qui en découle. Ce qui se fait entendre, ce ne sont pas des mots mais la *voix* :

> Mis au centre d'arènes parfaitement vides, le prévenu est questionné. Par voie occulte. Dans un profond silence, mais puissamment pour lui, la question résonne.
> Répercutée par les gradins, elle rebondit, revient, retombe et se rabat sur sa tête comme ville qui s'écroule. (II, 74-5)

Eu égard au langage, cette voix ne relève pas de la modulation sonore mais se comprend comme la part qui s'excepte de l'articulation signifiante, à la manière de la voix hypnotique[10]. De ce fait, la voix est, du point de vue réaliste, « silence » : elle surgit du dehors, dénuée de toute signification articulable. Mais, étant une manifestation du *pli*, elle incarne la force pure et commande de manière absolue. Le prévenu comprend qu'il ne peut plus trouver un abri dans la réalité, dans le *dépli* imaginaire, ou dans le déploiement des semblants qui n'ont aucune existence pour lui. Il ne peut plus prendre appui sur l'identification à son moi, à des raisonnements qui lui offriraient un moyen de défense devant ce tribunal. Il est totalement exposé à l'injonction de son Autre : « *Il ne peut pas ne pas avouer.* » (II, 75). Le message que le personnage lance, sur le mode du *dépli* lui est retourné sous la forme du *pli* : l'apparente autonomie du *dépli* revient directement — sans la coupure qui institue le ruban de Möbius hétérogène — au personnage comme confirmation de son aliénation au *pli*.

Face à cette domination du signifiant mortel, les vignettes apportent une forme dépliée qui inscrit la mortification dans le registre des semblants. En décrivant une mort mystérieuse, un texte (A, II, 94-5) instaure la coupure d'un *incipit* à l'aide d'une phrase interrogative, dans laquelle le déterminant possessif suppose un référent connu : « *Qui donc voulait sa perte ?* » (94). Cette phrase invite à la recherche d'un sujet humain qui aurait succombé à une mort étrange. S'instaure, ainsi, la possibilité de dire, de créer quelque chose à partir de cet élément minimal,

10. Comme le souligne Slavoj Žižek dans le passage cité *supra*, note 5.

d'entamer un récit, c'est-à-dire de passer de l'*arête signifiante* (la phrase axiomatique) au *dépli*.

Ce récit met en place un phénomène banal (la chute d'un homme sur un talus), suivi du *dépli* où devient manifeste la sauvagerie, émanant du *pli*, à laquelle il aurait succombé. Cette violence s'exprime à l'aide de l'insistance de la dentale [t] — « [...] *tomber du haut de sa taille, son corps arrivé à terre se trouva entièrement écrasé.* » (II, 94-5) —, parachevée par la répétition du son vocalique [u] : « [...] *moulu, en bouillie* [...] » (95). Cette évocation — voire, cette incarnation sonore — est soutenue par la comparaison de la chute avec celle qui surviendrait du haut d'une falaise. Grâce à cette comparaison, le texte élève un élément trivial à la hauteur d'un récit métaphorique.

Enfin, l'action hallucinante se trouve résorbée, intégrée à la réalité présentée au début de la vignette : « [...] *tandis qu'il avait, dans sa chute, roulé seulement d'un insignifiant petit talus.* » (II, 95). Ce dernier mouvement signe le retour à l'*arête signifiante*, à une réalité nommable, enclose dans les limites d'un énoncé bref. La clausule renvoie à l'*incipit*, laissant la question ouverte quant à la causalité à l'œuvre. En ce qui concerne le *dépli* du récit, il ne fait que remplir de chair souffrante la béance qui reste sans réponse, si ce n'est dans le réel : le mot qui manque.

3 une réalisation positive

La magie, on l'a vu dans l'analyse qui précède, a trait à l'étrangeté du *pli*, à ce qui, chez le sujet, touche à la mort. Pour les mages, le sujet trouve son être essentiel dans la mortification, là où il se dépouille de son enveloppe imaginaire : ce qu'ils appellent « *son chantier* » (II, 76) et que nous pourrions assimiler à son *dépli*. Notamment, c'est dans le *pli* de son être que le sujet se donne pour ce qu'il est : irrémédiablement aliéné.

Or si certaines vignettes exploitent l'inscription première du sujet dans le langage — son ancrage dans la mort —, l'écriture de la magie vise à exorciser cette dimension. Une possibilité exemplifiée par les mages consiste à instituer le sujet mortifié comme un masque, comme une identification destinée à évacuer le vide irreprésentable. Il faut considérer qu'il existe une première mort (physique) puis une seconde mort (spirituelle) : « *Une dizaine d'années après la mort* [...] *le mort s'éteint.* » (II, 76). La première mort fait du mage un fantôme qui garde une certaine consistance et possède encore des pouvoirs magiques : « *Ce qui se fait de sensationnel a toujours été l'œuvre des défunts.* ». À ce moment, le mort apparaît comme une instance d'aliénation, en l'absence d'une mort symbolique qui inscrirait une disparition réelle.

À ce stade, continuant à exister entre deux morts[11], le mage défunt devient un double fantomatique, ayant le pouvoir de représenter l'innommable et d'apaiser l'angoisse, au lieu que celui-ci reste invisible, omniprésent et envahissant. Dès lors, il incombe aux mages « *vivants* » de prendre soin de ce « *qui je fus* » (QJF, I, 73sq.) qui donne à saisir quelque chose de l'invisible, avant qu'il ne *s'éteigne* une seconde et ultime fois. Ces défunts s'apparentent ainsi au *« grand barrage » (II, 88) qui entoure et protège le pays de la magie : ces bouées contenant des morts et qui signalent « *l'approche d'étrangers* » (66), c'est-à-dire qui donnent un visage à l'invisible. Soulignons que cette seconde mort ne saurait se confondre avec le refoulement symbolique qui permet le bannissement de la chose angoissante ; elle représente plutôt un vide qui pousse le sujet à chercher un fantôme de rechange pour n'être pas submergé par l'innommable. L'écriture continue, ainsi, à se déployer entre *pli* (fantôme) et *dépli* (mage vivant), à défaut de consacrer une coupure. On ne s'étonnera donc pas de voir que, dès les premiers écrits de Michaux, les « *qui je fus* » (« *Je suis habité ; je parle à qui-je-fus et qui-je-fus me parlent.* » (QJF, I, 73)) ne sont pas des signifiants déchus, dépassés, mais ils représentent autant de traits persistants de celui qui écrit.

Si l'entretien d'un *mort* permet aux mages de donner un visage à l'innommable, il faut en conclure que le *pli* relève, au fond, de l'invisible. Le *pli* — qui est aussi cette chose qui s'extrait d'un Tout afin de le constituer — situe un point de rebroussement marqué par les figures du paradoxe, du croisement, de la réversibilité, de l'équivoque. Autant, d'un côté, il recèle la « *formule de la vérité* » (II, 64) — un énoncé tranchant qui marque la chair d'une entaille —, autant cette formule se déplie en vignettes. L'objet invisible se transforme en des récits lisibles qui servent, en retour, à traiter le *pli* et désigner sa présence.

La « *Méduse de l'air* » (II, 71) offre un exemple de cet objet invisible, de ce *pli* qui surgit dans l'air, frôlant le corps du narra-

---

11. Voir LACAN, *Le Séminaire, Livre VII* (*op. cit.*), pp. 315–33.

teur et qui, au fond, n'a aucun nom : «*Tout à coup on se sent touché. Cependant rien de bien visible contre soi, surtout si le jour n'est plus parfaitement clair, en fin d'après-midi (l'heure où elles sortent).*». Ce passage évoque une angoisse envahissante et purement subjective — mais pas, pour autant, moins réelle — qui fait chavirer les repères de la réalité. Les adverbes *tout à coup*, *soudain* expriment l'action tranchante du *pli*, lui donnant une représentation signifiante. Ce qui apparaît relève d'une singularité impossible à situer et que le *dépli* du texte s'emploie à localiser. Ainsi, le narrateur cherche à fermer les portes et les fenêtres, afin de rétablir l'étanchéité de son univers troué. Seulement alors tente-t-il la comparaison puisée dans l'image de la Méduse : «*Il semble alors qu'un être véritablement dans l'air, comme la Méduse est dans l'eau et faite d'eau à la fois [...]*». Il consacre enfin cette appellation : «*Une Méduse d'air est entrée!*». Contrairement à une perception «réaliste», le narrateur n'impose pas la perception d'un phénomène d'ordre factuel, puisé dans le catalogue des objets existants : cette nomination — ou métaphore — représente l'aboutissement de sa quête d'une protection signifiante contre l'angoisse. Grâce à cette nomination, le narrateur crée un objet spéculaire chargé de contenir cette étrangeté. Si, enfin, il n'arrive pas à «*s'expliquer naturellement la chose*», le *dépli* du récit supplée à ce défaut d'un nom.

On se tromperait si l'on cherchait à situer la solution à l'angoisse dans la métaphore ou la nomination caractérisée par l'abstraction. L'écriture de Michaux manifeste une qualité hautement concrète, en raison même de l'esthétique du pli qui suppose une écriture chargée à la fois de restituer et d'apaiser la jouissance. Ainsi l'apparition d'un «*manchon lumineux d'assez grande taille*» (II, 82-3) s'interprète comme «*une colère*» émanant d'un mage. Au lieu de représenter celle-ci comme une force obscure, incontrôlable, qui s'abat sur lui, le narrateur prête, à cette émotion débordante et dangereuse, le visage d'un phénomène lumineux et attribue son origine à un personnage imaginaire.

Le *pli* se situe au centre de cette vignette, se tenant derrière le nom *colère* avec ses allures référentielles ; terme qui apparaît déjà comme la réduction d'un débordement passionnel. En revanche, le *dépli* apaisant se réalise dans la représentation du *manchon lumineux* et du *mage* : ceux-ci s'accompagnant de la mise en garde adressée au lecteur (et, partant, au narrateur) de ne pas s'en approcher. Cette analyse suppose la perception qu'il s'agit, dans cette vignette, de la Chose innommable et non d'une colère ordinaire. Celle-ci, par voie de contraste, viserait un objet déjà constitué, un adversaire identifié et sa cause se situerait au sein de la réalité. Une telle colère n'aurait pas besoin de cet appareillage mais se contenterait d'une analyse psychologique. En revanche, l'ensemble du *dépli* formé par cette vignette — incluant, en son sein, *pli* et *dépli* — apparaît comme un effort pour produire des semblants : il fonctionne comme un dispositif provisoire, servant à cerner l'objet insupportable. Au moyen de la vignette-*dépli*, la Chose se transforme en un objet partiel, le temps de l'écriture : l'objet-colère se produit dans l'acte même d'écrire, dans la chose écrite ; la vignette est cet objet.

La création magique est révélatrice d'un aspect important du processus de la création chez Michaux. L'activité des mages vise à produire une réalisation phallique permettant de disperser le vide, de l'exorciser, et réaliser une articulation au désir. L'œuvre magique apparaît comme un objet singulier qui, pour les profanes, peut paraître sans utilité mais qui réussit à donner un habillage merveilleux à la chose invisible et innommable. Ainsi :

Quoiqu'ils sachent parfaitement que les étoiles sont autre chose que des lumières considérables sur l'apparence du ciel, ils ne peuvent s'empêcher de faire des semblants d'étoiles pour plaire à leurs enfants, pour se plaire à eux-mêmes, un peu par exercice, par spontanéité magique. (II, 72)

La production magique a peu à voir avec la réalité banale, et tout à voir avec le plaisir, avec ce qui se dispense de toute justification. Avant tout, la magie élit un objet chargé d'incarner la chose innommable, de lui donner visage et en exorciser la menace. Les réalisations magiques favorisent la maîtrise des forces qui menacent toute amorce de *dépli*.

Au pays de la magie, chaque *mage* a sa spécialité : l'auteur conçoit une multiplicité de fonctions afin que chacune d'elles cerne une part de l'étrangeté omniprésente. Ainsi nous rencontrons le « *charmeur de gouttes* », « *l'effaceur de bruits* », le « *berger d'eau* » (II, 72-3). À la place d'un univers cohérent de la magie — où les forces magiques concourraient à instituer un ensemble unifié, à l'image du *Seigneur des anneaux*, de J. R. R. Tolkien —, nous assistons au déploiement d'une série ouverte et inépuisable, puisque chaque acte de magie est absolument singulier et inimitable.

Dans chaque réalisation magique, il se produit un phénomène

saisissant qui revêt les allures d'un faux-semblant, de l'artifice. En tant que tel, le tour de magie se montre inapte à instituer un nouveau régime de semblants, une « nature » vraisemblable : il reste évanescent, n'ayant existence qu'en présence du mage qui en est l'auteur. Pour la même raison, les vignettes qui composent le texte de « Au pays de la magie » apparaissent comme autant d'*hapax*, des singularités que l'écrivain parvient à produire mais auxquelles il ne peut donner l'extension qui les doterait d'une existence naturalisée. Chaque vignette opère comme une création magique qui capte une part de la Chose et en réduit la menace. De là, par exemple, le triomphe qui consiste à conduire les eaux à la manière d'un berger, même à travers un grand fleuve, sans que les eaux se mélangent. Toute merveilleuse qu'elle soit, cette réalisation ne vaut qu'un temps et il ne faut pas que le mage tarde à « *baigner un verger* », « *car fort affaiblie* [l'eau] *est prête à s'abattre. C'est une eau "passée".* » (II, 73).

Quelques exemples permettront de saisir comment les réalisations magiques représentent un triomphe contre les forces de l'invisible, contre la tyrannie du *pli*. Dans une vignette, les mages réussissent à créer des « *vents* » afin de s'excepter de l'ordinaire (II, 79-80) — c'est-à-dire, de s'affranchir de la référence réaliste au phénomène météorologique —, pour se ménager un lieu doté de l'éclat de la magie. Le texte ouvre sur un axiome (une *arête signifiante*) où le narrateur évoque l'existence de « *températures magiques* ». Il procède, ensuite, à décrire une succession de *déplis* : le narrateur rejette le vent ordinaire (« *Que le vent souffle de l'est ou de l'ouest* [...]. » (79)) et évoque la production de vents faits sur mesure (« *On a des petits vents locaux* [...]. »). Ces vents magiques existent sur « *les grandes places* » (*dépli*) aussi bien que dans des « *cavernes spécialement étudiées pour l'étude* » (repli). Alors qu'en Europe, le vent est le même pour tous (*dépli* banal), les villes magiques (*dépli* imaginaire) « *sont un vrai puzzle de vents* » (80) ; « *chaque grand Mage a son vent* » personnel (repli) et les « *carrefours* » (*dépli*) donnent une « *sensation de vive vie* ».

La force invisible du vent vient symboliser l'emprise incontrôlable de l'Autre, car on sait que le vent, à l'image de l'âme ou de l'esprit saint, « souffle où il veut ». Au cours de cette vignette, l'intégration dans le collectif et la chute dans l'indifférence (le vent commun qui souffle sur des « *millions d'autres hommes* » (II, 80)) se voient rejetées au profit du contrôle exercé sur ce phénomène invisible qui est chargé d'incarner l'âme. L'invisible se trouve ainsi contenu, devenant porteur d'un éclat qui en fait une incarnation familière.

La succession de *déplis* à laquelle nous assistons rend possible l'alternance entre le vent personnel (« son *vent* » (II, 80)) et la multiplicité des vents qui font « *puzzle* » et « *pétillent* ». De cette manière, à défaut d'une nomination symbolique, le *vent* de celui qui est « *né troué* » (*Ecuador*; I, 189-90) se voit domestiqué, grâce à l'une des fonctions cruciales du mage. L'invisible devient familier ; le banal ou le collectif devient singulier et multiple à la fois. Le monde — ou l'œuvre poétique — se trouve insufflé de vie et unifié, puisqu'à la fin de la vignette, on rencontre des vents dans les carrefours : « *C'est tout pétillant, tout pétillant. Nulle part une telle sensation de vive vie.* » (II, 80).

La *magie* représente l'inscription d'une métaphore nouvelle, là où il n'en existait pas auparavant. Elle permet de mettre en œuvre le mouvement *pli / dépli* et de donner un socle à la création, à défaut de la coupure qui, elle, aurait inscrit une métaphore enracinée dans le réel. Ainsi, la description soigneusement détaillée (*dépli*) d'un voilier devient magique quand un coup de revolver (*pli*) y introduit une nouvelle forme de causalité, se présentant comme une étrange technique destinée à hisser les voiles (II, 98). Telle est, du moins, la conception formulée par l'un des mages, lorsque le narrateur tente de lui expliquer le fonctionnement d'un voilier : « [...] *je vis qu'il avait compris que les voiles se hissaient au revolver, je veux dire à balles ; on tirait un coup, par exemple sur la vergue de cacatois, et la voile se déployait.* ». La violence hétérogène représentée par la balle de revolver est censée fonder l'opération d'un fragile *dépli* : le déferlement des voiles. Ainsi, les apparences les plus anodines ne peuvent se passer de l'assise qu'offre le coup aliénant. En revanche, annuler le *pli* constituerait un acte analogue à celui de retirer l'horizon (89), laissant le sujet en proie à l'angoisse d'une menace désormais insituable et omniprésente.

Alors que le premier *dépli* de cette vignette décrit la construction du voilier, le second *dépli* énumère les efforts des mages pour saisir l'intervention d'un signifiant magique indispensable aux apparences de la réalité, celle que le lecteur partage avec le narrateur : « *J'avais à les corriger continuellement : "Non ! il n'y a pas de coq à faire partir les trains ! Non ! le rite de l'éclair ne nous est pas indispensable pour allumer nos lampes électriques..."* » (II, 98). Dans ce *dépli*, l'absence d'une métaphore subjective de base incite les personnages à rechercher une *métaphore toujours différente* (*arête signifiante*) afin de suppléer à l'absence d'une nomination d'origine, afin de fonder une réalité vivable qui revêtira, alors, un aspect binaire : *pli / dépli*. La forme de cette vignette, composée de deux *déplis* contrastés, vient à cette place même, remplaçant la métaphore manquante. Les mages cherchent « *ce que je pouvais bien leur cacher* » ; il s'agit d'un domaine apparenté au *secret* que le narrateur lui-même ne parvient pas à percer, dans ce pays de la magie.

Enfin, il convient de souligner la dimension poïétique, à portée subjective, de la magie. Dans ce pays, les « *habitations* » (II, 92–4) doivent avoir une qualité d'« *habitabilité psychique* », de la même manière que les vignettes répondent à un besoin de fonctionnalité propre à contenir une jouissance envahissante. Par contraste, nos « *confortables maisons* » paraissent, aux mages, comme de « *gros corps hostiles et étrangers* » puisqu'elles n'offrent pas l'articulation nécessaire à cette dimension subjective.

Dans la construction *magique*, l'esthétique apparaît « *libre de tout souci d'utilisation* » (II, 93) : « *Sur un plateau nu surgira par exemple un rempart altier, qui ne rempare rien, qu'une herbe rare et quelques genêts.* ». Il s'agit notamment d'une esthétique de l'inachèvement ou de l'assemblage de morceaux isolés. Dans la perspective de la magie, l'architecture mise sur le morceau prélevé, détaché, extrait de la série, qui semble signer un triomphe sur le vide. La réalisation magique produit ainsi une forme de phallus qui s'impose comme un *hapax*, comme une singularité. On note que le vide fait partie intégrante de cette construction : « *Ailleurs, ne couronnant que le sol de la plaine déserte, une tourelle écroulée (construite "écroulée").* ». Cette tourelle semble porter la marque de la chose sur laquelle l'opération magique remporte son triomphe. Cette marque d'autonomie de la construction signe, en même temps, le *pli* qui la soustend, le morcellement qui confirme l'impossibilité de nouer des semblants.

En contrepartie à cette négation infligée par le *pli* — accompagnée de ce *pli* positivé qu'est la réussite même de la construction —, on rencontre le repli dans un lieu d'habitation enveloppante : « *Telles sont leurs constructions. Pour ce qui est d'habiter, ils le font sous terre dans des logements sans prétention, à multitude d'arrondis.* » (II, 93). À la construction architecturale qui s'élève sur terre répond l'habitation animale (« [...] *si c'est de l'invention que d'avoir trouvé ce qu'une vingtaine d'insectes ont trouvé et autant de poissons.»*). À l'artifice en surface répond la forme naturelle sous terre. À la qualité esthétique répond la lumière de ces habitations : «*En leurs souterrains, une clarté rigoureusement clarté règne, douce à l'œil* [...].» (93-4). Les constructions sur terre sont exposées et vulnérables, par contraste avec l'enveloppement des lieux d'habitation et, enfin, les formes culturelles répertoriées, qui composent les réalisations architecturales, s'opposent à un registre en deçà du culturel : «[...] *douce à l'œil comme est doux le lait au corps de l'enfant* [...].» (94). Ainsi, ces deux formes architecturales construisent une opposition *pli / repli* : l'architecture à la découpe rigide suggérant le tranchant du *pli*, tandis que le retour à l'environnement fœtal reste évocateur du *repli*. Dans la composition de la vignette, ces deux versants se déploient autour de la partie centrale (*pli*) qui décrit l'étonnement des mages devant les constructions inhabitables de notre civilisation.

Ainsi, dans cette évocation du pays de la magie, *pli* et *dépli* s'appellent et se complètent l'un l'autre. La construction en surface offre l'image d'un affranchissement pour celui qui vit sous terre. En revanche, l'enveloppement fœtal apporte la sécurité qui rassure contre le vide envahissant, puisqu'aucune construction isolée ne saurait instituer des semblants. À travers ces trois exemples, nous voyons comment ce qui s'appelle, dans la fiction, *magie*, offre un moyen hautement pragmatique pour suppléer à l'absence de semblants, pour cadrer et donner forme à l'infigurable qui est source d'angoisse.

Nous pouvons résumer notre parcours de la manière suivante. Selon le principe des renversements qui caractérise le *pli* — faisant passer de l'envers à l'endroit, de *pli* en *dépli* —, le monde et le corps humain perdent régulièrement leurs apparences naturelles, dévoilant leur dimension de chair pâtissante. La force destructrice du *pli* revêt alors le visage d'un *Autre féroce*. Au-delà de cette représentation imaginaire, le *pli* apparaît comme le lieu du non-lieu, comme pur processus qui signe l'envahissement par l'objet. Au lieu de se résigner à l'état de simple victime, le sujet choisit, à l'occasion, de se ranger du côté du *pli*, trouvant dans celui-ci une source d'exaltation.

Si, parfois, le *pli* prend la forme d'un *noyau* qui donne au sujet son assise, il s'agit d'un *dedans* qui ne traduit pas toujours une position de *repli* mais qui débouche souvent sur un *dehors* inhumain, achevant de déposséder le sujet de toute existence propre. À l'inverse, l'action humaine se réduit à une superficialité morcelée, témoignant de la structure scindée du *pli*, en l'absence d'une coupure qui permettrait l'articulation du sujet à ses représentations.

Enfin, la composition sous la forme des vignettes permet de saisir l'étrangeté angoissante sous les espèces d'une singularité cernée et rehaussée par les *déplis* et par la métaphorisation qu'ils opèrent. Dans « Au pays de la magie », ce processus transforme la terreur de l'innommable en des formes productrices de beauté et d'énigme.

III

LA SUBJECTIVITÉ

I

LE PARASITAGE DU LANGAGE ET L'ÉQUILIBRE

L A forme radicale du *pli* chez Michaux, avec son dynamisme bouleversant, rend la question de la subjectivité éminemment problématique : devant les inlassables assauts du *pli*, on est amené à s'interroger quant à la possibilité pour une singularité d'y prendre corps. En effet, sur le plan topologique, les incessants renversements de *pli* en *dépli*, de *dépli* en *pli*, témoignent la structure du ruban de Möbius *homogène**, dont chacun des *plis* se dispose dans le même sens et où ne s'inscrit aucune coupure.

Pourtant, si l'œuvre de Michaux s'impose avec toute la force d'une création, c'est parce qu'elle représente la réponse réussie à ce qui, pour un sujet, relève de l'inhumain. Dans les pages qui suivent, nous verrons comment la création littéraire et graphique, chez Michaux, parvient à retourner le circuit fermé imposé par le *pli* pour réaliser la structure manifestée par le ruban de Möbius *hétérogène*. Loin de rester le jouet des forces hostiles et incontrôlables, le sujet ouvre une brèche dans son Autre massif et envahissant, faisant du battement *pli / dépli* le lieu d'une énonciation inédite.

La qualité matérielle de la lettre et du *pli*, que nous constatons chez Michaux, témoigne d'une opacité qui sous-tend et détermine la pratique du langage, faisant de celui-ci le lieu d'une scission radicale où le connu se double d'un inconnu total. Certes, dans la Postface à « Un Certain Plume », Michaux lui prête une structure ternaire de la manière suivante :

> Mais les pensées ne sont justement peut-être que contrariétés du « moi », pertes d'équilibre (phase 2), ou recouvrements d'équilibre (phase 3) du mouvement du « pensant ». Mais la phase 1 (l'équilibre) reste inconnue, inconsciente. (*PL*, I, 664)

On note, ici, que la phase 1 correspondrait, dans ce qu'elle évoque de la structuration freudienne[1], au point zéro qui précède toute possibilité de nommer : ce que Michaux représente, à l'occasion, comme la vie en « *boule* » (« Portrait de A. » ; *PL*, I, 608), incarnant l'état d'un *équilibre* introuvable. Ensuite vient la phase 2 qui annoncerait le sujet inconscient, l'inscription d'une marque indélébile qui est destinée à être refoulée au profit de la phase 3, celle qui inaugure les « *discours effectifs* »[2]. Dans ce dernier registre caractérisé par sa dimension imaginaire, les *semblants* témoignent d'une certaine effectivité à l'égard du réel. Or ce qui prévaut, pour l'auteur, c'est la phase 2, ce temps de la « *perte d'équilibre* » où se manifeste l'incidence du *pli*. Celui-ci ne cesse de raviner les semblants pour les réduire à des moments de simple dépli, entièrement aliénés à l'action du *pli*. Ou, à l'inverse, la phase 3 ne saurait être porteuse de vérité puisqu'elle ne représente jamais qu'une « *fauss[e] positio[n] d'équilibre* » : elle limite à l'identité sociale et saisissable du sujet : « *MOI n'est qu'une position d'équilibre.* » (I, 663).

Cette construction, qui se décline en trois temps, met en lumière un système foncièrement binaire. Ainsi, le narrateur déclare : « *Toute science crée une nouvelle ignorance. / Tout conscient un nouvel inconscient. / Tout apport nouveau crée un nouveau néant.* » (I, 665). Les deux versants — science / ignorance, conscient / inconscient — ne se nouent pas pour former une structure unifiée mais donnent à lire une dimension sans fin, où une face ne sert qu'à relancer l'autre. Dans cette perception, tout est toujours et à jamais présent : l'élaboration signifiante et son réel infigurable évoluent dans une relation de simultanéité et de contiguïté. On mesure la distance qui sépare cette disposition de celle propre aux semblants, où une coupure produite une fois pour toutes permet de réduire le réel et anticiper sur certains de ses effets destructeurs. Or, au lieu de pouvoir déclarer, comme le fait Edmond Jabès, *« Tu es celui qui écrit et qui est écrit.* »[3] — où l'écriture inscrit la dynamique rétroactive du langage — Michaux affirme : « *Lecteur, tu tiens donc ici, comme il arrive souvent,* un

1. Voir Brown, *Figures du mensonge littéraire* (*op. cit.*), pp. 107–14.
2. Henri Rey-Flaud, *Éloge du rien : Pourquoi l'obsessionnel et le pervers échouent là où l'hystérique réussit* (Paris, Seuil, « Champ freudien », 1996), pp. 21-2. La portée des énoncés effectivement prononcés est limitée du fait que ces derniers sont orientés par les signifiants refoulés dans l'inconscient et, plus fondamentalement, par le *réel* qui reste radicalement extérieur au langage tout en s'imposant comme l'immuable socle de celui-ci.
3. Edmond Jabès, *Le Livre des questions*, vol. I (Paris, Gallimard, « Folio ; L'imaginaire », 1988), p. 13.

livre que n'a pas fait l'auteur, *quoiqu'un monde y ait participé.*»
(I, 665). Aucun irrémédiable ne vient attribuer une place définitive
à l'auteur ; celui-ci reste porté en avant, par son anonymat de
fond. Quand une «coupure» se trouve évoquée, elle ressemble
plutôt à une «*entaille*»[*] : elle laisse sa marque dans la chair, se
remplissant de jouissance au lieu d'en signer le vidage : «[la
pensée] *circule dans un manchon d'idées* [...], *saisissant (on ne
saisit qu'en coupant) des tronçons saignants de ce monde si
richement vascularisé.*».
En raison de cette structuration binaire, le signifiant prend
souvent les allures d'une instance tyrannique qui fige et mortifie,
ainsi que nous lisons dans *Ecuador* :

Je viens de jouer... comme ça dilate... Excellent contre la pétrification
qui est tout l'écrivain.
Il y quelques minutes j'étais large. Mais écrire, écrire : tuer, quoi.

(I, 144)

Le signifiant, les discours, relèvent-ils du *pli* ou du *dépli*? La
question mérite d'être posée puisque l'écrivain et le peintre
aspirent à se libérer de cet effet du langage. La mortification
émane d'un *pli* qui confirme l'aliénation du sujet, lui rappelant
son impuissance à engager une vie qui lui serait propre. Ainsi,
dans *Par des traits*, Michaux évoque la nécessité de se libérer
des significations et des usages qui parasitent le sujet, l'effort
pour s'affranchir de «*l'empire des bureaux*» (PDT, III, 1252). Toute
vérité subjective, tout désir, se laissent corrompre par l'usage des
mots où la langue devient «*une entreprise*» (1281), une «*ADMI-
NISTRATION*», où l'on se trouve entravé par les «*menottes des
mots*». Cependant, du *pli* nous passons à la figure du *dépli* où :
«*Il faut que tout devienne tissu* [...] *et ennui et esclavage et chose
commune, quelconque, monotone.*». Selon cette vision, la civilisation se présente sous la forme de chaînes, de «*menottes*», d'un
«*tissu*» : elle prend la forme d'un discours continu et étouffant[4].
Le *dépli* que représentent les discours de la société, l'emprise de
celle-ci sur le langage, sont l'expression d'une influence oppressante qui ne laisse aucune place à une parole subjective. Par

4. Aux yeux de Michaux, l'instauration des liens, que permet le langage, verse
moins du côté du tissage, comme le suggère le recours à ces termes (cf. *infra*
note 6, pour l'emploi de ce terme par le peintre Endre Rozsda) que du côté des
menottes.

* Voir *supra*, p. 54.

nature, les discours communs résorbent la subjectivité dans le déjà-dit par tous les autres.

Face à ce *dépli* homogène et pétrifiant, Michaux élit parfois la peinture comme un moyen d'inscrire sa singularité, préférant le dessin des traits au *dépli* de la représentation figurative, qui laisse trop de place aux signifiants communs (*ÉR*, III, 550-1). La démarche du peintre comme celle de l'écrivain consiste à rendre son *Autre féroce* présent dans la création mais, par là même, à réduire son caractère envahissant, l'annexant à sa propre élaboration. Aussi peut-il opérer un détachement salutaire, comme l'auteur l'indique en parlant des signes peints : « *Signes pour retrouver le don des langues / la sienne au moins, que, sinon soi, qui la parlera ?* » (*FV*, II, 440).

L'utilisation que Michaux fait du langage et de la peinture vise à élaborer « *une langue de peu de moyens, et sans chercher qu'elle s'amplifie et s'étende,* [...] *pas territoriale, ne visant nullement à répondre à tout, à couvrir l'ensemble des composants de la Terre* » (*PDT*, III, 1284). Là où le dépli commun recourt à la ressemblance (*S*, III, 935, 938), Michaux donne forme et expression au *pli* de sa singularité absolue qui, elle, reste exclue du collectif. Notons cependant que cette perception obéit aux lois du *pli* et se retourne sur son envers. Ainsi, quand Michaux évoque « *l'émietteuse parole* » (III, 900) — en paraissant contredire sa description du caractère massif du signifiant —, il souligne combien celle-ci introduit une indésirable fragmentation, au lieu de laisser libre cours à la continuité du *pli / dépli* où il trouve sa vérité.

L'équilibre — ce que Michaux nommait la *phase 3* — possède néanmoins des attraits. À ces moments, le moi cherche à établir sa suprématie sur un corps morcelé et réfractaire à toute unité. Ainsi, nous trouvons, dans un dessin commenté, une scission entre la compacité de la tête et la qualité aérienne du corps, exprimant l'impossibilité de se doter d'une image corporelle unifiée. Le corps se voit voué à la dispersion, se réduisant à des apparences (*dépli*) dénuées de toute consistance : « *Dentelé et plus encore en îles, grand parasol de dentelles et de mièvreries, et de toiles arachnéennes, est son grand corps impalpable.* » (*NR*, I, 437).

En revanche, la tête semble vouloir imposer un ordre et inscrire la marque d'une certaine unité : « *Que peut bien lui faire, lui dicter, cette petite tête dure mais vigilante et qui semble dire "je maintiendrai" ?* » (*NR*, I, 438). Cette tête représente l'unité à caractère imaginaire : celle qui se réalise dans la compacité matérielle, traduisant l'action mortifiante du langage. Elle s'efforce de rassembler les morceaux du corps, à la manière de ce qu'Aragon a nommé « l'Indifférent », la fonction « *qui maintient l'équilibre, empêche la destruction* »[5]. Bref, il s'agit non d'un tiers symbolique — conséquence d'une coupure — mais d'un tiers imaginaire, producteur d'une image de l'unité, à défaut de son inscription réelle. Comme la *tête*, le moi s'appréhende comme « *ce centre départageur qui fait l'intelligent, donnant à mesure ses appréciations* » (*FCD*, III, 898). Par conséquent, cette unité reste fragile et menacée d'effondrement : « *Cette tête en quelque sorte est un poing et le corps la maladie. Elle empêche une plus grande dispersion. Elle doit se contenter de cela. Rassembler les morceaux serait au-dessus de ses forces.* ». En effet, sa réussite est toute relative : « *Elle n'obtient pas que les morceaux se joignent étroitement et se soudent, mais au moins qu'ils ne désertent pas.* » (I, 438).

Malgré ses efforts pour exercer sur lui-même l'ordre que l'Autre tyrannique lui impose dans le ravage, le sujet ne peut tenir ce pari indéfiniment. Il éprouve la tentation de lâcher cette aspiration à la maîtrise pour basculer dans le vide qui en représente l'envers, ainsi que Michaux l'exprime dans « L'Éther » : « *Il arrive cependant* [...] *de vouloir perdre davantage son Je, d'aspirer à se dépouiller, à grelotter dans le vide (ou le tout).* » (*NR*, I, 449). Les faux-semblants de l'équilibre cèdent au rejet de cette même position ; le sujet se laisse envahir par le *pli* : « [...] *enfin délivré d'être le maître, le centre de commandement, l'état-major ou le subalterne, il n'est plus que la victime bruissante et répercutante.* » (450).

L'esthétique du pli, telle que l'illustrent les œuvres « d'imagination », offre une autre approche de la question de l'équilibre, la traitant en lien avec le tissage réalisé par le couple *pli* et *dépli*[6].

---

5. Louis ARAGON, *La Mise à mort* (Paris, Gallimard, « Folio », 1998), p. 105. Voir *Théâtre/Roman* (Paris, Gallimard, « Imaginaire », 1998), p. 435.
6. Richard Abibon fait la remarque suivante au sujet du tissage : « *|Or, dans tout tissu, lorsque le fil est passé dessous, il faut qu'il passe ensuite dessus [...].|* » Ce qui signifie que le croisement du fil implique la régularité de son refoulement, ou de sa « coupure », tout autant que son retour* (ABIBON, « Le Yi King : une topologie en pierre ? » [*loc. cit.*]). On pourrait tout autant évoquer le terme de *tressage* qui traverse la création littéraire et les arts plastiques chez certains créateurs de notre époque, étant la référence topologique qui permet d'expliquer le contournement du vide central. Voir Endre Rozsda : « [...] *c'est le tableau qui* →

Dans une vignette (« Les Équilibres singuliers », *ÉE*), le narrateur éprouve les effets du déséquilibre quand il se trouve en dehors des « *langes reposants de la santé* » (I, 780). Ces *langes* suggèrent une position quasi fœtale associée au repos dans la *boule* où l'on est enfin soulagé de la réalité persécutrice du *pli*. Alors, entre *dépli* — où les hommes bénéficient d'une identité reconnaissable — et *pli* — où l'être est ravalé par l'inhumain —, le partage se fait sentir en termes d'incertitude de toute identité : « [...] *je vis comme les hommes erraient et les mondes qui erraient dans les hommes.* ». Dans cette phrase, les *hommes* sont traversés par l'inhumain (*les mondes*). Cependant, une telle identification minimale ne permet pas de congédier la dimension d'humanité : « *C'était à se demander ce qu'ils étaient en vérité. Mais quelque chose me disait : "C'en est. Ce sont bien des hommes. Sinon seraient-ils si embarrassés... [...]."* » (I, 781). Certes, il s'agit d'hommes, mais des hommes qui restent aux prises avec ce qui dénie leur humanité.

Éjecté de son équilibre précaire, le narrateur cherche à créer des *déplis* symétriques, aptes à rétablir des apparences imaginaires et à instaurer une certaine stabilité. En effet, la seule chose qui pare à l'étrangeté, c'est *l'équilibre* : l'affirmation d'un rapport où une chose fait pendant à une autre, quelle que soit leur hétérogénéité apparente. Le narrateur affirme : « *Je vis un escalier qui équilibrait un ruisseau. Étonnant ? Et pourtant je savais que c'était un homme, et même à n'en pas douter une femme.* » (I, 781). La parité de simulacre entre ces deux *déplis* permet d'oublier la souffrance lancinante causée par le *pli* : « [...] *et j'errais intéressé dans ce monde singulier, oubliant les tenailles de mon mal tenace.* ». Pour celui qui trouve ses repères dans la « réalité », ce monde si étrange signale la présence du *pli* par l'absence de concordance entre les divers éléments assemblés. Manifestement,

---

→ *me bâtit. Il me transpose de telle manière que je suis différent en terminant une toile de ce que j'étais en la commençant. Je suis la Parque qui tresse le fil du temps, qui crée les choses, mais non celle qui les achève.*» (Endre ROZSDA, « Méditations », p. 82 in *L'Œil en fête*, David ROSENBERG *ed.* [Paris, Somogy éditions d'art, 2002], p. 82) ; et François ROUAN : « *C'est dans la grille à deux dimensions une façon de faire advenir, au lieu même des renversements, la figure inimaginable d'un vide constituant un troisième terme surprenant notre attente.* » (François ROUAN, « Voyages autour d'un trou », *Revue de l'École de la Cause freudienne-Actes*, n° 19 [« La Réalité depuis Freud »], novembre 1991, pp. 135–44], p. 137). On songe aussi à la construction romanesque de Claude Simon. Voir : BROWN, « Nom et tressage : *L'Acacia* de Claude Simon », *Littérature*, n° 123, septembre 2001, pp. 35–43.

il ne s'agit pas d'un rapport de contiguïté métonymique, grâce à laquelle les éléments se compléteraient au sein d'un paysage ; au contraire, un abîme les sépare. Notamment, tandis qu'homme et femme représentent des identités fort distinctes, ils se montrent interchangeables lorsqu'on les regarde du point de vue du pli[7] (voir III, 875).

La scission causée par le *pli* rend problématique tout lien dans les représentations. Le langage revêt un caractère d'étrangeté qui exclut la subjectivité, tandis que le moi se révèle impuissant à garantir une position d'équilibre satisfaisante. Le seul recours réside dans l'élaboration poétique. Celle-ci ne produit pas toujours des équilibres à caractère surréaliste mais elle met en œuvre une manière de tissage permettant au sujet de renouer avec ses représentations. Ainsi, dans « De la difficulté à revenir en arrière » (V, II, 179-80), le narrateur est saisi par une angoisse mortifiante qui le laisse perdu dans une aire indéterminée : il ne parvient pas à savoir si un accident a réellement eu lieu, brisant ses jambes ou, au contraire, si « *c'était seulement en moi-même* ». Le personnage-narrateur se sent pétrifié par le langage, sans pouvoir s'en dissocier au profit des représentations apaisantes ; il lui est donc impossible de reléguer la métaphore « accident » au domaine de l'imaginaire pur. L'effroyable certitude qui l'habite est celle d'une aliénation contre laquelle rien ne le protège. Redoutant que la simple inspection de sa jambe ne produise l'irréversible, il se réfugie dans l'inaction ; il craint la terrifiante révélation de son corps morcelé, de sa chair irrécupérable par les représentations et laissée en pâture à son *Autre féroce* : « [...] *ayant peur de vérifier ce qui, à dater de cette inspection trop facile, deviendrait irrévocable, irrévocablement sans doute mon malheur* [...]. » (180).

Afin de voiler ce vide atroce, le narrateur évoque, dans le *premier dépli*, le chemin qui mènerait à son inévitable déclin, si ses jambes étaient réellement cassées : il trace l'enchaînement métonymique qui menace de le conduire à la mort. Cette évocation conjuratoire vise à faire opposition au tranchant de la métaphore (« camion ») qui ouvre sur le vide absolu : « [...] *je préférais, fût-ce pour une demi-heure encore, seulement, me laisser porte ouverte, laisser une possibilité à mes jambes* [...]. » (II, 180).

---

7. Telle est la remarque que fait Michaux au sujet de l'effet de l'éther : « *On est strictement jumeaux. Se distinguer, on n'y songe plus. Identité ! Identité !* » (NR, I, 454).

Après une partie centrale (*pli*), où il décrit son misérable état de santé, le narrateur conclut à la nécessité d'amorcer un nouvel enchaînement : il lui faut « *revenir en arrière* » pour se placer avant l'accident et chercher à « *prendre un autre chemin que celui par lequel avait débouché le bruyant et stupide cinq tonnes* ». Il s'agit certes d'une opération mentale, « imaginaire », mais sa portée subjective est bien réelle. À la place des efforts déployés par le moi, c'est l'intervention d'un élément extérieur, non identifiée, qui inaugure ce changement : « [...] *je fus jeté dans une autre préoccupation* [...]. ». Le personnage se trouve arraché à sa fixation et lancé dans un nouvel enchaînement qui le libère de cette mortification. L'écart symbolique ainsi opéré confère à l'opération imaginaire son caractère salutaire. L'effet de cette imagination est donc réel, contrairement à ce que supposait l'opposition initiale entre camion réel et camion inventé.

À partir de ce moment, le personnage-narrateur trouve enfin le courage de regarder ses jambes comme des éléments d'une réalité[8] et non plus comme une identification irrémédiable et mortelle. Le narrateur peut procéder à une analyse plus précise et plus sereine de son affection, reconnaissant que l'angoisse émanait de son vœu de se séparer de « *la compagnie des autres* » (II, 180). Il note que son « *lit de proie* » venait de « *[l']empêtrer en [lui]* », le livrant à sa souffrance et à l'horreur de son corps morcelé : au lieu de le protéger, l'enveloppement dans les « *couvertures* » (*repli*) l'assujettissait à cette influence aliénante (*pli*). Le *pli* réel duquel il s'extrait se situe au croisement entre le camion réel et le camion imaginaire, entre l'angoisse irréductible et irraisonnée (réel) et le lien renoué avec ses semblables. L'ensemble de cette opération permet, le temps d'une vignette, d'accomplir un nouage et de surmonter la scission mortifère.

---

8. Notons l'identification phallique des jambes, rendant celles-ci porteuses de la possibilité du *dépli*.

II

L'EXORCISME

C E recours à un remède « imaginaire » fonctionne comme une
forme d'exorcisme, comme une tentative d'expulser le *pli*
persécuteur : cette chose qui n'a jamais fait l'objet d'une perte
définitive. Dans de nombreux passages, Michaux exprime
l'insistance de cette force oppressante qui le poursuit et empêche
le déploiement des semblants. Dans la Postface à « Un Certain
Plume », il s'interroge : « [...] *quel ancêtre inconnu de moi ai-je
laissé vivre en moi ?* » (I, 662) ; et il offre son diagnostic : « *On
est né de trop de mères.* ». Au lieu de voir dans la vie une continuité incarnant une *« harmonie parfaite » (*ÉE*, Préface, I, 773), ou de
pouvoir relativiser les échecs et les contrariétés, Michaux note
que les événements déplaisants ont une tendance à persister : *« Il
y en a toujours qui ne passent pas, et qu'on garde en soi, bles-
sants. ». Cette scission manifeste entre une *« harmonie parfaite »
et le caractère obsédant de la blessure, est celle qui perdure entre
dépli et *pli* : en l'absence d'une coupure advenue une fois pour
toutes, la marque de souffrance ne cesse de faire sentir sa
présence.

Alors que l'ouverture qu'accomplit la symbolisation permet un
nouage avec « la réalité » dans un lien aux autres, la dominance
du *pli* tend à plonger le sujet dans un état de « *presque-déses-
poir* » (I, 774). Tout l'effort de ce dernier consiste, alors, à tenter
d'« *en sortir* » (773). À défaut de pouvoir cerner l'insupportable et
en relativiser l'incidence, il tente de retourner cette jouissance
vers l'extérieur pour ne pas en étouffer. Contrairement à la
conception courante selon laquelle *catharsis* rime avec « défoule-
ment », ce processus ressemble au mécanisme des vases communicants. Chez Michaux, il s'agit de diriger la violence qu'il subit
vers le dehors ; non dans le passage à l'acte (tel l'assassinat) mais
dans la sublimation, dans la création d'un objet esthétique destiné
à être accueilli par d'autres. Grâce à ce processus, le *pli* n'est

plus porteur d'une souffrance infligée au corps et productrice de son morcellement ; au contraire, la représentation qui en résulte semble transformer le corps en une *« boule aérienne et démoniaque » (773). L'exorcisme retourne le *pli* sur son envers pour en faire une manifestation du *dépli*.

1   l'échec de l'exorcisme

La pratique de l'exorcisme littéraire, telle que Michaux l'élabore, engage la continuité *pli / dépli*, où les deux dimensions se relaient, instituant un face-à-face spéculaire au sein d'une étoffe sans coupure. C'est ainsi que le narrateur de la vignette « Une tête sort du mur » (*PL*, I, 562) se trouve confronté à une *tête* qui se présente comme son double. Le narrateur éteint la lumière, instaurant l'obscurité. Alors apparaît, non pas un visage qui confère au corps son estampille "humain", mais ce qui reste quand on lui ôte cet habillage : un élément détaché du corps, un produit de son morcellement. Cette tête se manifeste justement au moment où le narrateur cherche à établir un contact avec l'autre et à s'inscrire dans le registre symbolique : « [...] *j'espère peut-être pouvoir m'adresser à un être, ou qu'un être viendra à moi* [...]. ». Or au lieu d'inaugurer une parole — ce à quoi l'on associe le visage —, cette tête, « *aussitôt formée, fonce sur les obstacles qui la séparent du grand air* ». Loin de conduire vers le registre des semblants, cette tête apparaît comme une représentation du *pli*, inapte à opérer une coupure.

Pourtant cette tête semble réussir dans son entreprise : « *D'entre les débris du mur troué par sa force, elle apparaît à l'extérieur* [...] *toute blessée elle-même et portant les traces d'un douloureux effort.* » (I, 562). Cette réussite est toute relative parce que, loin d'établir un lien avec l'Autre, la trouée reproduit les mêmes obstacles : réplique visible dans les marques laissées sur sa face meurtrie. Le narrateur en fait la remarque : « *Mais pour sortir vraiment de la solitude on doit être moins violent, moins énervé* [...]. » (563).

Dans cette *tête*, le narrateur contemple le surgissement du *pli* : la manifestation d'une action salutaire, destinée à ouvrir un espace de liberté. En réponse à cette violence et dans un effort pour y trouver sa place, le narrateur frappe à son tour mais découvre son impuissance à effectuer une percée. En effet, contrairement à son double, le narrateur déploie une action qui se limite au domaine spirituel, à l'imaginaire : « [...] *avec un corps fluide et dur que je me sens, bien différent du mien, infiniment plus mobile, souple et inattaquable* [...]. » (I, 563). Il découvre son impuissance à inscrire ses actions dans le monde matériel : « [...] *je suis de plus en plus surpris qu'après tant de coups, l'armoire à glace ne se soit pas encore fêlée, que le bois n'ait pas eu même un grincement.* ».

Ainsi, les deux faces — *pli / dépli* — restent à la fois indissociables et inconciliables. La *tête* surgit du *pli* et réussit son action, mais sans pouvoir se doter d'un visage humain : elle reste coupée du narrateur, incapable de participer à une socialité. Du côté du *dépli*, le narrateur entreprend une action analogue mais reste confiné dans le niveau imaginaire, coupé de tout ancrage dans le corps. Cet échec de l'exorcisme réside dans la nécessité qu'il impose de constamment renouveler ses efforts : l'absence d'une opération de séparation voue à l'échec les tentatives d'expulser une fois pour toutes la chose menaçante. En conséquence, celle-ci ne cesse de réclamer son droit, faisant entrave à toute volonté de nouer un lien et d'inaugurer des semblants.

2   un point de rebroussement

L'exorcisme représente l'action de celui qui, malgré son aliénation à l'Autre, persiste à se déclarer « *contre* » (*PDT*, III, 1250, 1251). Cette affirmation à la fois désespérée et résolue est la seule qu'il puisse opposer à la force envahissante qui constitue tout aussi bien son être. À défaut d'être le produit du *non*, et du "nom" qui lui est subséquent — témoignant d'une transmission symbolique —, le sujet forge à son usage ces deux instances qui lui assurent une existence subjective.

Cette dimension de l'exorcisme se trouve exemplifiée par le texte intitulé « Tahavi » (*V*, II, 196-7). Dans ce récit, les parents de Tahavi ne sont porteurs d'aucune fonction symbolique : « *À dix ans, il avait soixante ans. Ses parents lui parurent des enfants. À cinq ans, il se perdait dans la nuit des temps.* » (196). La structure *pliée* que décrit ce paragraphe situe, au milieu, des parents dont la fonction d'ancrage est minime ; ce creux (ils sont *enfants*, non *adultes)* est flanqué, en chiasme, par les deux *déplis*, dont l'ordre chronologique est inversé : *dix ans* vient avant *cinq ans* et le temps mesurable (*soixante ans*) s'oppose au temps incalculable (*nuit des temps*). Cette défaite de la chronologie indique l'absence d'un arrimage symbolique, en sorte que tout doit désormais émaner de Tahavi. Au fond, plutôt qu'enfants, ces parents apparaissent comme un non-lieu, une instance forclose. Seuls les actes d'*oubli* sont répétés par le personnage — «*Il s'est oublié dans une fourmi. Il s'est oublié dans une feuille. Il s'est oublié dans l'ensevelissement de l'enfance.*» (197) — comme autant d'identifications désignant ce qui fait réellement défaut : «*Tahavi n'a pas trouvé son pain. Tahavi n'a pas trouvé son père. Tahavi ne trouve pas son père dans les larmes des hommes.*».

Dans ce texte, le mouvement *pli / dépli* sert à exorciser la chose qui exerce son pouvoir d'aliénation. Ainsi, le narrateur part du signifiant «*Tahavi*» (II, 196) : le prête-nom de celui qui n'en a pas en propre, de celui qui vit son existence (on y entend les mots détachés «ta vie») de l'extérieur[1], sans trouver d'identification personnalisée. La lettre v, qui se répète dans la phrase «*Tahavi va au Vide.*», donne une consistance graphique au *pli*, suppléant au défaut d'une coupure sur le plan du symbolique[2]. De cette manière, il apparaît que le nom *Tahavi* et le *Vide* sont l'envers et l'endroit du même phénomène subjectif pour celui qui risque de voir, à tout instant, ses représentations anéanties.

Au début de ce récit, il s'agit de déplier le nom *Tahavi* (annoncé dans le titre), afin que prenne corps une résistance au vide. Dans cet objectif, le texte donne forme à l'espace infime de *dépli* offert par la structure syntaxique «*Tahavi va au vide.*» (II, 196, phrase *incipit*), où rien n'est encore consommé. La répétition qui s'introduit — «*Tahavi déteste le Vide. C'est l'horreur de Tahavi que le Vide.*» — vise à fonder un point d'appui afin d'accomplir le saut salutaire. Mais l'étoffe se retourne sur son envers, et le mouvement vient du côté du Vide : «*Mais le Vide est venu à Tahavi.*». L'action de cette phrase se formule au passé composé, opposant un arrêt brutal aux efforts de Tahavi, l'obligeant à recommencer. En renouvelant ses efforts, Tahavi cherche à forcer une ouverture, à trouver une extension qui lui permettra de respirer.

---

1. Cf. le poème «*Ma vie*» : «*Tu t'en vas sans moi, ma vie.*» (*NR*, I, 462).
2. Signalons un emploi analogue de la qualité graphique de cette même lettre par Marguerite Duras en lien avec le «recoupement ferroviaire», dans *L'Amante anglaise*. Voir : BROWN, *Figures du mensonge littéraire* (*op. cit.*), pp. 284-5. Lacan décline la construction du nom de Lol V. Stein, ce nom «*savamment formé, au contour de l'écrire*» : «*Lol V. Stein : ailes de papier, V, ciseau, Stein, la pierre, au jeu de la mourre tu te perds.*» (LACAN, «Hommage fait à Marguerite Duras du ravissement de Lol V. Stein», pp. 191–7 in *Autres écrits* [*op. cit.*], p. 191).

Le retournement crucial se produit à la fin du texte quand Tahavi oppose son *non*, un rejet qui représente la seule affirmation possible : celle qui engage sa vie même. En s'appuyant sur le Vide qui le menace — « *Par la volonté appuyée sur le* SOUFFLE*, par la pensée* SANS SOUFFLE*, par ses démons, Tahavi a rejeté.* » (II, 197) — Tahavi se dote d'une force salutaire.

Cependant, à défaut d'entraîner une coupure, cette force de résistance n'apporte pas une solution définitive. Malgré l'action du personnage, qui s'étend sur deux paragraphes, la conclusion du texte fait appel au début : l'affirmation *Tahavi a rejeté* (II, 197) n'ouvre pas sur une histoire qui commence enfin mais reste suspendue sur le vide, relançant le cycle, tel que nous le rencontrons dans l'*incipit* : « *Tahavi va au Vide.* » Ainsi, le *pli* de ce poème se lit dans le balancement entre la pente qui attire le personnage vers le vide et le rejet salutaire que Tahavi oppose à celui-ci, mais qui n'accomplit pas une expulsion définitive. Dans cette structure du *pli*, l'opposition entre le *Vide* et le *non* finit par s'annuler au sein d'une même substance.

Le texte intitulé « Les Travaux de Sisyphe » (V, II, 183-4) décrit plus explicitement comment le narrateur s'efforce de se libérer de l'oppression du *pli* en se prévalant des moyens que ce même *pli* laisse à sa disposition. Son état d'aliénation ne laisse à ce personnage aucune ouverture vitale. Dès l'*incipit*, la *nuit* devient la métaphore de l'enfermement dont il pâtit : « *La nuit est un grand espace cubique.* ». Si le mot *nuit* apparaît comme une *arête signifiante*, son identification métaphorique avec l'*espace cubique* amorce l'ouverture et l'expansion nécessaires au dépliage, permettant au narrateur d'accéder à un discours fictionnel. Le texte déplie l'attribut *grand espace*, auquel le narrateur tente de conférer un degré de réalité, pour mieux oublier le signifiant *nuit* qui, significativement, ne revient plus dans la suite du texte. Au lieu que le mot *nuit* noie tout, il fonctionne comme le trait qui fait cadre[3], restant exclu de l'aire de la représentation. Le saut métaphorique ainsi accompli consiste à retourner le *pli* sur son envers : le narrateur s'efforce de construire un tableau, d'engloutir ce point persécuteur grâce au déploiement de ses actions, tout en

---

3. « [...] *l'horizon de la signification* est toujours lié, comme par une sorte de cordon ombilical, à un point *à l'intérieur* du champ qu'il dévoile. [...] Nous reconnaissons aisément ici la topologie du ruban de Möbius où, dans une sorte d'inversion abyssale, l'enveloppe est elle-même enchâssée par son intérieur. » ([Trad. de] ŽIŽEK, « Why does a Letter always arrive at its Destination ? » [*loc. cit.*], p. 16).

voyant celles-ci vouées à l'échec par la persistance, sourde et tyrannique, de la *nuit*.

À cette instance oppressante, le narrateur oppose son *non* : « *Entassement de murs et en tous sens, qui vous limitent, qui veulent vous limiter. Ce qu'il ne faut pas accepter.* » (II, 183). Il établit une opposition spéculaire grâce à laquelle la force de son martèlement se puise dans l'épaisseur et l'opacité de ce même obstacle, dans l'absence de nomination incarnée par le *pli* : « *De mon énorme marteau jamais fatigué* [...]. » ; « *Je descends imperturbable, infatigué par la découverte de caves sans fin* [...]. ». (184) ; « [...] *jusqu'à buter sur l'obstacle final, momentanément final, et je me remets à déblayer avec une fureur nouvelle* [...]. » Dans ces travaux sans fin, de nouveaux obstacles se lèvent à mesure que d'autres tombent, et les efforts du narrateur redoublent tout autant.

L'exorcisme décrit par cette vignette représente le *dépli* du signifiant *nuit* : le déploiement d'une réalité composée tout entière des efforts surhumains pour briser l'enveloppement par les murs. À son tour, cette représentation apparaît comme insufflée par le *pli* de la nuit, entité qui suscite l'action infatigable du personnage (*dépli* par-dessus *pli*). Le texte aboutit à une réussite minimale, réalisant un certain déplacement car, à la fin, la *nuit* passe subrepticement au *jour* : « *Mais la situation un jour, se présentera différente, peut-être.* » (II, 184). Cette clausule compose une *arête signifiante* où l'évocation d'*un jour* annonce une possible ouverture dans le schéma binaire. Tout en restant la même en tant que référence, la *situation* devient susceptible d'inscrire une différence. Si la nuit et l'enfermement représentent une constante, le *dépli* a permis un dire qui autorise cette lueur d'espoir.

3   *l'écart salutaire*

Le *pli* représente un poids mortifiant dont le sujet peine à s'affranchir, ainsi que nous le voyons dans la vignette « La Nuit des Bulgares » (*PL*, I, 628–32). Si les efforts des personnages pour expulser le mal paraissent, en eux-mêmes, futiles, un écart salutaire fait enfin jour dans ce récit, permettant la libération tant espérée. Dans cette histoire, une erreur sur le train à prendre inspire un sentiment de persécution, auquel les personnages réagissent par une violence expéditive : « *Alors, comme on était là avec un tas de Bulgares, qui murmuraient entre eux on ne sait pas quoi, qui remuaient tout le temps, on a préféré en finir d'un coup. On a sorti nos revolvers et on a tiré.*» (628). À la suite de cette violence émanant du *pli* — violence *subie* comme l'intrusion d'une étrangeté ; puis *dispensée*, comme une réaction instinctive —, tout l'effort des personnages consiste à s'en dissocier, à mettre à distance, voire à évacuer ce poids mortel, pour renouer avec la vie.

Les personnages se trouvent confinés dans le compartiment du train, au risque d'être enfermés avec la mort qui les habite. Ainsi, le chef du convoi passe : «*Il n'y a plus aucun motif maintenant pour que vous et eux occupiez des compartiments distincts.*» (I, 629). Les personnages s'efforcent de dissimuler ce *pli* encombrant, de lui donner un air naturel, sous le regard des autres voyageurs. Or ces morts *refusent de mourir*[*], témoignant de l'absence d'une coupure symbolique : «*Dans le train, les morts sont bien plus secoués que les vivants. La vitesse les inquiète.*». Enfin, après des tentatives pour déguiser les morts en vivants, les malheureux jettent les cadavres par la fenêtre... en vain : «*Mais comme déjà ils s'épongent le front, ils sentent le mort à leurs pieds. Ce n'était donc pas lui qu'ils ont jeté ?*» (631). Entre *pli* (le cadavre) et *dépli* (les vivants), le récit inscrit une dimension d'équivoque selon laquelle, en jetant leurs victimes dehors, c'est une part d'eux-mêmes que ces personnages cherchent à expulser.

Le salut vient après une nouvelle épreuve. L'évacuation des cadavres procure la joie mais les personnages se trouvent quelque peu désemparés : «*C'est comme s'ils avaient tout terminé.*» (I, 631). Eux qui se sentaient sous surveillance, comme devant préserver les apparences de vie à l'intérieur de leur compartiment, rencontrent le chef du convoi qui relance la menace : il leur demande de descendre... avec leurs «*témoins*». Ils n'y avaient même pas songé ! Alors le chef du convoi leur fait une proposition : «*[...] puisque vous voulez un témoin, comptez sur moi. Attendez un instant de l'autre côté de la gare, en face des guichets. Je reviens tout de suite n'est-ce pas. Voici un laissez-passer.*» (632). À ce moment, s'ouvre la faille qui brise l'opacité du *pli*. Le chef du convoi prend sur lui le rôle de témoin mais, au lieu de faire sentir le poids de sa fonction, il donne à ces «coupables» un *laissez-passer* qui s'entend comme un "laissez-filer". Il fait apparaître un intervalle salutaire, acceptant de faire la dupe au lieu de servir de relais à l'Autre omniscient et oppresseur. Les personnages trouvent, en ce personnage officiel, la caution nécessaire pour enfin se débarrasser du poids de la mort. Leur soulagement s'exprime dans leur élan vers le *dépli* tant espéré : « *Oh ! vivre maintenant, oh ! vivre enfin !* ».

4   la force de l'exorcisme

Si les deux vignettes précédentes montrent l'impasse du *pli* et élaborent la possibilité d'une ouverture, il importe de voir comment l'exorcisme acquiert son efficacité particulière. La vignette intitulé « La Séance de sac » (*V*, II, 159-60) suggère que cette pratique relève d'une détermination remontant à l'enfance (« *Cela commença quand j'étais enfant.* »). Par conséquent, un traitement de la pulsion se révèle indispensable, pour un sujet qui se découvre impuissant à affronter le *pli* au moyen des « *possibilités d'intervention* » disponibles à l'adulte. En effet, le narrateur déclare : « *À qui est au lit, on n'offre pas une chaise.* » (159). Autrement dit, la scission existant entre l'aliénation au *pli* (l'enveloppement dans la *boule*) et le *dépli* de la vie, le prive des moyens symboliques qui lui permettraient un traitement de l'insupportable par les semblants.

Le problème qui se pose au narrateur prend les allures d'un « *grand adulte encombrant* » (II, 159) : une instance oppressante qui présente une menace d'étouffement. Pour résoudre ce problème, le narrateur le transpose sur le plan imaginaire, inventant la solution d'une "mise en sac" : « *Comment me venger de lui ? Je le mis dans un sac. Là je pouvais le battre à mon aise. Il criait, mais je ne l'écoutais pas. Il n'était pas intéressant.* ». Ainsi, la difficulté se voit retournée sur son envers : face à la violence ressentie, le personnage procède à une transposition où il est libre de déployer son agressivité. Il donne corps et expression à cette même violence, sans en changer la nature : de battu, il devient batteur à son tour. Dès lors, la vie peut être méprisée (« *Je crache sur ma vie.* ») au profit d'une activité supérieure : le risque d'étouffement ou de morcellement est retourné en cette forme de sublimation pulsionnelle. Le choix de la transposition signifie le refus du passage à l'acte, à la faveur d'un exutoire dans l'écriture et dans l'imagination : « *La joie que j'aurais à les mettre à la porte en réalité est retenue au moment de l'action par les délices incomparablement plus grandes de les tenir prochainement dans le sac.* ».

Le prix à payer pour ces délices, c'est le détachement des situations quotidiennes, l'inaptitude du personnage à traiter les difficultés symboliquement, au moyen de l'articulation signifiante : « *Son inconvénient — car il y en a un — c'est que grâce à elle* [cette habitude], *je supporte trop facilement des gens impossibles.* » (II, 159). Cela nonobstant, grâce à cet exorcisme, la « pauvreté » de la vie se trouve compensée par une richesse qui prend une forme enivrante. Le personnage se protège de la fragmentation asséchante de la vie quotidienne au moyen de cette exaltation de l'unité et de l'accomplissement. Si la métaphore élue est celle du *sac*, c'est que ce dernier figure une réponse, de la part du narrateur, à l'enfermement qu'il subit dans les « *langes* » (*ÉE*, I, 780) ou dans son « *lit* » (II, 159). À la clôture délétère, le narrateur oppose la jouissance de ce dispositif qui contient la violence et l'empêche de détruire les autres : le sujet s'enveloppe lui-même dans un *sac* protecteur qui est matérialisé par la vignette écrite.

La pratique de l'exorcisme représente une réponse subjective distincte de l'action exercée sur les conditions de la vie en société. Celles-ci, nous l'avons vu, font peser une menace d'engloutissement émanant d'un Autre massif et oppresseur. Le recours à l'exorcisme s'illustre dans l'évocation que fait l'auteur de l'imminence de la guerre. L'état dans lequel se trouvait la société de l'époque (en 1938) faisait sentir l'absence de toute ouverture et la prédominance des sentiments de haine impossibles à supporter. Ainsi, l'auteur évoque : « *Le bas était prison d'acier où j'étais enfermé.* » (« Dragon », *Peintures* ; I, 713). Le physique et l'émotionnel se conjoignent à cette époque où « *l'Europe hésitait encore* », submergée par des « *paralysies sans nombre qui montaient des événements* » et où retentissait « *la voix de l'océan des médiocres, dont la gigantesque importance se démasquait soudain (à nouveau) vertigineusement* » (714). Il était donc d'une urgence vitale, pour Michaux, de s'extraire de ces influences néfastes.

Au lieu de succomber à ces forces mortifiantes, le narrateur entreprend d'expulser la violence sous la forme d'un « *dragon* » : « *Un dragon est sorti de moi. Cent queues de flammes et de nerfs il sortit. Quel effort je fis pour le contraindre à s'élever, le fouettant par-dessus moi !* » (I, 713). Cette action parvient effectivement à briser sa prison : « *[...] et les tôles de l'implacable geôle finirent par se disloquer petit à petit [...].* » (714). Certes, la situation réelle ne change pas, mais le narrateur parvient à transformer la souffrance et l'oppression en une manifestation splendide, à la hauteur même de la violence qui le menace. Notamment, ce dragon prend la forme d'une réalisation phallique, par l'exaltation qu'il procure, dans son mouvement d'élévation et sa brillance éblouissante. Il correspond très exactement à ce que l'auteur évoque dans sa Préface à *Épreuves, exorcismes* : *« Dans le lieu même de la souffrance et de l'idée fixe, on introduit une exaltation telle, une si magnifique violence, unies au martèlement des mots, que le mal progressivement dissous est remplacé par une boule aérienne et démoniaque — état merveilleux ! » (773). Le caractère massif des signifiants et des discours environnants — où la société revêt le masque de l'Autre sauvage du *pli* — se disloque ; le *pli* oppressant se renverse, prenant la forme d'un *dépli* aérien, insufflé par la violence même du *pli*. Dans cette transposition poétique, l'auteur passe du particulier et du réaliste à l'imaginaire, à l'atemporel, ainsi qu'il le fait dans les voyages imaginaires où, par exemple, le nom de Gilles de Rais remplace la mention de Hitler (*ÉE*, Notice, I, 1335). La mise en forme littéraire, conçue comme exorcisme, donne une forme plus précise à la jouissance, accusant sa portée subjective, au lieu de simplement l'évacuer. Aussi peut-on affirmer que la sublimation établit une suppléance de structure ternaire qui brise l'enfermement dans le battement binaire. Celui-ci persiste sur le plan de la fable, tandis que la construction poétique le transforme fondamentalement, le temps d'un poème. L'exorcisme littéraire ne s'entend pas seulement comme l'action entêtée des personnages et leurs efforts incessants pour se créer un espace habitable et humanisé ; au contraire, il définit la démarche créative de l'écrivain qui, prenant appui sur la Chose menaçante, fait métamorphoser celle-ci en un objet d'une beauté singulière.

LE TRAIT, LE RYTHME,
LA DANSE, LA MUSIQUE

1   le sujet fil-pli

L A démarche de l'exorcisme explore une forme d'impasse, où le personnage se trouve aux prises avec une force qu'il ne parvient pas à expulser et qui voue à l'échec ses efforts pour s'en libérer. Cependant, le choix consistant à se faire l'agent de l'*Autre féroce*[*] indique la possibilité, pour le sujet, de s'approprier les forces du *pli* et de les tourner à son profit. Ainsi, si l'Autre du *pli* contrarie toute velléité, de la part du personnage, de se doter d'une épaisseur corporelle et d'un aspect humanisé — des *propriétés* et des *compagnons* —, le poète peut prendre le même parti pour en faire la force de sa création.

Dans cette perspective, Michaux accorde une grande importance à l'abstraction, au geste, à la *vitesse*[**], à ce qui est dénué de forme et d'extension imaginaires. Les représentations ne s'étoffent pas de ces *déplis* qui transformeraient le sujet en une « personne », doté de son état civil, de son histoire, d'une série d'identifications, le situant parmi ses semblables. L'attirail de l'humain en reste au statut de *déplis*, impuissant à donner l'illusion d'une réalité partagée.

Cette abstraction trouve expression dans ce que Michaux appelle, à l'occasion, des *signes*[1]. Dans un texte, l'auteur note que ces *signes*, épurés de leur dimension figurative, représentaient sa visée mais que toutes ses réalisations paraissaient se situer en deçà de cette idéalité : « *C'étaient des gestes, les gestes intérieurs, ceux pour lesquels nous n'avons pas de membres mais des*

---

1. Voir aussi le texte intitulé « Signes » (*Textes épars 1951–1954* ; II, 429–31).

envies de membres, des tensions, des élans et tout cela en cordes vivantes, jamais épaisses, jamais grosses de chair ou fermées de peau.» (II, 431). Cette description fait écho à l'existence de A., enveloppé dans son repli, se trouvant comme le lieu de «*milliers de départs de muscules*» et de membres (PL, I, 613). Les *signes* — aboutis ou non — sont des inscriptions qui restent dépourvues de forme achevée, impuissantes à se doter d'une autonomie imaginaire. Or dans sa recherche, l'auteur aspire à dépasser la dimension du figuratif pour réaliser «*le signe "de situation"*» (II, 431), le signe qui incarnerait le sujet réduit à son expression la plus essentielle.

Dans cette optique, le sujet se réduit souvent à un fil, à un trait sans épaisseur et sans division : «*Au bout d'une longue maladie, au bout d'une profonde anémie, je rencontrai les hommes en fil* [...].» (*ÉE*, I, 784 ; dessin correspondant : *PD*, I, 936). Ces êtres étranges font leur apparition précisément au moment où le narrateur se trouve le plus à l'abandon, rivé à son lit, aux prises avec son destin charnel. Ils figurent ce qui commande alors à son sort, ce à quoi il ne peut échapper et qui réduit à néant toute aspiration à l'autonomie :

[...] et ils me traversèrent, car j'étais toujours de ma taille et eux fort petits, m'infligeant un malaise extrême. [...] ils devaient à nouveau me traverser bientôt, indifférents à la matière de mon corps, comme un banc de sardines franchit sans se presser les mers du Nord.   (I, 784)

La force considérable de ces hommes en fil provient du fait qu'ils restent adossés à l'instance impénétrable qui conditionne l'aliénation du personnage. Ces hommes sont multiples et anonymes, imperméables à la parole, insituables dans les coordonnées de la réalité.

Or au lieu de se concevoir comme la victime de ces êtres étranges — voyant son corps ouvert et sans défense face à leurs incursions —, le narrateur y découvre une part humaine qui reste indestructible. Aussi cherche-t-il, dans l'être-fil, une parcelle qui ne connaît pas la mort, qui reste inentamée par la perte. Se trouvant «*dans le froid des approches de la mort*» (I, 785), il regarde «*comme pour la dernière fois les êtres, profondément*» et il envisage un «*alphabet*» :

[...] Cependant je les fouaillais, voulant retenir d'eux quelque chose que même la Mort ne pût desserrer.
Ils s'amenuisèrent et se trouvèrent enfin réduits à une sorte d'alphabet,

mais à un alphabet qui eût pu servir dans l'autre monde, *dans n'importe quel monde.* (I, 785 ; dessin correspondant : *PD*, I, 930–3)

La proximité de la mort met le narrateur en contact avec cette dimension qui relève de son inscription première : ce face à quoi les apparences et les aléas de la vie quotidienne se dissolvent et dévoilent leur vanité. Ainsi, dans *Saisir*, Michaux explique comment son regard d'enfant traduisait sa profonde méfiance à l'égard des apparences et des semblants : « *Enfant, mon regard traversait les gens sans s'y arrêter / Rien ne me retenait* » (*S*, III, 948). En l'absence d'un écart fondateur, les semblants ne peuvent inscrire un arrêt : le sujet reste soudé au *pli* qui seul détermine sa vérité. Par la suite, quand le regard du peintre rencontre la forme extérieure qui habille l'objet, celle-ci paraît comme un obstacle gênant : « *Je bute contre le volume des corps, contre le "dehors" des vivants, cette enveloppe qui me les intercepte et intercepte leur intérieur qu'en vain j'essaie de me représenter.* » (956). Loin de s'imposer par leur air de similitude, les apparences faussent la perception, là où le peintre, à la recherche de ce qu'il appelle la « *ressemblance interne* » (958), ne trouve d'identification qu'avec le *pli*.

Le sujet michaldien fait l'expérience du regard scrutateur qui représente une force hostile à toute *distraction* et à tout habillage[*]. Ce regard devient celui-là même que l'auteur-peintre tourne sur ses créations, le trait au moyen duquel il les inscrit. Le sujet qui trouve expression dans les œuvres écrites et dans les créations plastiques de Michaux se conçoit comme ce fil-*pli* anonyme et indestructible.

Cependant, on peut adopter plusieurs positions par rapport à ce trait : il s'agit avant tout de choisir son point de départ pour réaliser un nouveau *dépli*. C'est dans cette optique que l'auteur évoque les lignes de Paul Klee (« Aventures de lignes » ; *P*, II, 360–3). Pour Michaux, les lignes dessinées par cet artiste sont à la fois *pli* et *dépli*, accomplissant de multiples « *trajets* » et « *parcours* » (361). Ces lignes ne restent pas irrémédiablement captives du trait tyrannique : les ruptures qu'elles inscrivent apparaissent comme autant de nouveaux départs.

Certes, ces lignes connaissent une dimension d'aliénation, allant jusqu'à chercher un « *centre* » qui soit « *le maître du mécanisme, l'enchanteur caché* » (*P*, II, 361) : celui-ci brise toutes les formes qui aspirent à affirmer leur singularité. Tandis que les

---

lignes de Klee expriment l'impossibilité de croire au *« trompe-l'œil »*[2] des formes et des contenus — *« au rebours des maniaques du contenant, vase, forme, mont modelé du corps, vêtements, peau des choses (lui déteste cela) »* —, on y discerne aussi la volonté d'élaborer un nouveau semblant.

Dès lors, les lignes sont assimilées à des personnages, engendrant un univers à nouveau humanisé : *« Une ligne rencontre une ligne. Une ligne évite une ligne. »* (II, 362) ; *« Une ligne pour le plaisir d'être ligne, d'aller, ligne. »* ; *« Une ligne attend. Une ligne espère. Une ligne repense un visage. »*[3]. Loin d'être l'expression de l'anonymat et d'une inhumanité minérale, ces lignes deviennent l'incarnation des désirs. Elles donnent expression à ce qui, de l'humain, s'affranchit et innove, jusque dans la répétition même : *« Les folles d'énumération, de juxtapositions à perte de vue, de répétition, de rimes, de la note indéfiniment reprise [...]. »* (II, 361). Ces lignes sont germination, épanouissement, puisant leur force dans le pli ; elles prennent appui sur cette inscription qui leur interdit tout développement en trompe-l'œil, où le moi et le monde se feraient mutuellement illusion, au mépris de la force vitale du sujet.

De cette fécondité découle la perception que la ligne est à la fois exposée, dénudée — pur procès, étant toujours rompue et reprise — et qu'elle peut aussi se transformer en quelque chose de reconnaissable, pendant un instant : *« Une ligne s'enferme. Méditation. »* (P, II, 362) ; *« Une ligne repose. Halte. Une halte à trois crampons : un habitat. »*.

Ces lignes sont toujours multiples et à chaque fois singulières. Leur nombre — qui ouvre une série illimitée — brise la massivité du *pli*-Un, tout en témoignant de sa force. À ce *pli* réel, les lignes donnent une forme grâce à laquelle leur répétition (P, II, 362) se fait légèreté et non martèlement. Dans leur démultiplication, les lignes conservent l'opacité du *pli*, auquel elles confèrent un éclat inédit. Par conséquent, le texte utilise l'article indéfini — UNE *ligne* — pour exprimer le caractère toujours singulier du tracé. Une ligne anonyme — n'ayant pas d'identité propre et inaliénable — conserve une part de singularité irréductible dans

---

2. Selon le mot de Nathalie Sarraute (Simone BEN MUSSA, *Entretiens avec Nathalie Sarraute* ([Tournai [Belgique], La Renaissance du livre, 1999], p. 120 et Nathalie SARRAUTE, *Œuvres complètes* [Paris, Gallimard, « Bibl. de la Pléiade », 1996], p. 1584).

3. Cf. l'eau qui *« se retient de couler »*, dans « Au pays de la magie » (A, II, 68)*.

                    * Voir *supra*, p. 130.

la mesure même où elle n'accède pas à une désignation universellement reconnue, à un état civil.

2   *l'écriture trace*

La réduction du sujet aux dimensions d'un fil nous conduit à la question du trait dans son rapport essentiel au *pli*. Si celui-ci inscrit la présence d'une force opaque et irrésistible, c'est qu'il témoigne du marquage du corps par le signifiant, d'un point qui reste inassimilable à la signification et aux représentations imaginaires. Dans « Tranches de savoir », Michaux note : « *Le mal trace, le bien inonde.* » (*FV*, II, 464). Ce *mal* se laisse assimiler à la souffrance corporelle mais aussi, à n'en point douter, à une détresse spirituelle. En effet, le mal ôte au sujet tout sentiment d'autonomie, l'astreignant à un régime où il ne commande plus, où il se trouve soumis à un bourreau qui jouit de son corps infiniment ouvert et sans défense.

Le *pli* prend la forme d'un tracé, ainsi que l'indique le premier vers de « *Repos dans le malheur* » : « *Le Malheur, mon grand laboureur* [...]. » (*PL*, I, 596). Ce labourage vient immanquablement infliger son ravage : « *Tu me trouves, tu m'éprouves, tu me le prouves. Je suis ta ruine.* ». Dans ce ravinement, s'inscrit la totalité de l'existence du sujet : « *Mon avenir, ma vraie mère, mon horizon.* ». Celui qui *« est né de trop de mères »* (662) ne trouve pas, en ces moments, d'autre habillage à son être que le supplice qu'on lui inflige. Supplice qui, pourtant, se renverse en explosion lumineuse, comme l'exprime le poème intitulé « *Mon sang* * » (*PL*, I, 596). Ce *pli* qui est écriture, inscription aliénante, marque la souffrance : « *Dans la toux, dans l'atroce, dans la transe* [...]. » ; et : « *Dans les toiles, dans des trames, dans des taches* [...]. ». La répétition ternaire des dentales sourdes dans ces deux vers fait résonner l'insistance du tourment, tandis que la syntaxe donne à lire son *dépli*. En contrepoint à ce couplet, viennent deux vers dont le signifié évoque une expansion au sein d'une forme syntaxique resserrée : « *Il construit mes châteaux* [...]. » ; « *Il les illumine.* ». Ainsi, une hallucination visuelle et lumineuse s'élève, de manière fulgurante, à partir d'une souffrance ancrée dans le corps.

Tandis que les signifiés, par leur caractère métonymique, permettent de déployer un monde sous la forme d'un tableau cohérent, le tracé de l'écriture dessine leur point d'achoppement :

* Voir *supra*, pp. 77-8.

l'endroit où le *dépli* échoue et atteint sa limite. Le *pli* relève, ainsi, de l'aliénation, que nous pouvons exprimer en termes lacaniens : *un signifiant représente un sujet*... mais ce, sans autre ouverture possible[4]. En revanche, le *dépli* signale l'effort pour s'élancer vers une séparation et une inscription dans les semblants : là où la première représentation est reprise et représentée, à son tour, *...pour un autre signifiant*. Déplier, c'est s'efforcer de conquérir une liberté, une extension, une consistance et une autonomie.

L'esthétique du pli oppose un échec aux aspirations du sujet michaldien : le narrateur de « J'ai tracé dans ma vie un grand canal » (*ÉE*, I, 812), par exemple, cherche désespérément à s'extraire du *pli* qui forme la base de son être. Il s'efforce de s'arracher du *pli* afin de vivre sa propre vie et s'intégrer à des apparences qui lui renverraient le reflet d'un moi autonome. Or il ne réussit à engager que des amorces d'actions qui restent privées de leur pleine extension : « *À force de peines, de vaines montées, à force d'être rejeté du dehors, des dehors que je m'étais promis d'atteindre, à force de débouler d'un peu partout, j'ai tracé dans ma vie un canal profond.* ». Ce *canal* — lieu de rechute dans un *pli* qui « *me rappelle* [...] *l'authentique limite qu'il ne m'est pas donné de franchir* » — manifeste l'impuissance du narrateur à intégrer le registre des semblants. Le *pli* du *canal* inscrit la marque d'une constante : « [...] *par son durable "je ne sais quoi", il me confirme dans une continuité que je n'eusse jamais espérée, que je suis seul à me connaître et que je n'apprécie point.* ». Certes, ce *pli* offre au personnage un point d'appui dont il éprouve, à d'autres moments, l'absence. Cependant, il refuse aussi tout affranchissement car, plus le personnage s'efforce de s'en extraire, plus le *canal* se creuse, consolidant son emprise. Le *pli* qui fait le fondement inexpugnable de sa vie est le lieu d'une solitude que le sujet est seul à connaître et qui lui interdit tout véritable lien avec d'autres.

3   ravinement de la signification

La dimension hautement matérielle de l'écriture de Michaux rend nécessaire une discrimination entre lecture et compréhension. La « compréhension » entre en jeu lorsqu'il existe une

---

4. « [...] *un signifiant, c'est ce qui représente le sujet pour un autre signifiant.* » (LACAN, *Écrits* [*op. cit.*], p. 819).

dialectique entre signifiant et signifié : tandis qu'on peut comprendre le signifié, sa logique peut se saisir seulement à l'aide du signifiant qui structure le langage. Cependant, un poème comme « *Quelque part, quelqu'un* » (*Textes épars 1936-1938* ; I, 550-5) résiste aux efforts pour le "comprendre" puisque sa mise en forme prévaut sur une signification traduisible à l'aide de termes synonymes. Tel est le cas, notamment, de la qualité musicale des sons dont Michaux souligne l'importance quand il évoque, dans une formulation paradoxale, une phrase « *sans les mots, sans les sons, sans le sens* » (*Connaissance par les gouffres* ; III, 37). La musicalité traduit cette élaboration qui s'offre à la lecture mais se refuse catégoriquement à la compréhension.

Cette distinction entre la lecture et la compréhension permet de saisir le passage qui se crée entre le graphique et le signifiant, dans l'œuvre de Michaux : rapport manifeste dans le partage de celle-ci entre production écrite et élaboration picturale. On sait que les lettres de l'alphabet, dans leur origine (on songe, par exemple, aux origines de l'alphabet hébraïque[5]), présentent une dimension mimétique, et que le corps dessiné peut faire alphabet[6]. Plus profondément, une suite de lettres réputées "illisibles" ne cesse d'être une écriture, dans la mesure où elle représente une inscription signifiante. Cependant, dans sa dimension de geste, le trait se trouve en lien avec l'accent donné par Michaux aux processus, aux mouvements, aux trajets, de préférence aux significations et à la construction d'un « monde ». Tandis que les traits traduisent la radicale opacité du *pli*, leur logique graphique les présente comme autant de « signes » qui nous invitent à leur lecture : des formes graphiques sans mots, sans lettres répertoriées dans les alphabets, montrant la lettre comme un rebut du signifiant.

Le trait dessiné est à mettre au compte de l'action du *pli*, ainsi que l'indique un texte dans « Les Ravagés » (*CCT*). En effet, c'est ce *ravage* qui réalise la continuité entre écriture et dessin (*CCT*, III, 1169-70), les situant dans leur commune dimension d'inscription. Le personnage évoqué par ce texte se trouve dénué d'armes signi-

5. Frank LALOU, *Les Lettres hébraïques : Entre science et kabbale* (Paris, Éditions alternatives, 2005), *passim*.
6. On pense au *Champfleury*, de Geoffroy Tory, paru en 1529, œuvre dans laquelle les lettres sont « *proportionnées selon le corps et le visage humain* ». Voir aussi Roland BARTHES, « Erté ou À la lettre », pp. 99–121 in *L'Obvie et l'obtus : Essais critiques III* (Paris, Seuil, « Points essais 239 », 1992).

fiantes — étant « *sans pouvoir sur le dehors* » — aptes à composer des représentations et établir un lien avec le monde. Aussi se révèle-t-il impuissant à réaliser un dessin achevé :

> Le dessin qu'il fait, qu'il va faire, n'importe par où il le commence et par où il le reprend, s'achève dans l'inextricable. Si considérables en effet que soient les formes animales ou humaines représentées au début, elles partent en fragments, qui à leur tour [...] se prolongent et s'achèvent en rameaux, et ces rameaux en fibres ou fils.
>
> Prises et ficelées par les lassos de lignes sans fin, les représentations premières ont disparu totalement. (*CCT*, III, 1169)

La première partie du texte établit un double mouvement : d'abord le personnage manifeste la volonté de se donner des « *armes* », de se faire des représentations (*déplis*), même si « *la partie* » est perdue d'avance. Puis, son travail avance vers la destruction de ces formes dans le but de les mettre à l'abri (action du *pli*). Ce mouvement s'accomplit, manifestement, sous le regard d'un Autre (du *pli*) qui inspire une indicible « *méfiance* » chez le personnage. L'élaboration du dessin vise ainsi à extraire celui-ci de l'emprise de l'instance malveillante. Cependant, le *pli* ne cesse d'exercer sa domination au sein des représentations connues, suscitant la peur de se laisser happer par l'*Autre féroce*. Cette crainte inspire le mouvement inverse : le retour dans le repli pour s'affirmer comme exception, n'étant ni engouffré par le *pli*, ni saisissable dans les formes : « *Ainsi l'intransmissible ne sera pas trahi.* » (III, 1169).

Dans ce texte, le *dépli* se construit sur deux plans : celui du dessin puis celui de l'écriture. En effet, l'écriture subit le même processus de destruction : « *Fils et fibres à présent se continuent en écriture, sur laquelle il revient, la faisant plus fine, toujours plus fine, la recouvrant, la traversant de manière qu'elle puisse vraiment échapper à tout déchiffrement.* » (*CCT*, III, 1170). Au moyen de cette destruction, le personnage se trouve « *à l'abri* » : « *Une indéchiffrable seconde a été ainsi réalisée qui ne manquera pas de lasser la patience des espions qui voudraient le saisir, le "retenir".* ».

Ce double mouvement — *dépli* (formes, écriture) et *repli* (destruction, illisibilité) — situe la place du sujet au lieu de leur croisement. Il permet au personnage de créer un trou dans son Autre massif, de s'affirmer comme détenteur de ce que celui-ci ne peut connaître, de ce qui lui échappera à la fin de cette opération.

172

L'action même du *pli* tyrannique se matérialise dans le dessin d'une ligne pointillée. Contrairement à la première rupture des paragraphes (*CCT*, III, 1169), où le sujet poursuivait sa démarche et où sa place était conservée, la série de points survient au moment où sont évoqués les « *espions* » (1170). En réaction à cette intrusion de l'Autre du *pli*[7], le narrateur reprend la parole, formulant le constat : « *Plus tard le dessin déjà défiguré multiplement sera déchiré en infinis fragments, ensuite dispersés en des lieux éloignés. C'est plus sûr.* ». La nécessité d'une démarche plus radicale, entraînant la destruction totale de ses créations, s'entend comme l'annulation des deux précédents *déplis*.

La mise en forme de ce texte est d'une importance capitale. L'écriture du récit, la description des démarches du personnage, constituent des mouvements de *dépli* par lesquels celui-ci démontre son ingéniosité à expulser son *Autre féroce*, tout en décrivant ce qui semble être le triomphe de celui-ci. De ce caractère binaire découle le paradoxe selon lequel le personnage simultanément détruit son œuvre (agissant sous l'impulsion du *pli*) et déclare avoir trouvé la solution (*C'est plus sûr.*). En dernière analyse, la seule solution véritable réside dans la réalisation écrite — et parfaitement lisible — qui l'emporte sur la menace représentée sous forme des *espions*.

4 le trait de la peinture

Dans ses textes sur la peinture, Michaux souligne les vertus du travail plastique, par contraste avec l'élaboration langagière. Le signifiant semble imposer une force contraignante face à laquelle il faut inventer des stratégies de libération. Le recours à l'image peinte représente l'une de ces stratégies et c'est dans cet esprit que Michaux aborde les lithographies de Zao Wou-Ki. La préface qu'il écrit à un choix d'images par l'artiste chinois ouvre sur une *arête signifiante*, en forme d'axiome : « *Les livres sont ennuyeux à lire. Pas de libre circulation. On est invité à suivre. Le chemin est tracé, unique.* » (*Lecture de huit lithographies de Zou Wou-Ki* ; II, 263). De cette tyrannie exercée par le discours, il est possible de s'affranchir grâce au *dépli* offert par la peinture.

En effet, dans le tableau, c'est l'ouverture qui domine : « *Immé-*

---

7. Le même signe graphique est utilisé dans le texte « Dans les appartements de la reine » (I, 626–8)*.

diat, total. À gauche, aussi, à droite, en profondeur, à volonté. »
(II, 263). Cette forme de *dépli* total apparaît comme l'envers de
l'opacité des discours étouffants puisque, loin d'être un lieu de
perdition, elle autorise tous les itinéraires : « *Pas de trajet, mille
trajets, et les pauses ne sont pas indiquées. Dès qu'on le désire,
le tableau à nouveau, entier. Dans un instant, tout est là.* ». Ces
chemins représentent autant de *déplis* : « *Tout, mais rien n'est
connu encore. C'est ici qu'il faut vraiment commencer à lire.* ».
Par son emploi du verbe *lire*, Michaux désigne explicitement la
peinture comme une nouvelle forme d'écriture qui comprend en
elle la dialectique du *pli* (marquage du signifiant, le tracé d'une
voie) et du *dépli* (la diversité des formes adoptées, la réception
par de nombreux lecteurs). Le *dépli* amorce l'épanouissement
d'une forme, une métaphorisation, fût-elle éphémère.

Ce mouvement du *dépli* ouvre l'accès à un *pli* d'une autre
nature : l'auteur évoque un *pli* subjectif où il fait appel à de
nouveaux lecteurs qui pourront relancer le mouvement des
plis / déplis : « *Puissé-je pousser quelques lecteurs qui s'ignorent,
à lire à leur tour.* » (II, 263). Cette conclusion du texte inscrit une
nouvelle *arête signifiante* — structurée par l'énonciation — qui
marque un affranchissement du face-à-face avec le chemin *tracé,
unique*. Le nouveau chemin n'a pas encore pris forme, et demeure
à la fois virtuel et multiple. Cependant, cette voie ne se veut pas
limitée à l'imaginaire, puisqu'au lieu de peupler le monde du
narrateur comme autant de *compagnons*, ces lecteurs réels s'ins-
criront dans une transmission symbolique.

Pour saisir l'enjeu de cette conception de la peinture, il nous
faut voir en quoi la pratique des traits — qui représente une partie
non négligeable de la production de Michaux — se rapporte à,
et se différencie de celle du tableau, dans ses prolongements pers-
pectivistes. Depuis Alberti, la conception moderne de la peinture
s'ancre dans l'inscription d'un cadre qui, alors, fait *fenêtre* sur le
monde[8]. En plus de cette articulation fondatrice, l'approche
réaliste ou mimétique charge le cadre de *contenir* le monde qui
s'y trouve représenté. Dans la simplicité apparente de ces notions,
on retrouve la structuration ternaire propre au langage, ainsi que
le souligne Gérard Wajcman : « *Or il n'existe qu'un seul appareil à séparer : le langage. De sorte que parler de l'homme et*

8. Voir le développement magistral que fait Gérard Wajcman autour de la
théorie déployée par Alberti dans son traité *De pictura* (1435) (WAJCMAN, *Fenêtre*
[*op. cit.*], *passim*).

du monde c'est déjà compter trois, c'est impliquer ce troisième terme qui les sépare et les relie dans leur séparation. » (p. 20-1[8]). Or le troisième temps, qui fait accéder aux semblants, ne se produit pas d'emblée, chez Michaux : ce qui est représenté est plus généralement d'ordre binaire (*pli / dépli*) ; le troisième temps, pour sa part, advient et prend corps dans la réalisation poétique, dans l'acte même d'écrire. On note, de surcroît, que les fenêtres posent de sérieux problèmes, non seulement pour certains personnages de Michaux (A, II, 19) mais pour le narrateur lui-même, qui n'y trouve pas sa représentation (*Eucador* ; I, 189). Ce constat ne devrait pas nous étonner dans la mesure où l'une des caractéristiques de l'esthétique du *pli* consiste précisément à effacer le cadre du tableau-fenêtre[9].

Cette distinction cruciale nous incite à interroger de plus près la conception du contenant (le cadre) et du contenu (la scène représentée). Gérard Wajcman remarque que, depuis Alberti, le geste inaugural du peintre consiste à dessiner le cadre qui produit une ouverture : « [...] *tracer un cadre sur une surface, c'est ouvrir une fenêtre.* » (p. 84[8]). À ce moment-là, le tracé du cadre est vide, sans contenu ; il n'enserre pas encore un monde : « *La fenêtre comme scène primitive de la peinture* [...] *un lever de rideau sur une scène vide, instant suspendu, quand l'histoire n'est pas encore commencée.* » (p. 87[8]). Le trait inaugural prélève et inscrit un vide, au sein de la surface virtuellement illimitée. Or ce geste simple se révèle déjà être double, ce que chacun peut constater s'il réduit progressivement l'ampleur du tracé encadrant jusqu'à ce qu'il ne forme plus qu'un point sur le fond blanc : le cadre n'entoure plus rien mais ne cesse de marquer un point incontournable sur cette surface. Le point ou le trait abstrait se retourne et s'impose comme l'élément encadrant d'une surface qui a cessé d'être vierge et illimitée : « *Le carré du tableau cadre la surface du tableau, mais il encadre aussi tout le reste du mur ; il y a un plan logiquement illimité qui encadre le tableau qui, lui, du coup, le cadre.* » (p. 102[8]). Dans les mots de Slavoj Žižek : « [...] le cadre [*est*] toujours encadré par une partie de son contenu [...] » ; il ajoute que « *l'horizon de la signification* est toujours lié, comme

---

9. Deleuze, *Le Pli* (*op. cit.*), p. 38. Dans un autre passage, Deleuze cite Wölfflin : « [...] *le Baroque souligne la matière : ou bien le cadre disparaît totalement, ou bien il demeure, mais, malgré un dessin rude, n'est pas suffisant pour contenir la masse qui déborde et passe par-dessus.* » (p. 166).

par une sorte de cordon ombilical, à un point *à l'intérieur* du champ qu'il dévoile. »[10].

5 *le trait binaire : affirmation de la subjectivité*

En se montrant dans sa qualité unitaire et indivise, le point ou le trait ne témoigne pas moins d'une logique binaire dans le refoulement qu'il opère sur l'espace illimité du mur vide. En se faisant porteur de cette logique, le trait s'affirme au détriment du *contour*, dans la mesure où celui-ci entraîne le déploiement métonymique des apparences et des ressemblances. Dans cet esprit, nous pouvons distinguer le trait de la figure élémentaire de la croix. Un trait isolé est, certes, susceptible de marquer un point singulier au sein d'une surface illimitée, mais il est très difficile d'établir ce qui rend ce point différent de tout autre : si un second trait venait s'inscrire ailleurs sur la surface, on ne pourrait savoir ce qui les distingue ou même s'il ne s'agit d'une nouvelle occurrence de la même inscription. Le trait ouvre ainsi une série potentiellement infinie : les traits peuvent essaimer, faire une foule innombrable, sans que l'on puisse discerner la singularité de chacun, et les rapports qui lient celui-ci aux autres[11]. Le trait relève ainsi de l'esthétique du pli et de la logique du ruban de Möbius *homogène*[*].

En revanche, le dessin d'une croix — signe classique d'adhésion pratiqué par ceux qui ne disposent pas de la transcription de la parole — représente l'aboutissement de trois mouvements consécutifs : l'inscription d'un premier trait isolé est redoublée par un second trait. Au lieu que ces deux marques restent à distance, en parallèle ou en écho, il se produit un moment de recoupement. Ce troisième temps réalise la *coupure* du premier trait, son refoulement[12].

Ainsi se produit, sur la surface illimitée, un point singulier que l'on ne saurait confondre avec aucun autre. Dans cette opération, la répétition du trait intervient à partir d'un autre angle, comme

---

10. [Trad. de] « Why does a Letter always arrive at its Destination ? » (*loc. cit.*), p. 16. Voir LACAN, *Le Séminaire, Livre XI* (*op. cit.*), p. 71.

11. On peut remarquer, dans la série des « lacérations » de Lucio Fontana, comment le trait fait nombre plutôt que composition. Voir le catalogue *Lucio Fontana*, Enrico CRISPOLTI, Rosella SILIGATO *eds* (Milano, Electa, 1998).

12. Dans un dessin, le segment qui passe en dessous accuserait cet effacement par un blanc, visible de part et d'autre du trait qui le traverse.

* Voir *supra*, pp. 41–3.

pour le menteur dont les propos se recoupent[13] : la contradiction ainsi réalisée met au grand jour la forfanterie, sans nécessairement lui substituer une vérité nommée. À partir du point localisé par une croix — fondateur des coordonnées x et y —, s'inscrit une *troisième dimension* : celle où le premier trait est rejeté en dessous du second[14]. Ce dessin d'une croix inaugure le quadrillage qui ordonne toute représentation perspectiviste, la réalisation d'un espace qui arrache le *dépli* à sa dépendance du *pli*.

Nous pouvons interroger les dessins de Michaux à la lumière de la logique binaire propre au trait. Dans son livre *Par des traits*, Michaux démontre que le trait est simultanément affirmation et négation, puisque exprimer une négation, prononcer l'effacement, c'est accomplir ces deux mouvements simultanément, dans un même geste. Ce principe se confirme dans la phrase suivante, où la reformulation par trois fois donne corps à la négation au lieu de signer son dépassement : « *Négation, soustraction, RETRAIT PAR LES TRAITS* [...]. » (*PDT*, III, 1252). Le caractère binaire du trait est souligné par l'insistance sur les deux prépositions contradictoires *pour* et *contre* dans les vers suivants : « *Contre les barbelés d'aujourd'hui / contre l'écartelé de demain,* [...] / *Pour le dépouillement / pour les retournements / pour démanteler / pour déréaliser* [...]. » (1250, 1251).

La pratique du trait montre ainsi sa parenté avec les œuvres d'exorcisme, où le personnage assène des coups contre ce qui l'envahit. Comme dans l'exorcisme, ces réalisations expriment l'insistance de la Chose que l'on lit dans l'opacité du trait, dans une inscription qui n'ouvre pas sur un objet identifiable sur le plan de la représentation. Dans *Saisir*, Michaux note : « *J'avais toujours eu des ennuis avec les formes / J'étais tout antipathie pour les formes* [...] » (*S*, III, 948). L'absence de transmission symbolique (« *En effet, on le détestait, on disait qu'il ne serait jamais homme.* » «Portrait de A.» ; *PL*, I, 608) se traduit par le refus

---

13. Voir dans : Brown, *Figures du mensonge littéraire* (*op. cit.*), pp. 284-5, le chapitre sur Duras et l'importance du « *recoupement ferroviaire* » dans *L'Amante anglaise*. Richard Abibon note : « **|Pour qu'une courbe découpe un morceau de surface, il faut qu'elle se recoupe, c'est-à-dire qu'elle passe deux fois au même endroit, écrivant un dessus-dessous.|* » (Abibon, « Neuvième démonstration des trois torsions de la bande de Mœbius » [*loc. cit.*]).

14. Thème développé par Richard Abibon, « Neuvième démonstration des trois torsions de la bande de Mœbius » (*loc. cit.*). Le point d'intersection n'est donc pas un point de saturation puisqu'il ouvre à la troisième dimension.

de l'enfant d'accueillir ce qu'on pouvait lui offrir : « [...] *je ne tenais pas à recevoir / je résistais à recevoir* [...] » (*S*, III, 948) ; refus que l'auteur associe avec le rejet des formes achevées. Cet effort incommensurable de résistance exprime une crainte de l'assimilation par l'Autre, puisque assimiler suppose la possibilité d'« être assimilé », par renversement du *pli*. En effet, quand il s'agit de « *Percer* / [...] / *cherchant toujours* **LA SORTIE DU TERRIER* » (1250) ou de briser les obstacles — « *Pour dégager / Pour desserrer* » —, les dimensions d'ouverture et de fermeture ne cessent de coexister. Ainsi, le premier acte de sujet consiste à dire *non*, ce qui implique une terrible attirance vers l'aliénation, tout autant que le violent rejet de celle-ci : « [...] *je revenais au double acte primordial du "oui" et du "non", de l'acceptation et de l'horreur de l'acceptation. Je me livrais tantôt à l'un, tantôt à l'autre* [...]. » (938). Le geste d'inscrire le trait (*pli*) trouve son point d'articulation dans cette simultanéité du *oui* et du *non*, là où s'affirme l'existence réelle du sujet hors ressemblance. Ou simultanément ressemblante et hors toute ressemblance : « *Images à la fois montrées, niées et raturées.* » (939).

Associé à la qualité dénudée du trait et se tenant dans le creux du *pli*, l'écrivain se trouve au plus près du basculement entre sujet et objet, ainsi qu'il le formule dans *Saisir* : « [...] *saisir / voulant saisir, saisir m'accapara // je n'étais plus que ça, je l'étais trop / l'esprit saisi, l'être saisi* [...]. » (*S*, III, 951). Si la « forme » et le « fond » se trouvent à ce point solidaires, c'est que l'*arête signifiante* (le mot *saisir*) signe le lieu du *pli* agissant, l'action de l'objet : «[...] *saisir et que ce soit saisissant / avec le style même du "saisir"* [...]. ». Ce sujet qui se trouve aux prises avec la chose se retrouve dans le poème « *Pensées* » (*PL*, I, 598) où nous lisons : « *Penser, vivre, mer peu distincte ; / Moi — ça — tremble, / Infini incessamment qui tressaille.* ». On entend ici, en écho, ces phrases de « La Ralentie » : « *...Ne résiste plus. Les poutres tremblent et c'est vous. Le ciel est noir et c'est vous. Le verre casse et c'est vous.* » (574). Dans ces passages, l'objet signifiant, l'objet du monde, est le signe d'une chose innommable qui saisit le sujet, soit sur le mode du *pli* pâtissant, soit dans la vision indéterminée de la rêverie où *moi* et *ça* entrent dans une relation spéculaire. Dans ce texte, la menace du *pli* se manifeste sous une forme voilée (sa forme de *dépli*) : les pensées paraissent « *étrangères en nos maisons* » et elles sont « *loin de nous éclairer* » puisque, manifestant l'action du *pli*, elles ravinent les formes visibles. Loin

d'être saisissable, le *pli*-pensée apparaît comme «*poussière[s]*
pour nous distraire et nous éparpiller la vie», dissipant les
formes sans mettre à nu la chair souffrante du sujet. En effet, ce
pli est enveloppé par les *déplis*, fait que l'on observe dans
l'absence de martèlement : «*Ombres* [...] / *ombres d'ombres,* /
cendres [...].». Les répétitions engendrées par le *pli* sont empor-
tées par des syntagmes plus longs qui confortent leur reprise au
sein des *déplis* chatoyants.

Cependant, dès lors qu'il est privé de ce voile du *dépli*, le trait
s'impose comme tracé premier, inscrivant un cadre sans autre,
«*désireux de rentrer en lui-même*» (*ÉR*, III, 545). Il s'agit alors
d'une ligne toute seule, sans direction, sans volonté, sans préférences :

> Ligne qui n'a pas encore fait son choix, pas prête pour une mise au point.
> Sans préférence, sans accentuation, sans céder entièrement aux attirances.
> ...Qui veille, qui erre. Ligne célibataire, qui tient à le rester, à garder ses
> distances, qui ne se soumet pas, aveugle à ce qui est matériel. Ni dominante,
> ni accompagnatrice, surtout pas subordonnée. (*ÉR*, III, 546)

Le trait apparaît ainsi comme subjectivité pure, comme une existence singulière que l'artiste cherche à faire advenir et à conserver. À cet égard, on pourrait établir une comparaison avec les
sculptures d'Alberto Giacometti : comme celles-ci, les traits se
situent hors perspective, hors toute proportion relative, apparaissant comme ce qui fonde la perspective[15]. En effet, dans la peinture perspectiviste, le trait-*pli* a un statut résiduel, pouvant
marquer le point de fuite, à l'infini. Or à défaut d'inscrire la
coupure de la séparation, le trait noir, chez Michaux, occupe le
devant de la scène, compromettant toute représentation qui
s'efforcerait de se déployer comme semblant. Le trait s'impose
dans son épaisseur, se révélant comme creuset rempli de jouissance[16]. L'absence de rupture qui caractérise le trait-*pli* traduit sa
qualité matricielle, en vertu de laquelle même le dehors est plié
dedans, où l'absolument étranger s'affirme comme le cœur même

---

15. Ces sculptures donnent ainsi un relief singulier à «*l'érotique de
l'espace*» : «*L'érotique de l'espace déjoue la métrique spatiale, elle perturbe
les relations de distance. Ainsi, l'objet proche, l'objet métriquement proche, à
distance d'un mètre, deux mètres, trois mètres, devient, par exemple, le plus
éloigné, devient l'objet inaccessible.*» (Jacques-Alain MILLER, « Introduction à
l'érotique du temps », *La Cause freudienne*, n° 56, mars 2004, pp. 63–85 [p. 63]).
16. Lacan évoque l'écriture comme un «*godet prêt à toujours faire accueil à
la jouissance, ou tout au moins à l'invoquer de son artifice*» (LACAN, « Lituraterre » [*loc. cit.*], p. 13).

du sujet. Dans la tâche que leur assigne Michaux, traits et picto-grammes donnent expression à une langue « *intime* » (III, 1284), face à la langue anonyme et collective du *dépli*, restée sous l'emprise des « *ancêtres* » (PL, I, 662[17]), et qui impose son « *encom-brement* » (PDT, III, 1283).

À cet endroit, il convient de situer la richesse et la puissance des traits de Michaux. Dans leur qualité de *pli*, en tant qu'expression de celui qui ne cesse d'être *contre*, les traits servent à barrer et à réduire à néant les discours communs, ainsi que Michaux l'exprime dans *Par des traits* : « *Retour au pur, au sobre, au stoïque / d'un trait biffer tout* [...]. » (III, 1253). Dans cette force de négation, on lit l'affirmation d'une subjectivité absolue, capable de tout effacer ; tout en paraissant, face au carac-tère massif de la collectivité, infime et sans extension (comme un *fil*) : « [...] *traits, la durée d'un instant / mettant fin à tout / à jamais* [...]. » De cette manière, le pouvoir structurellement subversif du sujet — le fait que les discours reposent nécessaire-ment sur celui-ci, tout en se laissant trahir par lui — se voit porté à la hauteur de la force nue du désir : le *pli* subjectif comme capacité de surpasser, de s'affranchir de toute aliénation aux discours et aux signifiants institués[18].

Ainsi, le trait représente l'irréductible inscription du sujet. À cet égard, la peinture ne diffère que formellement des traits, dans la mesure où la visée de ces deux pratiques est souvent la même. Dans *Émergences-résurgences*, Michaux note que la pein-ture permet une mise à *zéro* (III, 600), un détachement des *ancêtres* qui exercent leur influence à travers les signifiants codés. Il s'agit d'« *insignifier par des traits* » (PDT, III, 1250), d'inscrire des « *signes* » qui donnent corps à sa vérité subjective :

Signes des dix mille façons d'être en équilibre dans ce monde mouvant qui
    se rit de l'adaptation
Signes surtout pour retirer son être de la langue des autres
faite pour gagner contre vous, comme une roulette bien réglée [...]
Signes, non pour être complet, non pour conjuguer
mais pour être fidèle à son « transitoire »   (FV, II, 441)

---

17. D'où sa prédilection pour la peinture : « *La peinture est une base où on peut commencer à zéro. Support qui doit moins aux ancêtres.* » (ÉR, III, 600).

18. On pourrait rapprocher cette affirmation de celle que Lacan discerne dans *Antigone* : « [...] *pur et simple rapport de l'être humain avec ce dont il se trouve être miraculeusement porteur, à savoir la coupure signifiante, qui lui confère le pouvoir infranchissable d'être, envers et contre tout, ce qu'il est.* » (LACAN, *Le Séminaire, Livre VII* [*op. cit.*], p. 328).

Les *signes* de Michaux n'ont manifestement rien à voir avec le concept linguistique et son analyse des mécanismes dépliants de la signification. Ces traits marquent, non un état soutenu par une image constituée, mais un processus, une action, un dynamisme fondé sur l'irréductible désir du sujet.

6 le trait, la musique, la danse

Ce caractère des traits se voit renforcé par l'importance que Michaux accorde au rythme et à la musique, dans leur lien avec l'écriture. L'analyse de certaines formes de versification nous a déjà permis de mettre en lumière l'effet de martèlement, où le rythme affirme sa force sauvage, comme émanation du *pli*, par contraste avec le *dépli* réalisé dans les récits en prose*. Dans la série de poèmes intitulée « Jours de silence » (*CCT*, 1204-26), le rythme apparaît clairement comme le marquage du *pli* qui traverse toutes les apparences, comme un « *battement* » que rien n'arrête, prenant la forme du minimum pulsionnel, la base même de la vie :

Frères de commencements obscurs
rythmes
rythmes, pendant qu'on lit,
qu'on repose, qu'on croit réfléchir [...]
Fondements
Fondement qui parle en battements
tel un oiseau avec deux notes
deux pour toute une vie
avec deux notes seulement se rapatriant   (III, 1204)

Bien que le battement semble signer l'échec de la structuration ternaire des semblants, ce rythme offre à l'existence sa base, son socle inébranlable. Quel que soit le *dépli* que l'oiseau entreprend, le rythme binaire — qui se traduit par les *deux notes* — lui permet de retrouver sa patrie, son ancrage originel ; ces deux notes lui suffisent *pour toute une vie*, circonscrivant l'aire de son existence.

Le retour du *pli* est marqué par l'enchaînement des synonymes pour qualifier le rythme : *frères, rythmes, cœurs propagateurs, fondements*. Cette insistance nominale confère une consistance au martèlement dans la représentation imaginaire. Ce mouvement de *dépli* se construit également grâce à la reprise nominale suivie d'une relative : « *rythmes / rythmes* » ; « *Propagateurs de riens /*

---

* Voir *supra*, pp. 53–9.

de riens qui [...] » ; « *Fondements / fondement qui* [...]. » (III, 1204).
Dans ces vers, un premier nom fixe une trace possible, se répétant ensuite pour y attacher le rebond du *dépli*. Ainsi, la pureté
du rythme — celui-ci ne bénéficie d'aucune identification
plus précise que celle offerte par ces synonymes ou ces prête-
noms — prend existence au moyen de son *dépli* versifié.

Cette composition offre un arrimage grâce auquel le narrateur
s'identifie aux rythmes comme à des *frères* ou des *compagnons*
(III, 1205). Il voit en eux des homologues qui lui éloignent l'horreur du silence absolu. Le rythme est un silence qui parle enfin,
qui inscrit l'existence et lui permet de prendre son départ. L'identification en jeu ne porte pas sur une figure idéale mais sur
quelque chose qui se tient en deçà de la vie formée : « *Propagateurs de riens / de riens qui veulent être quelque chose* » (III,
1204). Comme le *pli* dont il est une expression, le rythme est une
forme vide qui traduit la volonté d'accéder à la vie formée et
autonome. Anonyme et sans visage, le battement est animé d'une
volonté indéchiffrable, sauf à l'inscrire dans le *dépli* que compose
le poème. Celui-ci donne une forme matérielle à cette existence
— minimale mais irréductible — tout en la *dépliant* sur le plan
des signifiés. Ce *dépli* donne aux rythmes un visage humain : il
en fait des *frères* et leur attribue des actions.

Le motif du rythme permet de situer le nœud qui réunit la
musique, le trait et la danse. Le rythme est cette part de la
musique qui, comme battement pulsionnel, imprègne le corps,
restant en prise avec le fond de l'être. À la lumière de cette
dimension vitale, l'écriture-peinture est destinée à restituer le
« continuum » (*ÉR*, III, 546), le « *phrasé même de la vie* ». Il s'agit,
ajoute Michaux, de donner existence à « *ce que j'ai de plus
précieux* [...], *de plus replié* » (549). Le rythme de la vie, son flux,
sa danse, trouvent expression dans le dessin des traits, où il s'agit
de percer l'enveloppe des apparences et des discours : « *Retrouver la danse originelle des êtres au-delà de la forme et de tout
le tissu conjonctif dont elle est bourrée* [...]. » (*S*, III, 959). La *danse*
incarne l'existence en deçà de son entrée dans les semblants, en
dehors des rets de la réalité partagée. Elle est cette part de l'être
qui ne se lit qu'en trace, étant refoulée afin qu'adviennent des
rapports apaisés entre individus. La danse témoigne de l'inscription première du sujet, marquant celui-ci dans sa réponse à un
réel innommable. En cet endroit, il ne s'agit pas de discerner un
simple effet d'aliénation à l'*Autre féroce* ou le lassant retour du

même. En effet, comme le précise Daniel Sibony, la danse dépasse l'inconscient et le refoulé pour engager le sujet dans son désir : « *Il y a deux sortes d'événements. L'un est le retour du refoulé, le rappel. L'autre est l'émergence d'une origine, un noyau "premier" articulé à rien.* [...] *Les deux sont liés à la mémoire, qui est double : celle du rappel, celle de l'appel.* »[19]. Le trait, la danse, au-delà des significations, touchent *« le corps d'avant la loi » (p. 94[19]), ils mobilisent ce point de rebroussement où le sujet rencontre ce qui le nie, produisant « *l'instant de retournement du corps pour qu'à partir de l'Autre, enfin touché, le sujet puisse naître au monde* » (p. 80[19]). Michaux souligne la prise de corps par laquelle le dessin du trait rejoint la danse sur le mode du combat vital : « *Qu'est-ce qu'une ressemblance sans dissemblance ? / Un dessin sans combat ennuie.* » (*S*, III, 958). Là où la ressemblance implique les rapports de similitude dans le déploiement des signifiés, la primauté accordée au *combat* nous reporte directement au rythme qui y est en jeu et qui rejette les repères du vraisemblable : l'artiste-écrivain cherche à rendre la « *ressemblance interne* » (958), celle qui se prête aux développements discursifs.

Comme les traits, la musique est de l'ordre de ce qui *se lit* mais qui n'accède pas au *dépli* du langage signifiant. Chez Michaux, il n'est pas question de partitions musicales mais de l'intérêt que porte l'auteur au phénomène musical et à la manière dont la lecture rejoint sa pratique des traits. Michaux précise cette dimension de lecture en rapport avec la qualité matérielle de la musique : « *La musique, dans notre espèce humaine, propose un modèle de construction, et en construction, net, mais invisible. Un montage en l'air. Ce montage n'est pas à voir, ni même à concevoir ou à imaginer.* Il est à parcourir. » (« Un Certain phénomène qu'on appelle musique » ; *P*, II, 369). De même que le dessin des traits révèle le *pli* qui résiste au langage discursif, la musique se manifeste comme une *voix* qui se tient en deçà du langage articulé. Cette voix ne relève pas de la modulation vocale mais s'entend comme un excédent par rapport à la coupure de la signification. Dans les mots de Slavoj Žižek : « *La voix est ce qui reste après que nous*

---

19. Daniel Sɪʙᴏɴʏ, *Le Corps et sa danse* (Paris, Seuil, « La Couleur des idées », 1995), p. 62. Citons aussi deux autres passages : « *Entre la cause et sa visée, le corps explore le lieu où se donner lieu, où "arriver" comme événement* [...]. » (p. 65). « *Au bord de tout nom il y a l'innommable ; et le corps dansant est le messager de l'un à l'autre, il assure l'entre-deux.* » (p. 76).

avons soustrait au signifiant l'opération rétroactive de capiton-nage qui produit la signification. »[20]. Le langage articulé se fonde grâce à l'extraction de cet objet qui se fait entendre dans la voix hypnotique, où se détruit la signification ; la voix est autant voci-fération qu'innommable silence, se situant au lieu de leur jonc-tion. Michaux donne un écho à cette conception de la voix et son rapport à la musique, dans « La Mescaline et la musique » : « *La musique* [...] *est une opération pour se soustraire aux lois de ce monde, à ses duretés, à son inflexibilité, à ses aspérités, à sa solide inhumaine matérialité.* » (*Connaissance par les gouffres* ; III, 41). Ce que Michaux qualifie comme *matérialité* évoque l'intransigeance et la dureté des signifiants. Dans une définition extrêmement précise, il évoque cette musique : « *Phrases sans les mots, sans les sons, sans le sens* [...]. » (III, 37). Et il ajoute en note : « *Qu'est-ce qui resterait alors ? Les montées et les descentes de la voix (sans voix) ou de l'expression (mais sans expression) comme quand on passe de l'aigu au grave, de l'affirmatif à l'interroga-tif, etc. Phrases abstraites de tout, sauf de cela.* ». La voix sans voix, l'expression sans expression : ces formulations paradoxales cernent au plus près le lieu d'une chute en dehors du langage signifiant, vers le *pli* de l'être.

Michaux ne cessait de rêver d'un langage parfait, qui saurait le délester des imperfections de l'articulation signifiante. Face à la sédimentation des significations communes, le *pli* des traits relève de ce que Michaux appelle des *« avant-langues »* (*PDT*, III, 1280), de ce qui, dans la constitution ordinaire des langues signifiantes, subit un refoulement :

Combien il a dû y en avoir, laissées en arrière, des *avant-langues*, à jamais inconnues. Commencements d'on ne savait quoi encore, distractions d'un moment... loisirs de la chasse pendant les heures d'attente, jeux quand les mondes comptables n'étaient pas nés.   (III, 1280)

Le battement oui / non du *pli*, l'inscription première du trait, forment la base de toute langue : ce que celle-ci doit ignorer pour laisser advenir les réseaux de signification, la constitution des liens métonymiques. Cependant, en revalorisant le trait, Michaux entreprend la recherche d'une utopie de représentation subjective. Celui qui s'éprouve comme exclu de la transmission symbolique ne peut que se voir porteur de cette part d'inscription non repré-

---

20. ŽIŽEK, *Ils ne savent pas ce qu'ils font* (*op. cit.*), p. 130.

sentée : « *D'aucune langue, l'écriture — | Sans appartenance, sans filiation | Lignes, seulement lignes.* » (*Moments, traversées du temps*; III, 731). En donnant corps et forme à cette dimension du non formulable, le sujet s'y voit représenté sans reste, à la hauteur de l'Autre incarné par le *pli.* Ainsi s'entrevoit la possibilité d'une communication qui resterait entièrement en deçà du verbal : « *Quelle émotion ce sera quand l'époque étant arrivée au point désirable, ayant pris l'habitude de penser en signes, on échangera des secrets en quelques traits "nature", pareils à une poignée de brindilles.*[21] » (*Textes épars 1951–1954*; II, 431). Il s'agit de construire « *un abécédaire, un bestiaire, et même tout un vocabulaire, d'où le verbal entièrement serait exclu* » (*S*, III, 936). Cependant, Michaux ne cherche pas à accéder au nirvana de l'anonymat : il aspire à une utopie qui donne expression au marquage premier du sujet. Il s'agit d'élaborer des *« avant-langues » plus aptes que les langues constituées à exprimer la vérité sans mélange de son désir, dans ce que celui-ci a d'irréductible, d'indomptable, d'indestructible : « *Le passager, le surprenant du spontané, du momentané* [...]. » (*PDT*, III, 1281).

7   des traits aux ondes

Pour autant que la musique participe du *pli*, de son tranchant et de son indicible, elle peut aussi se retourner sur son envers et prendre la forme sublimée de *plis* et de *déplis*, dont le nom sera, à l'occasion, « ondes ». C'est le cas notamment dans le texte intitulé « Dans l'eau changeante des résonances » (*FCD*, III, 888–95), où la musique est réduite à son essence, au son qui émane d'une seule note et qui se déplie en multiplicité : « [...] *ce que j'entendais ainsi, n'étaient-ce pas les rapides successives émissions dont est composée toute émission, même d'une seule note, les multiples sons dont est composé un seul son, les ondes, les poussées dont il est accompagné* [...]. » (890). Ici, on passe de l'un au multiple sans solution de continuité : *pli* et *dépli* représentent les mouvements d'une même étoffe. Cette musique célèbre un temps de réconciliation avec soi : « *Instants allongés, de ces instants non séparés les uns des autres, ni séparés d'un centre commun,*

---

21. Passage qui fait songer aux mots de Mallarmé : « [...] *à chacun suffirait peut-être, pour échanger la pensée humaine de prendre ou de mettre dans la main d'autrui en silence, une pièce de monnaie* [...]. » (Stéphane MALLARMÉ, *Igitur, Divagations, Un coup de dés* [Paris, Gallimard, « Poésie », 1994], p. 251).

instants dont on ne peut croire qu'on puisse avoir à s'en séparer jamais. » (III, 894). L'*onde* fait du *pli / dépli* un mouvement à la fois unique et multiple mais sans coupure, dont les moirures prêtent leur luminosité aux surfaces lisses et soyeuses, où l'impératif du *pli* reste, désormais, dissimulé.

La dimension sublimatoire de ces réalisations se perçoit dans la manière dont le tracé charnel du *pli* se retourne, en sorte d'en évacuer la souffrance. À la place du morcellement, le sujet s'éprouve «*recousu dans l'instant*» (III, 890). Le mouvement *pli / dépli*, sans coupure, accomplit ce miracle : «[...] *les sons innombrables qui me disjoignent / autrement me joignent / m'unifient, s'unifient* [...]. » (891). Le sujet se sent réconcilié avec lui-même, affranchi des discours communs qui l'asservissaient ; sentiment qu'il attribue à l'instrument de musique : « *C'était comme si je venais de le démailloter, le rendant à lui-même,* [...] *comme si je l'avais débarrassée de ce qui, contre sa nature, avait jusque-là retenu ses sons, les avait maintenu "tenus".* ».

De la sorte, le narrateur se découvre dans un lieu indéterminé : « [une épopée] *sortie de je ne sais où, à point nommé, musique pour tous, pour personne, et que surtout je ne songeais pas à "présenter"* [...]. » (III, 892-3). N'avoir pas à *présenter* cette musique, c'est la percevoir extraite du lien en société où elle serait entamée par la séparation. Loin d'être une musique inscrite dans les semblants — où prévaudraient les formes de la composition musicale, l'interprétation et l'exécution à l'intention d'un auditoire —, cette musique est ancrée dans le réel du sujet, dans le *pli* de son être.

Ces ondées musicales déterminent la forme versifiée, ainsi que nous le voyons dans le premier exemple qu'offre ce texte. Les vers partent d'un point unique pour s'ouvrir dans un syntagme : «*Allongées / dilatées / triomphantes vibrations*» (III, 889). La répétition des participes passés épithètes permet, au troisième vers, de décoller et d'accéder à un nom élargi. On note cependant que l'apposition qu'impose ce recours nominal inscrit une *arête signifiante* (sous la forme d'une métaphore) qui contredit l'idée d'une expansion fluide. En effet, ces vers insistent sur le même lieu, comme si un *pli* cherchait à réduire son impact pour n'être plus que *dépli*. Dans le deuxième vers, l'indéterminé (l'article indéfini : DES *sons*) s'exprime dans un seul mot, puis se déplie dans un syntagme («*des nids de sons*») qui qualifie la même entité indistincte, lui donnant certes une forme individuée, mais seulement à la manière d'une multiplicité d'*uns* monadiques. Remarquons enfin la présence d'un glissement sonore, où la répétition des signifiants marque une légère modification des sons : « *des coulées de sons / des couloirs de sons* » ; « *L'espace en espaces se déplace* » (III, 889). Ces ondées musicales — suivant la protase de l'axiome : « *Le mal trace, le bien inonde.* » (*NR*, II, 464) — représentent une sublimation du *pli*, s'offrant comme des vagues du Même, ignorant toute interruption.

8   le trait et l'apparition

Les traits de Michaux s'inscrivent noirs sur un fond blanc, soulignant le caractère binaire qui en fait le dynamisme, là où, par voie de contraste, l'emploi des couleurs signale l'amorce d'un mouvement de *dépli*, l'approche des formes qui étoffent les semblants. Dans la peinture en revanche, le fond noir continue à fonctionner comme lieu du *pli*, ainsi que Michaux le précise : « *Arrivé au noir. Le noir ramène au fondement, à l'origine.* » (*ÉE*, III, 555). Deleuze note que l'obscurité du *pli* traduit son caractère clos : « *L'essentiel de la monade, c'est qu'elle a un sombre fond : elle en tire tout, et rien ne vient du dehors ni ne va au-dehors.* » (p. 38-9[9]). En effet, le *pli* marque l'étiage du sujet, le roc sur lequel il trouve son assise et grâce auquel il prend consistance. Ce lieu se refuse aux miroitements des formes, à l'éclat des couleurs, ainsi que l'affirme Michaux dans la suite du texte : « *Base des sentiments profonds. De la nuit vient l'inexpliqué, le non-détaillé, le non-rattaché à des causes visibles, l'attaque par surprise, le mystère, le religieux, la peur... et les monstres, ce qui sort du néant, non d'une mère.* » (III, 556). L'enchaînement des négatifs, dans cette phrase, souligne l'impossibilité où se trouve le sujet de se reconnaître dans une filiation quelconque (une *mère*) qui, comme telle, l'attacherait à une dimension symbolique[22].

S'inscrivant sur ce fond noir, l'apparition est une modalité capitale de la manifestation chez Michaux, tant dans l'œuvre plastique que dans les élaborations écrites. Ce fait va de pair avec la mise à l'écart du cadre-fenêtre, ainsi que l'indique Deleuze au sujet du pli baroque : « *Le tableau change de statut, les choses*

---

22. À entendre dans le sens de *Macbeth* où les sorcières affirment que « *nul né de la femme ne peut nuire à Macbeth* » ; ou encore dans celui de l'inhumanité de celui qui est né de *« trop de mères »* (*PL*, I, 662).

surgissent de l'arrière-plan, les couleurs jaillissent du fond commun qui témoigne de leur nature obscure, les figures se définissent par leur recouvrement plus que par leur contour. » (p. 44-5⁹). L'importance de cette structuration se confirme dans « L'Oiseau qui s'efface » (*V*, II, 172). Dans ce texte, l'objet évoqué se signale d'abord par son anonymat, exprimé par le pronom démonstratif *celui-là* qui amorce une phrase scindée (*celui... qui...*). Ce n'est que dans la phrase suivante qu'il est identifié, mais restant privé de l'article défini : « *Celui-là, c'est dans le jour qu'il apparaît, dans le jour le plus blanc. Oiseau.* » Ainsi, l'objet se trouve isolé, apparaissant en dehors de tout lien ou de toute circonstance. L'évocation du *jour le plus blanc* offre simplement une table rase : un fond lisse, anonyme, à l'image du *sac* ou de la *boule* qui enveloppe, comme l'étendue blanche sur laquelle s'inscrivent les traits.

Dans cette apparition, un rapport métonymique s'établit entre contenant et contenu, articulé sur le basculement propre au *pli*, le renversement de l'endroit à l'envers. L'oiseau s'affirme comme trait, comme tache encadrant le tableau qui l'entoure. S'ouvre ainsi un battement binaire, à la manière d'une oscillation oui / non, pour / contre :

> Il bat de l'aile, il s'envole. Il bat de l'aile, il s'efface.
> Il bat de l'aile, il réapparaît.
> Il se pose. Et puis il n'est plus. D'un battement il s'est effacé dans l'espace blanc. (II, 172)

L'alternance des opposés *s'envole* / *s'efface* a, pour pivot, le verbe *battre*, mot qui inscrit également un *pli* entre les deux phrases composant ce vers. Apparition et disparition s'entendent comme l'envers et l'endroit d'un même signifiant déterminé par la logique du tout ou rien, excluant toute médiation ou lien. Or en l'absence d'un tel lien, l'oiseau vient seul, à la manière d'un *compagnon*[23] dont Michaux souligne le caractère évanescent : « *Tel est mon oiseau familier, l'oiseau qui vient peupler le ciel de ma petite cour. Peupler ? On voit comment...* ». En effet, cet oiseau ne *peuple* rien mais, tel une tache dans la neige, vient signifier la solitude absolue du narrateur. L'oiseau exprime avant tout l'identification du sujet à ce point unique mais anonyme : cet *oiseau* pourrait être tout autre chose, puisque son identité (son

---

23. Cf. « Mon Roi » (*NR*, I, 424) : « *[...] j'ai appelé tant d'êtres à devenir mes compagnons.* »

dépli d'oiseau) ne relève d'aucune nécessité. L'oiseau advient comme une forme aérienne — sublimée, idéalisée — dont le signifiant déterminant est le verbe *battre*. Celui-ci commande à la fascination du sujet, donnant la mesure de l'emprise réelle exercée par le *pli* : « *Mais je demeure sur place, le contemplant, fasciné par son apparition, fasciné par sa disparition.* ». Dans cet oiseau, le narrateur voit sa perte et son retour, restant suspendu à l'espoir qu'il n'y aura pas d'effacement réel et définitif, s'efforçant de s'extraire du *pli* pour être porté par une relève signifiante.

La vignette intitulée « Le Cheval surchargé » (*V*, II, 177) offre un autre exemple du motif de l'apparition dans son rapport au *pli-trait*. Dans ce texte, la solitude du cheval est analogue à celle du narrateur : « *Il m'apparaît souvent, quand je suis seul une heure ou deux, un cheval, au loin, et qui s'éloigne encore.* ». Ce cheval est un point qui s'inscrit dans la table rase d'une « *route déserte* » : il fait office de cadre, contenant l'intime du sujet et marquant son caractère d'énigme. Pourtant, on remarque une difficulté pour établir une identification imaginaire, où le cheval pourrait s'assimiler à un semblable ou un *compagnon* qui cheminerait à ses côtés : « *La route est déserte et il a dû passer à ma hauteur depuis pas mal de temps déjà* [...]. ». La *charge* intime exprimée s'en trouve renforcée par ce mouvement supposé où manque l'instant de parité.

Cette disposition trahit une absence d'inscription préalable qui hypothèque, pour le sujet, toute identification imaginaire convaincante. Celui-ci se trouve impuissant à composer un "monde" circonstancié où il saisirait cet objet à l'extérieur de lui, le situant avant / pendant / après, dans des coordonnées satisfaisantes. À défaut, il s'efforce de coïncider avec lui :

[...] mais quoi que je fasse, si vivement que j'essaie, le devinant là, de m'enfoncer dans le « noir », je n'arrive pas à le faire assez tôt, pour qu'il n'ait déjà pris quelque huit cents mètres d'avance, non, d'éloignement, mais à présent réduite, et qui n'avance que pour se réduire davantage encore et presque disparaître.   (II, 177)

Ce qui n'est pas advenu comme objet, grâce à la coupure, ne cesse d'échapper. L'être du sujet ne lui n'appartient jamais en propre, restant aliéné au *pli*. Dès lors, aucune disposition signifiante ne permet de saisir cette chose qui s'en va, glissant, abandonnant les coordonnées spatiales au profit de la dimension indéfinie qu'exprime la substitution du mot *avance* par celui d'*éloi-*

gnement. Dans ce mouvement, le *cheval* va diminuant, sans cause apparente, jusqu'à *presque disparaître*, laissant seulement la trace première, qui menace de s'effacer à son tour. Dans ce clignotement, rien ne garantit contre la disparition définitive, fait qui marque le haut degré auquel le sujet reste suspendu à l'Autre. Cette structuration binaire est soulignée par les syntagmes qui encadrent le paragraphe : « *Il m'apparaît* » / « *presque disparaître* » (II, 177).

Après cette mise en œuvre du *pli*, le paragraphe suivant décrit l'effort pour fixer le cheval au sein d'une identité, pour déplier le vocable *cheval* et en faire un « *monument de vie* » (II, 177). Le cheval se couvre de métaphores, d'apparat, de qualités. Loin de disparaître, il s'impose par son attirail. Au lieu d'être une présence évanescente, il déplie force et grandeur, il devient admirable. L'*arête signifiante* — le mot *cheval* — recouvre le pli réel, qui s'exprime par sa propension à l'éloignement. Alors, le *cheval* désigne le *pli* comme une chose qui « possède » *x* ou *y*. Cependant, cet animal ne peut disposer d'attributs lui permettant de composer des apparences solides, dotées d'une épaisseur. Au contraire, on le voit couvert d'un « *amas de choses indistinctes* » ; indétermination que renforce la structure des phrases : « [...] *à moins que ce ne soit* [...] *ou même* [...] *peut-être pas visible* [...]. ». Le trait singulier se déplie en un ensemble d'objets hétéroclites qui, en dehors du mot *cheval*, ne composent pas une unité imaginaire. À défaut de supporter le registre des semblants, le *pli*-trait évanescent se retourne et se recouvre de cet encombrement : ainsi, le sujet éprouve-t-il le fardeau de son être.

Dès lors, le cheval reste une chose massive, inentamée par une subjectivité : « *Ce cheval, je le remarque, ne s'est jamais retourné sur moi, ni sur quoi que ce soit (il n'y a donc pas de taon qui le pique ?), ni sur un bruit derrière lui. Il semble qu'il n'y ait ni bruit ni vie. Il avance accompagné de son seul encombrement.* » (II, 177). Ce cheval — s'il s'agit bien d'un tel animal — se réduit à un simple trait, extrait de tout lien, étranger à toute communauté. Il fait signe d'un sujet qui reste seul avec l'être dont il ne peut se délester.

Enfin, le narrateur établit une rupture avec le passé : « *Autrefois ce n'était pas le genre de cheval qui m'apparaissait, est-il besoin de le dire ?* » (II, 177). Ce cheval reste énigmatique, opaque, tout autant que les autres chevaux non décrits, dans un *autrefois* qui restera à tout jamais secret. On remarque ainsi une absence

d'éclairage réciproque entre l'*autrefois* et le présent : l'impossibilité de saisir ce que ce cheval aurait de spécifique — sa signification présente —, à défaut de comprendre quel changement
serait intervenu lors de ses diverses apparitions. Ainsi, se crée un
balancement binaire entre un *autrefois* tu, et un présent singulier
mais définitivement hors sens.

9   trait, peinture, écriture

Dans cette étude du trait, il convient de souligner la parenté
entre les réalisations écrites (poèmes et vignettes) et les œuvres
graphiques. Cette parenté relève de la dimension du *pli*, qui ne
cesse de déterminer et d'hypothéquer la dimension figurative,
l'empêchant de se déployer de manière convaincante. Cependant,
le registre de la représentation n'est jamais totalement évacué,
conduisant le lecteur à discerner des figures familières dans les
œuvres composées de traits. On voit des formes humaines et des
animaux (*PDT*, III, 1255) en rang ; on croit reconnaître des champs
de « *bataille* » ou des « *naufrages* » (*ÉR*, III, 642 ; images pp. 643, 644,
645) ou, encore, de « *sombres pseudopodes* » (III, 591) ; des hommes
en pirogue (*PDT*, III, 1247) ; des signes qui peuvent être
« *en forme de racine* » ou homme « *tout de même* » (580). Ces
exemples montrent qu'il est possible d'aborder les traits de
Michaux comme autant d'éléments figuratifs et de les assimiler à
des formes répertoriées. Cependant, ce versant de l'œuvre
graphique de Michaux ne triomphe pas complètement, et le
lecteur se voit contraint d'osciller entre les deux faces : entre
formel et informel, petit et grand, figuré et infigurable, entre *dépli*
et *pli*. Le battement oui/non du *pli*-trait amorce le *dépli* de la
figuration, dessinant un accès à la logique ternaire des semblants,
sans pourtant s'y naturaliser.

Il n'existe donc pas de « trait » pur, pas d'existence du sujet
« en soi », radicalement affranchi de toute détermination signifiante et de toute expansion dans les représentations langagières.
On saisit, alors, l'importance du dispositif ternaire qui, selon
Gérard Wajcman[24], structure l'acte de création : ces traits

24. « *L'idée est donc que l'œuvre, l'artiste et le spectateur surgissent ensemble
de leur pure rencontre. Artiste, spectateur et œuvre se découvrent l'un l'autre et
eux-mêmes au même rendez-vous, ils sont en somme trois fonctions nouées
chacune aux deux autres et dont aucune des trois ne peut être ôtée sans que les
deux autres se détachent à leur tour.* » (WAJCMAN, *L'Objet du siècle* [*op. cit.*],
p. 68).

n'existent pas en dehors de la lecture à laquelle l'artiste nous convie. Ce qui est dessiné et écrit s'inscrit dans une même adresse aux autres, étant destiné à faire "signe" de l'énigme du sujet, l'étrangeté devant laquelle auteur et lecteur ensemble s'interrogent[25].

La dialectique qui se développe entre *pli* et *dépli* se trouve renforcée par le caractère double des livres comme *Émergences-résurgences* (III, 541–660), *Par des traits* (1233–85), *Saisir* (III, 933–83), *Par la voie des rythmes* (761–814), où l'auteur met en regard l'œuvre graphique et son commentaire. Dans ces livres, le dessin des traits (*pli*) trouve à se compléter dans le déploiement signifiant (*dépli*). Ou, à l'inverse, l'arrimage par l'*arête signifiante* est porté vers la libre envolée du dessin (*dépli*). Le texte qui accompagne les dessins leur confère une dimension de récit : il en fait l'histoire d'une quête spirituelle, il les inscrit dans une syntaxe. Ainsi les dessins livrent la vérité de l'inscription, tandis que les phrases offrent l'explication, l'extension, assurant une certaine compréhension de ces réalisations graphiques[26]. De cette manière, l'auteur instaure une indispensable dialectique entre la trace énigmatique et son *dépli* verbal ; celui-ci étant, en retour, porté vers la vérité du trait, orienté vers l'intime et l'essentiel.

Pli et *dépli* apparaissent ainsi comme deux mouvements indissociables dont la dynamique concourt à la constitution des semblants. La scission apparente se mue alors en synthèse : la coupure se construit et se fait entendre comme inscription entre *pli* et *dépli*[27].

---

25. Rappelons ce que Michaux écrit au sujet de la peinture de Paul Klee : « [...] *pour entrer dans ses tableaux* [il] *suffit d'être l'élu, d'avoir gardé soi-même la conscience de vivre dans un monde d'énigmes, auquel c'est en énigmes aussi qu'il convient le mieux de répondre.* » (*P*, II, 363).
26. Pour sa part, Roland Barthes souligne la dimension de *pli* qui se situe à la jonction de ces *déplis* : « [...] *l'écriture est une : le discontinu qui la fonde partout fait de tout ce que nous écrivons, peignons, traçons, un seul texte.* » (Roland BARTHES, « L'Esprit de la lettre », pp. 95–8 in *L'Obvie et l'obtus : Essais critiques III* [*loc. cit.*], p. 98).
27. L'œuvre graphique de Michaux — marquée par la structure du *pli* — se prêterait à une étude approfondie qui dépasse le champ de la présente étude.

IV

LA CHAIR PÂTISSANTE

ET LA SUBJECTIVITÉ EXALTÉE

1   dégagement et exaltation

L ES recherches picturales de Michaux s'inscrivent dans sa
résistance — en tant que celui qui s'affirme « *contre* » (*PL*,
I, 662 ; *PDT*, III, 1250, 1251) — au carcan des discours rigidifiés et
des significations sédimentées. Ainsi, la « *préécriture pictogra-
phique* » (*PDT*, III, 1282) et le dessin des traits s'opposent au caractère massif et conventionnel des alphabets : « *Les sons et les
alphabets presque partout ont triomphé. Dans ces langues-là —
curieux — on ne craignait pas l'encombrement. Vingt mille,
trente mille mots n'étaient pas jugés de trop.* » (III, 1285). Dans
cette perspective, la nudité et la simplicité s'opposent à la
surcharge, la vérité de la violence pulsionnelle s'élève contre la
pétrification des discours de la société moderne. Les « langages »
visuels explorés par Michaux engagent la dialectique *pli / dépli*
dans la mesure où celle-ci se soustrait au couple signifiant/signi-
fié et habille de son éclat (*dépli*) la singularité absolue du sujet
(*pli*), la vérité de son désir.

Dès lors, l'humanité se loge dans le *pli*, non dans la façade ou
la ressemblance externe (*ÉR*, III, 580) : là se situe l'être essentiel et
désirant, coupé des discours, des semblants. Les traits que dessine
Michaux ne forment pas de contour qui, étoffé de son contenu,
s'harmoniserait avec la réalité ; ils incarnent un *pli* émanant de
l'entaille originelle, débordante d'énergie, de souffrance, de jouissance.

La démarche de Michaux se construit, pour partie, dans le rejet
de « *l'émietteuse parole* » (« Survenue de la contemplation », *FCD*, III, 900),
dans l'élimination des contingences et des repères, ainsi que
l'auteur l'indique dans « Survenue de la contemplation » : « *Seul,*

sans paroles — les paroles situent. Il faut demeurer dans le non-situé — sans échange pour être sans coupures dans un lieu fermé, couvert, sans horizon, à l'abri de toute modification, sans possibilité qu'on vous interrompe. » (III, 901). *L'arête signifiante* de la parole se voit écartée au profit de la lettre (*pli*), qui marque l'inscription première du sujet. Il s'agit de s'extraire de toute aporie, de tout combat, pour retrouver un état matriciel en dehors des choses situées : « *Dégagement de l'espace local et de la durée momentanée. Arrivé là où il n'y a pas d'impulsion propre.* » (901). La topologie du pli recherchée se caractérise par le lisse, le continu : « [...] *jouissant du continu / s'emplissant du continu / ne sentant pas la monotonie* [...]. ». Ainsi, le *pli* se retourne pour devenir lieu du *dépli*, étale et sans limites. Selon cette possibilité, la topologie du pli s'excepte de la logique de la rétroaction signifiante :

> Sans désir, sans intérêt pour quoi que ce soit à venir, qui, fût-ce vaguement, vous mobiliserait, vous prédéterminerait, vous préadapterait, vous préparerait — l'avenir est un acte — une préparation.
> Supprimé ce qu'on a « *en vue* », le futur disparaît, n'est plus aperçu. On est débarrassé de cette dimension. (III, 901)

La nature rétroactive du signifiant implique que le sujet existe sur la modalité de l'anticipation ; elle se construit sur le mode du « *futur ultérieur* »[1], produisant un sujet qui n'*est* pas (...réduit à son essence immuable) mais qui *aura été*. Le rejet de cette modalité du langage, le refus des semblants et du lien en société (*Seul, sans paroles*), se conçoivent comme un renversement propre au *pli*, qui ouvre sur un sentiment d'infini : « *Anonyme / une rayonnante dévastation passe / sans signes, sans déclaration, sans nommer* » (*CCT*, III, 1222).

Rejetant le discursif, Michaux se tourne vers le trait, comme vérité imprescriptible du sujet ; il y trouve le lieu d'une élaboration dialectique, orientée selon les mouvements de *pli* et de *dépli*. Pour autant que le *pli* s'infuse d'une violence en deçà des formes reconnaissables, le sujet s'y trouve aux prises avec l'être : ce qui s'éprouve à la fois comme force d'aliénation et source d'une inef-

---

1. « [...] *le temps verbal d'élection du romanesque étant sans doute non pas le futur mais (si le temps n'existe pas dans la conjugaison, c'est pourtant son mode de projection vers l'avant qui anime la fiction) le futur ultérieur.* » (GRACQ, *Œuvres complètes*, vol. II [Paris, Gallimard, « Bibl. de la Pléiade », 1995], p. 644).

fable extase. Le trop-plein de la chair pâtissante se renverse, sans subir de coupure, en une expérience de l'élévation en dehors du corps. Ainsi, dans « *Jours de silence* » (*CCT*, III, 1204–26), les rythmes du *pli* (« *deux notes* », « *battement* ») apportent l'assurance d'une vie indestructible. Le battement s'y déplie ainsi : « *Rythmes / afin de se séparer, / de se réparer / arrivant dans le vide du sujet, de tout sujet* » (1204-5). Ces rythmes apportent le salut au moyen d'une séparation d'avec la réalité banale et envahissante (ce que le narrateur désigne dans la suite comme la « *mécréante pensée analysante* » (1205), et la possibilité de *se réparer* en se réconciliant avec la réalité subjective. Dans *le vide du sujet, de tout sujet*, s'ouvre un ineffable qui se matérialise au vers suivant, composé d'un pointillé (1205).

Ancré dans le *pli* originel, le trait représente un passage obligé pour atteindre son envers. Dans l'expérience du dessin explorée dans *Saisir*, le narrateur se retire du charnel et du combatif — dans l'assimilation et le rejet simultanés — pour passer au *dépli* épuré, propre à l'extase mystique : « *Saisir s'abstrayant de plus en plus, saisir la tendance, saisir l'accent, l'allure, l'espace.* » (*S*, III, 979) ; « *vers plus d'insaisissable* » (980) ; « *vers l'accomplissement* » (983). Les dessins commentés dans ce texte représentent autant de *plis* noirs composés de pointillés, ou des « *échelles qui montent, sur des échelles qui tombent, mais toujours remontent, qu'on rattrape, qu'on reperd... eux, toi, soi, dans l'espace, en tout espace* » (980²). Ces *plis* se creusent sur la page blanche, désignant celle-ci comme leur vrai lieu : un espace ouvert qui rejoint *tout espace* et le vide *de tout sujet*. Le *pli* du dessin ne sert qu'à inscrire le *dépli* de l'étendue blanche, tout comme le trait ou le point encadre la toile³. Dans le mouvement de ce texte — passant du rejet des discours communs vers le *pli* de l'inscription subjective, retournant celui-ci ensuite en extase aérienne et dépersonnalisée (*dépli*) —, la vérité du désir alterne entre le *pli* du battement binaire et le *dépli* expansif.

---

2. Voir les Meidosems (II, 220–2). On songe aux échelles utilisées pour atteindre le plafond du cylindre par les créatures de Beckett dans *Le Dépeupleur* ([Paris, Minuit, 1993], pp. 9-10, 19–24, 39–46).

3. [Trad. de] Slavoj Žižek : « [...] *l'horizon de la signification* est toujours lié, comme par une sorte de cordon ombilical, à un point *à l'intérieur* du champ qu'il dévoile. [...] Nous reconnaissons aisément ici la topologie du ruban de Möbius où, dans une sorte d'inversion abyssale, l'enveloppe est elle-même enchâssée par son intérieur. » (Žižek, « Why does a Letter always arrive at its Destination ? » [*loc. cit.*], p. 16)*.

Ainsi, si le *centre* se voit souvent chargé des valeurs du *pli* — où le sujet est saisi, transpercé par un signifiant aliénant —, il peut aussi ouvrir sur une infinité de replis où s'engouffre le sujet. Dans « Ma vie s'arrêta » (*PL*, I, 563), la vie est identifiée au *dépli*, où la surface de l'océan dessine l'élan d'un mouvement métonymique portée par le désir. Ensuite, cette base se retire de sous les pieds du narrateur de manière inopinée et arbitraire : « *J'étais en plein océan. Nous voguions. Tout à coup le vent tomba. Alors l'océan démasqua sa grandeur, son interminable solitude.* ». L'océan est l'endroit propice à cette expérience du gouffre qui, soudain, interrompt le mouvement en avant : « *Le vent tomba d'un coup, ma vie fit "toc". Elle était arrêtée à tout jamais.* ». Le *dépli* de la vie n'est jamais assuré pour celui qui connaît les caprices du *pli*.

La rupture est incommensurable, irrémédiable. Mais loin d'engendrer une souffrance, c'est un mouvement incontrôlable et enivrant de repli qui s'amorce : « *Ce fut une après-midi de délire, ce fut une après-midi singulière, l'après-midi de "la fiancée se retire".* » (I, 563). Dans ce mouvement de retrait, la partenaire féminine reste présente, conférant son attrait et sa magie à cette expérience qui prend la forme d'un enveloppement infini :

[...] tous les autres moments s'y enfournèrent, s'y envaginèrent, l'un après l'autre, au fur et à mesure qu'ils arrivaient, sans fin, sans fin, et je fus roulé dedans, de plus en plus enfoui, sans fin, sans fin.　　　　(*PL*, I, 563)

Dans ce mouvement de repli, l'univers du sujet reste tapissé, étoffé, expérience qui évoque le rêve matriciel. Contrairement à ce que l'on pourrait attendre, le narrateur ne rencontre pas l'état de dénuement, de souffrance, qui témoignerait du marquage du *pli* ; au contraire, il découvre un nouveau *dépli* qui lui assure une épaisseur et un habillage : « [...] *comme la voix de l'homme et sa santé étouffent sans effort les gémissements des microbes affamés* [...]. » (I, 563). Ainsi, au cours de ce texte, un élément dérisoire, insignifiant — le *toc* par lequel le *pli* fait valoir ses droits — convertit l'aventure au sein du grand large en une plongée et une dépendance enivrantes. Le repli se comprend ainsi comme une expérience où le tranchant du *pli* se retourne, s'imposant comme enveloppement.

Alors que les descriptions de l'exorcisme donnent à lire l'échec des efforts pour s'affranchir, cette nouvelle forme de retournement prend acte de l'empire du *pli* pour en extraire un sentiment d'exaltation. Le lieu topologique de cette expérience se voit explicité dans le titre de la vignette « Entre centre et absence » (PL, I, 571-2). Au début de chacun des paragraphes de ce texte, le narrateur évoque une série de *centres* insatisfaisants qui échouent à cerner l'unicité d'un moment : « *C'était à l'aurore d'une convalescence* [...] / *C'était à la porte d'une longue angoisse* [...] / *C'était le soir* [...] / *C'était à la fin de la guerre des membres* [...] / *C'était pendant l'épaississement du Grand Écran.* ». La saisie par des mots se révèle problématique en raison de la prégnance du *pli* qui ne se laisse pas enfermer. Cette multiplication des métaphores en série (*arêtes signifiantes*) fait écho à l'éclatement d'une identité où le sujet ne se reconnaît plus : « *C'était à l'aurore d'une convalescence,* LA MIENNE SANS DOUTE, QUI SAIT ? » ; « *"Médicastres infâmes,* ME DISAIS-JE, *vous écrasez* EN MOI L'HOMME *que je désaltère."* » (571). Autrement dit, cette succession de paragraphes marque un retour répété au même endroit, un martèlement destiné à faire passer le narrateur outre les verrous intermédiaires. Ainsi, il s'agit de quitter l'état de morcellement — *la guerre des membres* —, non pour atteindre un nouvel *équilibre* mais pour connaître une forme d'extase. À cet effet, le narrateur évoque la possibilité de complètement renverser l'état replié de la *boule* : « *Sans ruse, le poulet sort parfait d'un œuf anodin...* » (572).

Le dernier paragraphe évoque l'aboutissement de ce procès : « *C'était à l'arrivée, entre centre et absence, à l'Euréka, dans le nid de bulles...* » (PL, I, 572). Cet aboutissement reste sur le seuil de l'expression : littéralement, *entre centre et absence*[4] — ces termes désignant le signifiant et son envers, 1 et 0 —, sans que la nouvelle réalité prenne corps. Emporté par l'extase, le narrateur s'éprouve comme une *boule* joyeuse, enveloppé dans le *nid* (*centre*), au sein d'une mince pellicule de bulles qui donne forme au vide (*absence*). Cet état ouvre sur l'infini des « *horizons* » inédits (I, 588), des *déplis* constamment renouvelés et qui, en tant que tels, se distinguent du *périphérisme* agité des personnages

4. Syntagme repris par Lacan : « *Entre centre et absence, entre savoir et jouissance, il y a littoral qui ne vire au littéral qu'à ce que ce virage, vous puissiez le prendre le même à tout instant.* » (LACAN, « Lituraterre » [*loc. cit.*], p. 10). La vérité du savoir — avec sa part de jouissance — est corrélée au *centre*, tandis que la jouissance totale reste foncièrement absente, insaisissable par les signifiants. En dégageant, par l'analyse, ce lieu de *littoral*, il est possible d'en faire une écriture « littérale » : visible, comparable à celle que réalise la calligraphie japonaise.

comme les Hivinizikis*. Ainsi, le narrateur réussit à tourner la souffrance sur son envers, au lieu d'être happé par elle : se trouvant à la fois enveloppé et infiniment ouvert.

Ces exemples permettent de voir comment le *pli* pâtissant ne se situe pas seulement dans un rapport de continuité avec le *dépli* : il peut aussi se renverser, dans ces expériences d'extase, pour s'ouvrir à un vide exaltant. Le morcellement engendré par le *pli* se retourne en le sentiment de la plus grande plénitude et réconciliation. Il ne s'agit pas d'une simple échappée, mais d'un retournement topologique des mêmes données impérieuses et irrécusables : la réconciliation *est* le morcellement, éprouvé à partir de son envers. Ainsi, la destruction des formes sous le martèlement du *pli*, pour être une voie sans issue, n'est pas une démarche univoque puisqu'elle se laisse souvent transformer en *dépli*. C'est de cette manière que, dans la première vignette de « Magie », le narrateur trouve sa solution : « *Mais en un mot, je puis vous le dire.* Souffrir *est le mot.* » (*PL*, I, 560). La souffrance extrême peut conduire le sujet à un dénuement où, délesté de ses identifications corporelles et sociales, il rejoint un état d'adéquation à l'égard de ce qui le détermine de manière absolue.

Ce retournement de la destruction en exaltation mystique est illustré par le poème « *L'Avenir* ». Dans ce texte, l'*incipit* inscrit le *pli* qui détruit les signifiants : « *Quand les mah, / Quand les mah, / Les marécages, / Les malédictions, / Quand les mahaha-hahas, / Les mahahaborras* [...]. » (*NR*, I, 509). La syntaxe amorcée s'effondre, trébuchant sur les onomatopées, sur la répétition des syllabes dénuées de signification : le *dépli* syntaxique s'abîme dans un *pli* sonore où triomphent la voix et l'illisible — le lecteur peut difficilement prononcer ces mots correctement —, au détriment de la syntaxe. Ce qui domine dans la suite du poème, c'est l'énumération de noms (*arêtes signifiantes*), ceux-ci étant suivis de participes au lieu d'être prolongés par des verbes conjugués. Ainsi, ces noms inscrivent le *pli*, offrant des amorces d'un *dépli* qui ne parvient pas à prendre son essor : ils se présentent comme autant de quasi synonymes, qui viennent tous à la même place. La totalité du monde représenté se trouve ramassée en une liste, restant privée de l'extension qu'autorisent les semblants. Le poème passe ensuite de ces onomatopées à une forme de *dépli*, non pour entamer une construction mais pour que les noms lisibles voient leur identité posée puis détruite : « *D'autres*

* Voir *supra*, pp. 112–6.

vertèbres faites de moulins à vent, / Le jus de la joie se chan-geant en brûlure [...]. » (I, 510).

Advient, alors, une forme d'apothéose, issue du fond même du *pli* : « *Quand, dernier rameau de l'Être, la souffrance, pointe atroce, survivra seule, croissant en délicatesse, / De plus en plus aiguë et intolérable... et le Néant têtu tout autour qui recule comme la panique...* » (I, 510). Arrivé à ce point, le sujet a évacué toute contingence, toute aporie, toute scorie qui compromet les représentations. À cette pointe extrême de l'abolition de sa conscience et de sa volonté, il accède à un espace lisse et illi-mité : « *Plus jamais. Oh! Vide! / Oh! Espace! Espace non stra-tifié... Oh! Espace, Espace!* ». Le sujet atteint un vide exaltant, où le *pli* se retourne en *dépli*, où l'enveloppement prend les appa-rences de l'ouverture, où l'entaille se fait complétude, où la dépendance absolue prend les allures de la liberté et de l'affran-chissement, où souffrance est joie.

Dès lors, nous saisissons l'importance de l'opposition exprimée par Michaux dans l'axiome « *Le mal trace, le bien inonde.* » (FV, II, 464). Comme source du mal, le *pli* trace, il creuse, il ravine. Il est souffrance de la chair, ainsi que nous l'exprime « *Jours de silence* » : « *Plissements, plissements / une tête souffre qui n'est plus tête / seulement passage* » (CCT, III, 1224). Cette souffrance correspond à une crispation où le sujet se trouve aspiré, envahi par le *pli*, aboli dans ses identifications, dans sa représentation corporelle. De ce tourment, le sujet est impuissant à échapper : « *j'étais dans le creux, croyant marcher / enlisé dans la vie courte, la recousue vingt fois* » (1222). Il se voit englouti, prison-nier des cycles infernaux, des renversements sans ouverture : « *Je vivais couvert de gales / soustractions-dispersions / floculations-concrétions* » (1223). L'influence du *pli* ne laisse pas de répit, infli-geant ses entailles aux représentations que le sujet tente de composer et qu'il se voit obligé de *recoudre* encore et encore, sans aucun espoir de s'y doter d'une forme durable, de recouvrir l'horreur du *pli* par un *dépli* quelque peu consistant.

Dans son déploiement syntaxique, l'axiome de Michaux place *le mal* et *le bien* dans un rapport de miroir, soulignant le passage de l'un à l'autre, qui s'accomplit par un mouvement de *pli / dépli*. Dans cette opposition, le *bien* se déploie dans l'onde, l'abon-dance, l'enveloppement. Grâce à l'extase du bien, le sujet éprouve l'effacement de son inscription pâtissante : « *...dilaté / percé de purs désirs / Résorbée, la plaie du mesquin* » (CCT, III, 1221). Cette extase s'impose comme envers de la souffrance, achevant d'évacuer le corps, lieu du supplice : « *Corps outrepassé, relégué ailleurs* » (1222). La jouissance hors corps ainsi atteinte s'apparente à celle des mystiques, chez lesquels ce n'est pas le corps mais l'âme qui jouit[6]. L'excès de souffrance se retourne, donnant la sensation de se tenir au-delà du corps, au-delà de la conscience d'une douleur localisée et d'une chair ravagée. *Plis* et *déplis*, en nombre infini, emportent tout sur leur passage ; le sujet n'est que pur lieu de cet événement sans visage, anonyme et sans fin, ainsi que Michaux l'exprime magistralement à la fin de *Misérable miracle*, au sujet du vide :

Violent, actif, vivant. Nappe, qui serait sphère aussi et indéfiniment prolongée pour faire un vide augmenté incessamment, à dépasser, toujours nouvellement à subir, averse de Vide, qui sans cesse revient, re-vide, ne dépend de rien, n'a pas de raison de s'arrêter, qui dissipe tout ce qui est autre que vide et souverainement oblige à n'assister qu'au Vide, à se rassasier de Vide. (II, 777-8)

Cette expérience du vide situe l'espace complètement renfermé (« *Paysages comme on se tire un drap sur la tête.* » (PE, I, 711)) et l'espace infiniment ouvert comme envers et endroit d'un même état, comme l'espace incommensurable de liberté absolue et de dépendance totale, où *pli* et *dépli* se rejoignent. Ce croisement entre la chair pâtissante et l'extase mystique suggère que la question du *pli* ne relève pas du seul imaginaire mais touche au réel, au roc qui fait la base du sujet. La sublimation qui se réalise dans la création littéraire ou plastique témoigne d'une absence de refoulement qui laisse la pulsion intacte. Le vide représenté est le vide créé, qui reste entier à l'endroit où le *pli* pâtissant se retourne en *dépli* sublime.

Cette entièreté de la pulsion signifie qu'il n'y est jamais question d'une élévation (*dépli*) de nature purement aérienne, spirituelle, qui serait délestée de son ancrage charnel. Au contraire, ce qui fait le caractère énigmatique, l'étrange opacité de toute exaltation chez Michaux, c'est la présence irréductible du *pli*. Nous le constatons, par exemple, dans le poème « Glissement » (CCT, III, 1205-11), qui se trouve dans la série « Jours de silence » et qu'il convient de lire de près.

6. Guy BRIOLE, « Être mystique », *La Lettre mensuelle* [de l'École de la Cause freudienne], [Paris], n° 141, juillet 1995, pp. 16-8. Sur l'âme, voir aussi Jacques LACAN, *Le Séminaire, Livre XX, Encore* (Paris, Seuil, « Le Champ freudien », 1975), pp. 76-7, 78.

Comme nous l'avons souvent vu, le *pli* est corrélé à la profondeur, à l'épaisseur, tandis que le *dépli* est déploiement en surface. Dans ce poème, l'extase est provoquée par des « [*f*]*rémissements à la surface des fonds* » (CCT, III, 1205). En effet, dans un texte qui annonce des *glissements*, les *fonds* restent agissants : leur force informe le mouvement de surface qui, lui, occupe le champ de la représentation. Cette logique se manifeste dans la manière dont le narrateur y réagit : « *Je réponds par une immédiate mise en route / disloquante, déviée, détachante* ». Cette violence lui permet de réaliser une dissociation entre la surface et le fond, entre signifiant et signifié : « *Mots en attente de sens* ». Cette scission laisse la surface du *dépli* seule à occuper le champ de la représentation : dimension que la profondeur du *pli* infuse de sa jouissance extatique, sans que l'on y perçoive le corps supplicié. La force disloquante, sauvage et incontrôlable du *pli* est évacuée.

Cependant, même dans l'exaltation de la « *planéité* » (CCT, III, 1206) et l'abstraction, le *pli* exerce encore son empire : ce qui se déploie, dans ce texte, c'est le caractère absolu attribuable à l'Autre du *pli*. Le narrateur déclare : « *Ampleur est venue* » ; « *Il se répand de la *SOUVERAINETÉ* ». Une force immense se répand : « *Imprenable, imparable, inarrêtable, / la nouvelle onde par-dessus / passe / traverse // inonde* ». De même que le *pli*, dans sa violence féroce, entraîne la destruction des représentations, de même, aucune barrière ne résiste à cette « *avalanche de douceur* ».

La structure du *pli* régit une construction paradoxale où la violence est porteuse de paix : « *apportant calmes, / des calmes à toute allure* » (CCT, III, 1206). Comme avec l'expérience de la vitesse, l'excès même de la violence (comme chacun peut l'observer dans un excès de bruit, ou dans un raz-de-marée) finit par revêtir les apparences d'un *calme*, puisqu'il écarte toute source de résistance. Une telle force impérieuse ne se laisse pas plus enfermer entre les rives d'un cours d'eau que dans les défilés des signifiants ; elle passe simultanément par toutes les voies, ainsi que l'indiquent ces termes qui, loin de s'exclure mutuellement, se combinent et se cumulent : « *par-dessus, par-dessous / passe / traverse* ».

Alors que, face au *pli*, le *dépli* pouvait se concevoir comme l'amorce de formes et de couleurs cherchant à atteindre le statut d'entités individuées, le *dépli* mystique — déterminé par le *pli* du vide — n'inaugure pas la manifestation des formes mais leur effacement. Les apparences et les qualités se voient abolies, et aucune identification ne peut se stabiliser : « *Défait de tout autre attribut / de sa liquidité, de sa luminosité* [...] / *le lac / en voie vers un autre devenir / Horizontalité en expansion / gagnant toujours // abstraite de tout* » (CCT, III, 1206). Une force sans mélange conduit à cette évacuation de toute individuation pour imposer une pureté où le sujet rejoint la chose du *pli* : « *abstraite de tout / de presque tout / devenant essence.* » (1206-7).

Cette abstraction est évoquée grâce au *dépli* des représentations, où l'adverbe *presque* (CCT, III, 1207) signale une part d'exception et le maintien d'une attache aux limites signifiantes. L'absolu de l'extase réclame ainsi le recours à la reprise nominale, accompagnée de ses expansions. L'insistance, le long de ces vers, sur les qualificatifs qui tentent de cerner l'expérience irrésistible et ineffable, marque le creusement du *pli* en même temps qu'elle dessine le *dépli*. Dans l'immensité bouleversante et insensée, l'écrivain trace son inscription signifiante, tout en marquant l'aporie inhérente aux semblants, grâce à laquelle un mot fait appel à un autre, dans une succession métonymique. Le poète se voit contraint d'enchaîner une série de synonymes, là où aucun signifiant n'est en mesure d'incarner la Chose du *pli* sublime ; il lui faut constamment un autre terme (*dépli*) pour dire son expérience : *ampleur, souveraineté, des golfes, une avalanche, la nouvelle onde, le lac.* Cette même recherche du mot adéquat fait retentir, en retour, la force impérieuse qui la sous-tend.

L'ensemble de cette partie du poème représente un *premier dépli* (auquel nous affectons le numéro *1*). Face à cette *planéité* s'ouvre un *deuxième dépli* (*2a*), caractérisé par les brisements : « *une brise s'élève — vagues au loin. Crêtes et creux / Mouvance à perte de vue / Balancement / par centaines* » (CCT, III, 1207). Ces mouvements désordonnés apparaissent comme l'envers de l'horizontalité infinie précédente, comme une expression du *pli* qui reste assimilé au *dépli* de l'expérience extatique. Ces hachements sont tout aussi infinis que les ondes : ils conservent le caractère d'abstraction (III, 1208) de celles-ci, mais en les articulant à des éléments du vécu, à des souvenirs. Grâce à ce nouveau *dépli*, l'abstraction trouve une articulation au registre de la signification.

Au sein de ce deuxième *dépli*, l'avènement de la « *densité* » (partie *2b*) signe la victoire du *pli* (« *Dense / continuation du dense / le lieu de densité emporté avec moi* » (CCT, III, 1208)) sur l'abstraction et sur l'état d'être « *Étiré d'admirations / de succes-*

sives admirations ». La densité vient s'opposer au sentiment d'élévation et apporte : « *Malaise. Agacement.* / *un vague excès sans objet, en pure perte,* [...] » (1209). Ces qualités relèvent de valeurs opposées à celles qui s'épanouissaient dans l'extase : quittant les hauteurs de l'idéal, le narrateur rencontre la confirmation de ses limites charnelles.

Le *troisième dépli* du texte réalise une synthèse des deux premiers. L'expansion infinie (*1*), suivie de son envers dans les brisements (*2a*) et le dégoût du *pli* (*2b*), trouve sa conclusion dans une opération de substitution, évocatrice d'une métaphore au caractère mystique : « *soudain...* // *bloc d'une autre réalité substitué à celle-ci* / *le plateau d'en face tout entier est devenu autre* » (*CCT*, III, 1209). Cette opération se produit indépendamment de toute volonté de la part du sujet, apparaissant comme une présence positive qui « *s'impose* » (1210). Il ne s'agit plus d'une scission, d'une dislocation (1205) mais d'une substitution qui prend aussi les allures d'une superposition : « *Le naturel n'est plus soutenu* / *L'au-delà du naturel vibre et s'impose* » (1210) ; « *Du temps passe devant le non-temps* ». La surface du *dépli* demeure inchangée mais, à travers elle, la chose du *pli* se fait sentir de manière sublimée : « *La masse d'en face,* / *son état d'auparavant évacué* / *sans qu'aucun détail ait changé,* / *sa signification seule la fait autre* / *totalement autre* / *sa radieuse signification* ».

Ce procédé indique le changement intervenu depuis le *dépli* purement extatique de la première partie et l'action du *pli* dans la deuxième. À la place de la qualité impersonnelle (« *Il se répand de la* *SOUVERAINETÉ » (*CCT*, III, 1206)) ou des fragments de souvenirs, nous découvrons une subjectivation du sublime : « *Un savoir catégorique s'est logé en moi, sans moi* / *stable, irréductible* / *L'absurde, l'impossible n'y peuvent rien.* » (III, 1210). De même que le *pli* ne possède pas de forme positivée, cette partie évoque un savoir sans contenu, une « *certitude* » de l'ordre d'une « *révélation* ». De la même manière que le *pli* repose sur l'Un, de même cette certitude est absolue, inentamée, non qualifiée, non contextualisée. Le *pli* qui agit dans cette partie du poème ne détruit pas les *déplis* : « [...] *l'inaltérable lieu étranger* / *auguste et simple* / *qui, sans rien détruire, a raison de tout* / *éclairé à sa propre lumière* ». Au contraire, le *pli* revêt l'éclat du *dépli* tandis que le *dépli* incorpore la force impérieuse du *pli*.

Ainsi, l'extase mystique n'exclut pas le *pli* mais le dote d'une forme en adéquation avec le *dépli* : celui-ci enveloppe la souffrance et le morcellement infligés par le *pli*, les habillant d'un nouvel éclat. En retour, le *pli* confère une puissance et une densité qui restent entières dans cette nouvelle réalisation. Tout réside dans la manière dont *pli* et *dépli* s'enchaînent et s'agencent dans une construction convaincante. Il s'agit donc d'une dialectique, et non d'une simple oscillation, d'un balancement ou d'un battement, ainsi que le décrivent les récits. Cette dialectique suppose une logique ternaire grâce à laquelle les deux termes opposés ne restent pas immobilisés dans un face-à-face. Par l'intervention d'un écart ou d'une faille — visible ici dans l'opération de substitution métaphorique —, le balancement *pli / dépli* s'inscrit, prenant corps dans la mise en forme poétique et artistique : le mouvement devient une véritable dynamique, productrice d'une esthétique.

2   une lecture dépliée (4) : les Meidosems

Dans cette dialectique entre la chair pâtissante et l'élévation mystique, « Portrait des Meidosems » (*V*, II, 201–23) offre un exemple en tout point remarquable. Les circonstances qui présidaient à la rédaction ne sont pas négligeables puisqu'il s'agit de la mort de la femme de l'auteur, à la suite d'innommables brûlures. On y trouve des allusions dans le texte et l'ensemble de ce livre porte la marque du *pli* formé par cette dimension réelle[7]. L'auteur entreprend de réaliser le *portrait* (*dépli*) de ce qui ne possède pas de visage, de ce qui tient de l'horreur et que l'amour tente de doter d'un habillage : en effet, parmi les nombreuses allusions que l'on peut entendre dans le titre, Raymond Bellour signale la présence du phonème « *aime* »[8] (II, 1107). Dans la mesure où il s'agit, pour l'écrivain, d'affronter et de traiter sa propre douleur, dans l'insupportable disparition d'un être cher, ce sera aussi un portrait de soi. Plongée dans une altérité insupportable, cette image est ravagée par le *pli* de la mort et la souffrance[9].

7. Cf. MATHIEU, « Portrait des Meidosems » (*loc. cit.*), pp. 17-8.
8. Pour autant qu'il s'agisse de l'image de soi — de l'autoportrait dans le miroir de l'Autre —, l'on pourrait aussi y entendre la forme réfléchie du verbe : *s'aime*.
9. Jean-Michel Maulpoix note que dans le nom *Meidosem* on entend « *|le mot grec eidos qui désigne l'espèce et l'essence, complété d'un préfixe et d'un suffixe répétant l'initiale du nom même de Michaux [...].|* » (« L'Amour des Meidosems »). Évelyne Grossman note : « *Atomes-lettres, les Meidosems sont aussi des simulacres* (eidola). » (GROSSMAN, « Le *Clinamen* de Michaux », pp. 49-50).

Le mouvement *pli / dépli* peut se lire de plusieurs manières. Dans sa notice, Raymond Bellour souligne combien ce livre porte la marque d'une topologie de l'entre-deux : « *Qu'est-ce vraiment qu'un Meidosem ? C'est une hypothèse. Une synthèse discrète et floue de l'ailleurs. Ce nom de peuple est celui qui unit le plus intimement processus, états et lieux. Il oscille comme aucun entre figuration et défiguration, féminin et masculin, nom et adjectif, qualifiant toutes choses.* » (II, 1106) ; « *[...] un voyage sans voyageur, un espace transfiguré par la douleur, hanté par la peinture, texte entre tous intermédiaire.* » (1104).

Comme l'indique la pluralité des interprétations du nom *Meidosem* et cette perception de leur étrange présence, l'identité de ces êtres reste problématique : ceux-ci ne trouvent pas leur unité au sein d'un catalogue scientifique ou d'une représentation imaginaire. Confronté à l'indicible de la souffrance, à l'incontrôlable multiplicité des douleurs qui menacent de le submerger, le sujet de ce texte cherche à donner des noms à toutes ces sensations : « *Une gale d'étincelles démange un crâne douloureux. C'est un Meidosem. C'est une peine qui court. C'est une fuite qui roule. C'est l'estropié de l'air qui s'agite, éperdu. Ne va-t-on pas pouvoir l'aider ? / Non !* » (II, 206). Toutes ces douleurs se trouvent dotées d'un seul nom, du nom des innombrables Meidosems : ces êtres évanescents qui inscrivent une souffrance qu'aucun nom ne suffit à contenir. Raymond Bellour souligne : « *L'intense variété des formes expressives et des métamorphoses suggérées semble à la mesure du besoin presque impossible d'approcher et de conjurer la réalité supposée de l'expérience : une femme brûlée, défigurée, gisant sur un lit d'hôpital.* » (1105). Le lecteur remarque l'insistance du narrateur dans son effort pour assimiler ses sensations au nom *Meidosem* : « *Oui, un Meidosem.* » (202) ; « *C'est une Meidosemme.* » ; « *Peut-être est-ce un Meidosem. Peut-être sont-ils tous des Meidosems...* » (203) ; « *C'est un Meidosem.* » (206). Le Meidosem ne correspond à aucune catégorie de la réalité puisqu'il est le nom de ce qui reste sans nom, une désignation de l'innommable. Ainsi, le *pli* des signifiants qui tranchent dans la chair trouve son unité dans ce nom qui advient comme un *hapax*, traduisant une singularité absolue : « *Trente-quatre lances enchevêtrées peuvent-elles composer un être ? Oui, un Meidosem.* » (202). Ces créatures ne sont pas totalisables, ils ne composent pas un paysage du « peuple Meidosem ». Le réel étant saisissable seulement par morceaux, les

Meidosems sont indénombrables, formant une série potentiellement illimitée : seules leurs diverses manifestations permettent de déplier ce réel. Les Meidosems apparaissent comme une métaphore (*arête signifiante*), comme un dispositif permettant d'unifier ce qui reste réfractaire à toute unité.

Les Meidosems s'affirment comme le recours de celui dont on a « *détruit son un* » (II, 202), comme le miroir indispensable de celui qui ne dispose d'aucune image qui lui soit propre. Sans cet *un*, le sujet se trouve dénué de visage et impuissant à « faire face ». La seule identité qui existe alors est celle, créée *ex nihilo*, de *Meidosem*. En l'absence d'une représentation unique, susceptible d'apaiser son regard[10], le narrateur recherche des métaphores visuelles dispersées, multiples (203), qui guettent dans le moindre recoin. Il traque une image de soi dans le « monde » des Meidosems : « *Ces centaines de fils parcourus de tremblements électriques, spasmodiques, c'est avec cet incertain treillis pour face que le Meidosem angoissé essaie de considérer avec calme le monde massif qui l'environne.* » (204). Aux prises avec ce qui s'impose comme un corps tourmenté, le narrateur demande, de ces fils-*plis*, un support identificatoire : ceux-ci deviennent des métaphores destinées à faire barrage au monde opaque, à lui donner forme et visage. Il s'agit d'observer le mouvement des émotions : de les regarder, les symboliser, leur donner un nom.

Le sujet doit saisir la moindre occasion pour se doter d'un visage. D'où la « *Meidosemme porte-pavillon* » (II, 207), portée par son élan à se décorer la face, afin d'oublier sa peine. Cependant, on remarque une absence d'articulation entre cette peine indicible et l'expression de son visage. Ses pavillons apparaissent comme un *patchwork*, composé de pièces et de morceaux : « [...] *ce sont, quoiqu'elle n'y songe pas, des pavillons qui ne veulent rien dire.* ». En effet, cet assemblage échoue à réaliser la vocation humanisante du visage. La Meidosemme offre une expression de sa peine incommensurable, tout en essayant d'en détourner l'attention. Le narrateur note : « *Autre chose, on peut voir dessous, si l'on est celui-là qui doit être appelé à l'y voir, qu'elle-même devine à peine, toute occupée à son pavoisement.* ». Le *dépli* de l'apparence représente un moyen de retourner la souf-

10. Telle est la fonction du tableau, selon Lacan : « [Le peintre] *donne quelque chose en pâture à l'œil, mais il invite celui auquel le tableau est présenté à déposer là son regard, comme on dépose les armes. C'est là l'effet pacifiant, apollinien, de la peinture.* » (LACAN, *Le Séminaire, Livre XI* [op. cit.], p. 93).

france, de s'en distraire et tromper le regard des autres. Cependant, il manque l'essentielle articulation entre le *dépli* du visage et le *pli* de la souffrance. Ces pavillons ressemblent au chant de cette autre Meidosemme : « *Elle chante, celle qui ne veut pas hurler. Elle chante, car elle est fière. Mais il faut savoir l'entendre. Tel est son chant, hurlant profondément dans le silence.* » (206). Il faut une relation des plus intimes (celle d'un *un* singulier) pour percevoir l'horreur du *pli* que la Meidosemme recouvre — voire, transfigure — par le *dépli*. Sans entamer la souffrance, ce hurlement la rend moins massive, devenant chant pour satisfaire — unique arrimage possible — la fierté d'un être qui refuse de s'abandonner à l'absence de contenance, qui résiste à l'indicible du *pli*.

En termes de représentation imagée, les Meidosems « *semblent mimer le processus de production des aquarelles* » (BELLOUR, II, 1105), dans une présence visuelle caractérisée par la plasticité. « *L'élasticité extrême des Meidosems, c'est là la source de leur jouissance. De leurs malheurs aussi.* » (II, 203) ; « *Le peu de forme fixe qu'elles avaient, fatiguées à mort, elles vont la perdre dans les rameaux, dans les feuilles et les mousses et dans les pédoncules.* » (204). Cette souplesse traduit moins une modalité de plaisir que la qualité interminable de la souffrance réelle : ce qui ne peut jamais se contenir dans une formulation signifiante, ce qui persiste, incessant, excédant toute clôture langagière. En réponse à ce réel inassimilable, les Meidosems recherchent des formes diversifiées susceptibles de pallier l'horreur, de lui donner un nom, passant alternativement de *dépli* en *pli* : « *Ils prennent la forme de bulles pour rêver, ils prennent la forme de lianes pour s'émouvoir.* » (202).

Ces manifestations frêles et évanescentes témoignent de la volonté des Meidosems d'adhérer à l'image qui s'offre à eux. Leur élasticité peut donner l'impression d'une libération du signifiant pétrifiant — de cet Autre qui refuse toute *distraction* — mais elle apparaît plutôt comme son envers. Dans l'absence d'une inscription opérée par la coupure, le sujet éprouve son impuissance à s'arrimer à une forme de semblant, restant livré au battement pulsionnel. Ainsi, le corps mediosem est morcelé, manifestant l'aspiration à transposer la souffrance en élans, en désirs fugitifs, comme autant de départs et de *déplis* possibles. La forme des Meidosems n'est jamais unifiée, définitive : elle reste multiple, indécise, informée d'une plasticité sans fin :

Si grande que soit leur facilité à s'étendre et passer élastiquement d'une forme à une autre, ces grands singes filamenteux en recherchent une plus grande encore, [...]. Et pour cela s'en vont ces Meidosems joyeux ou fascinés vers des endroits où on leur fait promesse d'une grande extension, pour vivre plus intensément et de là repartent excités vers des endroits où une promesse analogue leur a été faite. (II, 208)

Les Meidosems éprouvent l'exaltation d'être suspendus au miroitement des promesses, à leurs échos réciproques, sans qu'aucune ne dégage l'identité propre d'un Meidosem ou apporte une réalisation finale, un *dépli* affranchi de son inscription première. Les Meidosems restent dans l'attente et l'inachèvement. Aucun aboutissement ne vient changer leur situation, les soulager de la fixité et de l'atroce certitude de ce qui — revers de cette exaltation —, est celle du *pli*, lieu d'indicible souffrance.

La fluidité des Meidosems témoigne de l'absence d'une inscription symbolique, déterminée par la rétroaction signifiante : opération qui autoriserait une transformation et garantirait une identité que le Meidosem pourrait considérer sienne. De cette instabilité vient l'insistance sur *aujourd'hui*, terme qui ne signe pas un instant destiné à passer mais se transforme en l'infini d'un « *chaque aujourd'hui* » (II, 210) suppliciant, un « *Présent sans issue* » ; ou encore, l'espoir et l'attente indéfinis, comme ceux éprouvés par un Meidosem lézard sapé par son vide : « *Sans ciller, dans l'espoir de se remplir, il attend...* » (211).

Dans cette situation, deux termes opposés ne représentent pas des pôles qui, grâce à l'écart qui les sépare et les rassemble, s'inscriraient dans une dialectique ; au contraire, ils contribuent à figer, à pétrifier les Meidosems. Ainsi, la marque du *pli* prend la forme d'une lance qui à la fois « *tue* » et « *soutient* » (II, 210). De même, gauche et droite signent un clivage et non une division salutaire :

Danger ! Il faut fuir. Il le faut. Vite.
Il ne fuira pas. Son dominateur droit ne lui permet pas.
Mais il le faut. Ne veut pas son dominateur droit. Son épouvantant gauche s'agite, se tord, au supplice, hurle. Inutile, ne veut pas son dominateur droit. Et meurt le Meidosem qui, indivisé, eût pu fuir. (II, 208)

L'opposition spéculaire que composent *droite* et *gauche* ne laisse pas d'autre issue que la soumission mortelle face au danger : il n'existe aucun vouloir qui permette de se décider face à un choix pétrifiant. Dans cet univers, l'alternative signe la qualité différentielle du signifiant circonscrit par son étau de fer mortifiant. Le Meidosem éprouve son impuissance à opérer un choix puisque celui-ci impliquerait la perte radicale d'une partie de son être, la révélation d'un gouffre, au lieu d'annoncer la possibilité d'une relève :

> Quand deux choses ne leur plaisent pas, entre lesquelles il leur faudrait choisir et décider, quand, entre deux décisions à prendre, chacune désagréable et génératrice probable d'autres désagréments mais difficiles à suivre à l'avance, ils n'arrivent pas à donner la préférence à l'une sur l'autre, qui continue en quelque sorte, à chaque instant, de sonner de la cloche, ils agissent alors en reculant de plus en plus dans leur tête qui fait le vide devant le problème tracassant qui ne les tracasse pas moins pour cela, vide douloureux qui occupe tout, sphère de néant.   (II, 215)

Pétrifié, le Meidosem prend la forme du *pli* traumatisant ; il reste *dépli* (nom, être imaginaire) entièrement déterminé par le vide dominateur et mortifiant.

En effet, la fluidité des Meidosems résulte de l'absence d'une séparation qui leur offrirait une position enfin inaliénable. Leur fuite est informée par la panique, par l'horreur d'être exposé à un Autre qui commande à leur souffrance et qui incarne leur mort, par la certitude de ne jamais pouvoir se libérer d'une existence qui prend la forme d'un « *nœud indivisible* » (II, 213). Par conséquent, le moindre mouvement d'inconsistance peut faire signe d'une opacité irréductible contre laquelle leur existence risque de se briser :

> Roche d'âme. Contre elle, pas de recours. Ils n'en trouvent pas. Pas de contournement possible. Ils n'en trouvent pas.
> Là-dessus, ils buteraient s'ils avançaient et ce n'est rien que vent, confluence de vents.   (II, 216)

Dans ces *plis* infimes, les Meidosems rencontrent un abîme infranchissable. Le *pli* tranche dans leurs frêles représentations, qui ne parviennent pas à prendre corps. En effet, dans ce *pli* réside l'être même des Meidosems, ce dont ils ne peuvent aucunement se séparer, ce dont ils sont condamnés à épouser les battements. Ainsi, le mouvement de fuite esquissée par les Meidosems se transforme selon les assauts de la souffrance, selon des courbes que celle-ci infléchit. Ainsi : « *Un jeune Meidosem se plie, se replie, s'efface tant qu'il peut, se rejetant en arrière, comme un*

lasso. Mais la terrible tour animée qui le menace [...]. » (II, 216).
L'effort pour se différencier de cette menace — « *Se muer en moires changeantes* » (217) — prend la forme d'une action en miroir mais, sur le plan du *dépli*, il traduit la solidarité inexpugnable qui relie les Meidosems à l'horreur comme envers et endroit d'une même étoffe.

Le caractère puissant et énigmatique de ces créatures provient de ce qu'ils demeurent exclus des semblants, d'une inscription concrète. Ainsi le narrateur les décrit en relation avec la dimension du regard :

> Un bandeau sur les yeux, un bandeau tout serré, cousu sur l'œil, tombant inexorable comme volet de fer s'abattant sur fenêtre. Mais c'est avec son bandeau qu'il voit. C'est *avec* tout son cousu qu'il découd, qu'il recoud, avec son manque qu'il possède, qu'il prend.   (II, 214)

De ce défaut d'inscription provient l'absence de concrétisation visuelle de ces êtres qui ne sont jamais « qu'entrevus ». De même, ces Meidosems ne peuvent voir avec les yeux. Ils n'habitent pas dans un monde où le *dépli* aurait acquis la consistance des semblants, grâce à une opération de séparation, telle que la réalise la structure de la fenêtre[11]. Ces êtres voient au moyen du *bandeau* qui, usuellement, empêche de voir, étant de l'ordre de *l'obstacle* (du *pli*). Ce qui se présente comme *fenêtre* est obturé, ne pouvant se remplir d'aucun contenu consistant. Cependant le cadre de la fenêtre reste marqué en pointillé, comme lieu de l'inscription première du sujet (évocateur du trait), permettant de faire et défaire le contour. À partir de ce dispositif, il devient possible de se doter d'un contenu subjectif : dans le mouvement binaire *coudre/découdre* qui ouvre sur un *posséder*.

Dans cette perspective, il convient de porter un regard nouveau sur la tragique impasse des Meidosems et leur aliénation au *pli*. Ce qui ne cesse de s'exprimer, dans ce portrait des Meidosems, c'est la persistance du désir qui, à la manière du dessin des traits[*], s'oppose à tout asservissement, à toute fatalité. Ainsi, dans cet extrait d'une vignette :

> La tête crève, les os pourrissent. Et les chairs, qui parle encore des chairs ? Qui s'attend encore à des chairs ?

---

11. Wajcman, *Fenêtre* (*op. cit.*), *passim*.

* Voir *supra*, pp. 165sq.

Cependant, il vit.
L'horloge roule, l'heure s'arrête. Le boyau du drame, il y est.
Sans avoir à y courir, il y est...
Le marbre sue, l'après-midi s'enténèbre.
Cependant, il vit...   (II, 205)

À travers l'innommable déchéance qu'il observe dans la glace, le
sujet se voit aussi dans ce qui est sans image et qui résiste au-
delà de la souffrance et de la mortification : « *Cependant, il vit.* »
Dans cette écriture, le sujet se montre dans son opposition à ce
qui menace de le happer, il manifeste le caractère indestructible
de son désir. On discerne cette force à l'œuvre dans une autre
vignette : « *Oh ! Elle ne joue pas pour rire. Elle joue pour tenir,
pour se retenir.* » (II, 205). L'effort désespéré de cette Meidosemme
se traduit par le verbe *jouer*, terme qui l'articule à la « gratuité »
du désir. Le texte formule l'action du jeu comme suit : « *Elle
joue bille contre un bœuf et perd un chameau.* ». Cette phrase
paraît mimer une structure ternaire mais, au lieu d'impliquer
l'accès à une identité (grâce à la coupure), on assiste à la perte
d'un troisième élément qui n'entrait pas dans l'équation initiale[12].
Cette absence d'un nouage structurant signe l'impossibilité pour
le sujet de s'inscrire dans un discours : son identité ne cesse de
lui échapper. La Meidosemme se trouve face à une loi d'airain :
« *Erreur ? Oh, non, il n'y a jamais d'erreur dans le cercle
fatal.* ». Malgré cette absence d'issue, la Meidosemme persiste à
jouer, étant « [t]*oute mobilisée pour tenir* ». Emprisonnée par le
pli, par son « *nœud indivisible* » (213), elle déploie une force de
résistance égale à la chose qui l'assaille, s'inscrivant dans une
durée qui dépasse les apparences éphémères :

C'est tout. C'est une Meidosemme.
Et elle attend, légèrement affaissée, mais bien moins que n'importe quel
cordage de sa dimension appuyé sur lui-même.
Elle attend.
Journées, années, venez maintenant. Elle attend.   (II, 202-3)

Les Meidosems montrent une force qui permet d'imposer leur
inflexion subjective à la force inhumaine et anonyme qui se joue
de leur existence.

En vertu de ce *pli* subjectif, la faiblesse devient une force, ainsi
que nous le constatons dans ce passage :

12. Cette formulation rompt avec le caractère clos du syllogisme, où la conclusion résulte nécessairement des prémisses.

Très peu soutenus, toujours très peu soutenus, les voilà encore, leur colonne de vertèbres (sont-ce même des vertèbres ?) transparaissant sous l'ectoplasme de leur être.

Ils ne devraient pas aller loin.

Si, ils iront loin, vissés à leur faible, en quelque sorte forts par là et même presque invincibles... (II, 211)

Au cœur même de l'aliénation persiste la singularité, dimension qui est la source même de ces textes. Les Meidosems sont des formes *faibles*, mais ils témoignent d'une subjectivité non spécularisable — d'un *pli* qu'il conviendrait de porter à la dimension d'une coupure — capable de briser la massivité et l'opacité du *pli*. Les poèmes et les créations apparaissent comme des productions absolument singulières et inaliénables, les expressions d'une volonté de survie. Certes, devant leur visibilité évanescente et face à la puissance du *pli*, on peut s'exclamer : « *Risible résistance !* » (II, 212) ; mais le sujet se montre déterminé à l'emporter à chaque épreuve qui s'entend comme un *hapax* — « *chaque aujourd'hui* » (210) — susceptible de se renouveler sans cesse : « *Enfin... ça suffira peut-être cette fois.* » (212). Le Meidosem, dût-il se montrer comme une « *[p]alissade de peau contre dents de tigres* », inscrit une brèche infime où se loge son désir indestructible.

Les Meidosems trouvent leur dimension extrême — comme *dépli, pli* et *repli* — dans l'âme. Le ton est donné dès le début du texte : « *Et pendant qu'il la regarde, il lui fait un enfant d'âme.* » (II, 201). Le regard transpercé par la vision de l'horreur, devant l'impossibilité de tout rapport charnel, le narrateur affirme que seul l'amour est susceptible d'offrir un voile, de pallier l'indicible. Cette expérience s'inscrit dans une impossibilité plus ancienne et moins conjoncturelle : celle d'une absence de transmission symbolique. Dans son impuissance à inscrire l'enfant dans les semblants, le sujet est destiné à porter la marque de son tourment non symbolisable. Ainsi, le narrateur note : « *Immensité déserte. Château pareillement désert. Altier, mais désert. Et pendille son enfant dans le vent, dans la pluie. Pourquoi ? Parce qu'il ne pourrait le ramener chez lui, vivant.* ». L'enfant d'âme est aussi un enfant bercé de souffrance, éternellement exclu de l'influence apaisante des semblants. Les seuls mots que prononce son père d'âme sont « *Tut ! Tut !* » : « *Ils n'ont d'autre commerce.* » (201). Notons que nous pouvons aussi bien identifier cet *enfant d'âme* à ce livre, à ce *portrait* des Meidosems : celui-ci s'entend comme le résultat d'une union spirituelle — la seule possible — , l'expression d'un amour, ce qui marque un point de butée, l'endroit d'un impossible à assimiler au langage.

L'univers de l'âme témoigne d'un effort pour passer outre la destruction du corps : l'âme est ce lieu d'une union qui se situe au-delà de l'aporie des semblants, là où le nom *meidosem/me* s'accorde à la fois au masculin et au féminin. On note que l'*incipit* inscrit un départ au féminin (II, 201) et que le féminin imprime sa marque sur l'ensemble du livre[13], puisqu'il permet de désigner — à défaut de pouvoir la nommer — la dimension de l'être qui échappe aux signifiants. Les *déplis* des âmes-Meidosems émanent du *pli* où s'abolit la différence entre soi et l'autre, entre endroit et envers. Plus en avant, l'âme exprime le rêve d'accéder à un paradis spirituel, asexué, l'effort pour réaliser une complétude affranchie du corps, sur le plan imaginaire ou encore, sur le plan de l'écriture, la volonté de suturer la béance insupportable, de créer un nouveau semblant.

L'âme, dont les Meidosems sont la manifestation, engage une dimension passionnelle sans limites. Nous l'avons déjà constaté dans le clivage sans médiation qui structure les Meidosems et nous le retrouvons dans la souffrance sans fin, dans la chair dénudée, le sang répandu et le corps morcelé : « [...] *mais ce n'est pas du sang, c'est le sang des souvenirs, du percement de l'âme, de la fragile chambre centrale,* [...] *c'est l'eau rougie de la veine mémoire, coulant sans dessein, mais non sans raison en ses boyaux petits qui partout fuient ; infime et multiple crevaison.* » (II, 209). L'envers du sublime de l'âme, c'est ce morcellement où la douleur morale rejoint le supplice physique. C'est par ce tourment que se fait la perception de ces Meidosems : « *Des coulées d'affection, d'infection des coulées de l'arrière-ban des souffrances,* [...] *c'est avec ces coulées-là qu'il appréhende* [...]. ». Dans cette élaboration, c'est l'âme qui pâtit. Quant au sujet, il est affecté d'un clivage, s'éprouvant comme dénué d'un corps auquel pourrait arriver une expérience : il se trouve comme un corps rendu insensible par l'excès de douleur. Aussi sont-ce les Meidosems qui éprouvent et enregistrent la passion à sa place[14]. Dans

---

13. « *On remarque aussi l'élément féminin, plus présent ici que dans tout autre texte de Michaux depuis "La Ralentie" et "Je vous écris d'un pays lointain"* [...]. » (BELLOUR, II, 1105).

14. Les Meidosems présentent ainsi une analogie avec l'expérience mystique, dans laquelle c'est l'âme qui jouit. Cf. BRIOLE, « Être mystique » (*loc. cit.* [n. 6]).

cette disposition, le sujet acquiert la possibilité d'observer sa souffrance de l'extérieur, la transformant en des simulacres de personnages, en des bribes de créatures, semblables à des anges, là où le Meidosem est à la fois le sujet qui écrit et ce corps écartelé de souffrance.

Le mouvement du texte conduit vers l'ascension, vers la hauteur ; une progression annoncée dès l'*incipit* : « *D'ailleurs, comme toutes les Meidosemmes, elle ne rêve que d'entrer au Palais des Confettis.* » (II, 201). L'ensemble du livre porte vers un dépassement infini réalisé à partir de la chair supliciée. Celle-ci, *pli* innommable, constituant le cœur du texte.

Les Meidosems font des tentatives maladroites pour atteindre la hauteur, recourant à des échelles : « *De toutes parts, jusqu'au bout de l'horizon, échelles, échelles... et de toutes parts têtes de Meidosems qui y sont montés.* » (II, 220) ; à des arbres, pour « *deviser avec les vautours* » (221) ; à des « *tiges montantes* ». Vers la fin du livre, tout l'effort des Meidosems paraît tendu dans cette quête des hauteurs : « *Ils ne peuvent rester à terre. Ils ne peuvent s'y plaire. Dès que nourris, ils repartent vers la hauteur, vers la vaine hauteur.*[15] » (222).

La fin du texte confirme la réussite de leur entreprise : « *Des ailes sans têtes, sans oiseaux, des ailes pures de tout corps volent vers un ciel solaire* [...]. » (II, 223). Ici, le commerce des âmes, qui se produit juste avant la turbulence finale (« *Mystérieux est leur commerce, mais il existe.* » (222)), s'oppose à la solitude initiale (201-2) où l'« *enfant d'âme* » signait l'impossibilité de commercer, d'instituer un lien de transmission. En cette fin de livre, nous assistons à la dépense effrénée, le gaspillage exalté, sans finalité et sans mots : « *Silence. Envols.* » (223).

L'élévation traduit un emportement pulsionnel visant la « *future félicité* » (II, 223). La dernière ligne exprime cette consécration : « *Ce que les Meidosems ont tant désiré, enfin ils y sont arrivés. Les voilà.* » Les Meidosems arrivent dans ce vide extatique, cependant, sans qu'une conscience puisse en authentifier l'expérience. Ces créatures sont *sans têtes*, happées par une exaltation

---

15. À nouveau, nous songeons à Samuel Beckett dans *Le Dépeupleur*, où les habitants du cylindre cherchent à atteindre, au moyen des échelles, « *le zénith inviolable où se cache aux yeux des amateurs de mythe une issue vers terre et ciel.* » (BECKETT, *Le Dépeupleur* [*op. cit.*, n. 2], p. 19).

acéphale. Cette poussée ascensionnelle, rappelant l'évocation du
« *nid de bulles* » (I, 572), emporte les Meidosems comme autant de
sphères multiples, fragiles et monadiques.

Ainsi, les Meidosems retrouvent leur unité : celle qu'ils avaient
perdue pour avoir été défaits de leur « *un* » (II, 202). La multiplicité turbulente contient l'exaltation et l'exacerbation de toute leur
existence. On y trouve comme la combinaison des Meidosems
dans leur diversité non totalisable ; des aspirations vaines et irréa-
lisables s'expriment dans une apothéose qui ne peut que signer
l'envahissement du réel, le corps qui succombe, là où s'unissent
toutes les jouissances indicibles, les souffrances insupportables[16].
Par cet effacement de la singularité, les *uns* fondent dans une
multiplicité sans visage qui remplace, en l'annulant, l'« accou-
plement » initial, producteur de l'*enfant d'âme*. Dans ce finale,
s'exprime toute la force de leur être : un désir qui s'unit à
la pulsion, affranchi de toute entrave. Les Meidosems passent
au-delà de leurs élans brisés, de leurs apparitions fugitives,
réconciliés avec un *pli* définitivement porté à la hauteur du
sublime.

Après l'extrême violence que manifestaient les renversements
— affirmant la domination d'une instance féroce et les effets
dévastateurs de son caprice —, l'étude de la subjectivité permet
de discerner l'importance de la singularité à laquelle la création
de Michaux donne corps.

Nous pouvons résumer le parcours accompli de la manière
suivante. En raison de la topologie scindée du *pli*, le langage
s'éprouve comme une forme de parasitage, au lieu d'offrir une
représentation au sujet. Alors s'impose la nécessité de construire,
au moyen de la création, des équilibres ponctuels susceptibles de
combattre ce ravalement et redonner au monde ses apparences
habitables. *L'exorcisme* se présente comme un recours grâce
auquel le sujet se ménage un lieu : en expulsant l'instance du *pli*,
il laisse le *dépli* enfin recouvrir sa blessure. Cette opération
d'ordre matériel se déroule dans l'intimité de la création, étant
constamment appelée à se renouveler, en l'absence d'une séparation opérée « une fois pour toutes ». De surcroît, au lieu de
simplement évacuer la chose angoissante dans un mouvement

---

16. Rappelons l'interprétation faite par Lacan du syntagme « *entre centre et
absence* »*.

---

* Voir *supra*, p. 197.   215

univoque, l'exorcisme la fait advenir : la création exorcisante lui donne forme, la faisant passer de l'état de chose sans nom à celui d'objet sublime.

Pour autant qu'il bénéficie d'une représentation, le sujet s'appréhende sous la forme d'un fil, d'un trait sans épaisseur, inentamé par la division, en lien avec son inscription première. À l'aide des traits — dont l'œuvre graphique de Michaux est singulièrement riche —, il se réinscrit en tant que sujet. Les traits offrent une expression de la subjectivité pure, tout en s'ouvrant au *dépli* figuratif. Cette écriture — qui est aussi rythme et danse — confirme le caractère matériel de la production graphique et des textes de Michaux, où le graphique et le signifiant se relaient comme *pli* et *dépli*. Au-delà de l'inscription pâtissante du sujet, les traits donnent corps à la singularité absolue de son « *désir indomptable* »[17], face aux signifiants et aux discours colonisés par l'Autre de la collectivité.

Articulé à cette démarche, le *pli* pâtissant se retourne en exaltation mystique où le *pli* devient *dépli*, l'enveloppement dans une expansion aérienne, et où la jouissance inentamée se tient dissimulée derrière les apparences brillantes de l'extase. Le texte du « Portrait des Meidosems » illustre cette voie, réalisant la transfiguration d'une réalité insupportable.

17. Marcel PROUST, *À la recherche du temps perdu,* vol. V, *La Prisonnière* (Paris, Gallimard, « Folio classique », 1999), p. 79.

CONCLUSION

L E *pli* occupe une place déterminante dans l'œuvre de Michaux, structurant, comme nous avons pu le voir, chacune de ses productions. Mettre en valeur l'importance du pli présente un intérêt précis : celui de nous faire dépasser le jeu des signifiants, dans leur couplage avec les signifiés, pour lire la construction littéraire dans son irréductible matérialité.

L'étude de la structure du *pli* chez Michaux n'est pas seulement éclairante pour la création de cet écrivain et artiste plasticien. Le livre fondamental de Gilles Deleuze sur Leibniz montre à quel point le pli préside à la pensée et à la production artistique baroques. D'autres pistes ne tardent pas à se manifester : sur le plan de la société, les conflits violents apparaissent comme des *plis* mettant à ciel ouvert les termes fondateurs des groupements humains, au-delà de la façade de leurs structures institutionnelles ; les scandales politico-financiers éclatent, dévoilant l'identité du maître qui dirige, derrière les scènes, les opérations diplomatiques ; dans le domaine de la santé, la maladie vient raviner le corps bien portant ; les catastrophes naturelles — telles le tsunami cataclysmique du 26 décembre 2004 en Asie, dont les effets se firent sentir dans le monde entier — montrent que notre tissu social — matérialisé par l'économie, la communication — ne saurait s'affranchir de sa dépendance du milieu naturel ; enfin, dans le domaine littéraire, les scènes fantasmatiques et les motifs récurrents, que certains auteurs dévoilent au cœur de leurs livres (Proust, Genet, Giono, Duras...[1]), marquent une entaille dans l'étoffe de la continuité romanesque, transperçant la succession des actions pour rappeler le nœud de jouissance qui résiste à l'étendue du vraisemblable. Pour chacun de ces auteurs, il est alors important d'établir les paramètres qui structurent leur *pli* : dimension propre à éclairer l'épaisseur romanesque comme un temps de *dépli*.

---

1. Dimension qui fait l'objet des études contenues dans notre livre *Figures du mensonge littéraire* (*op. cit.*).

La structure du *pli* est d'ordre binaire, révélant une action répétitive qui fait passer du *pli* au *dépli*, de l'entaille au *repli*, et de retour. Si elle devait régner sans partage, une telle oscillation confinerait au cercle infernal, témoignant d'un enfermement et d'un statisme accablants, voire pathologiques : à une telle fatalité, la dimension de création chez Michaux oppose un démenti éclatant.

À cet égard, il convient de faire une mise au point de l'analyse menée par Deleuze sur la structure du pli. Comme le remarque le psychanalyste Serge Cottet, la démarche du philosophe consiste à renverser la hiérarchie des valeurs traditionnelles, adhérant au multiple contre l'Un et poursuivant, dans toute son œuvre, « *les suppôts de l'idéal d'unité* [...] *l'idéologie du tout, du global* »[2]. Dans cette quête de l'extension et de la liberté du multiple, Deleuze dénonce la psychanalyse, affirmant qu'elle « *se trompe en assimilant l'inconscient à un théâtre* ». Il lui préfère « *le paradigme de l'usine* » : « *Prendre l'inconscient pour une usine qui transforme et coupe des flux, et non pas pour un théâtre de la représentation.* » (p. 7[2]). Serge Cottet conclut :

On cherche donc à [...] substituer la question « qu'est-ce que cela veut dire ? » ou « comment interpréter » par la question fonctionnaliste « comment ça marche » ? Non pas « qu'est-ce que cela veut dire » ni « qu'est-ce que cela représente ? », mais comment « cela fonctionne ? »
(p. 10[2])

En tenant à évincer, du champ de son étude, la dimension de la représentation et de la métaphore, Deleuze cherche à instituer un système de pensée qui évolue entièrement sur le plan d'immanence, qui s'affirme comme réel et non comme la manifestation d'une "superstructure", aliéné au trait unitaire. Céline Lafontaine souligne l'origine spécifique de cette orientation chez Deleuze et Guattari dans l'après-guerre américaine, affirmant que « *les concepts de la multiplicité, de machines désirantes et de rhizome* [...] *révèlent l'ancrage cybernétique de leur pensée* »[3]. L'importance de cette structure se voit exemplifiée, sur le plan de la vie actuelle, par la *world wide web*, la "toile d'araignée" de l'inter-

---

2. Serge Cottet, « Deleuze, pour et contre la psychanalyse », *Horizon* [L'Envers de Paris-École de la Cause freudienne], n° hors série "*Des philosophes à l'Envers*", janvier 2004, pp. 4–17 (p. 6).
3. Céline Lafontaine, « Les Racines américaines de la *French Theory* », *Esprit*, n° 311, janvier 2005, pp. 94–104 (p. 103).

net ou dans les flux du capital. Voire, la société dans son ensemble tend à adopter cette structure, ainsi que le démontre Jean-Claude Milner : alors que « *toutes les sociétés connues admettent des cas où la fonction de société se suspend*», les doctrines modernes «*se situent à l'exact opposé*». Milner fait remonter à 1815 ce mouvement qui conduit vers l'illimitation : «*Rien ni personne n'existe à l'égard de quoi la fonction cesse de faire sens. Rien ni personne n'existe qui fasse suspens de la société.*»[4]. Michaux semblerait se situer volontiers en harmonie avec ce développement, à en juger par son rejet de Proust et Freud, qu'il a qualifiés de «*dissertateurs du subconscient*» (*Premiers écrits* ; I, 45).

Or notre analyse nous conduit à apporter des modifications à cette conception car nous avons remarqué que tout, dans la création de Michaux, ne se réduit pas au balancement *pli / dépli*. Alors que, dans les récits, dans les textes en vers, dans l'œuvre graphique, le *pli* ne cesse de faire irruption, révélant le point inexpugnable d'aliénation du sujet à un *Autre féroce*, le *dépli* témoigne des efforts du sujet pour accéder à une représentation enfin affranchie de ce qui, néanmoins, reste l'assise de son être. Le *dépli* s'entend donc comme une forme de *représentation*[5], mais son caractère éphémère et son absence d'efficacité résident dans sa nature largement imaginaire : le *dépli* appartient au plan de l'image, restant irrémédiablement attaché au *pli* qui en est l'envers. Alors intervient un troisième élément destiné, tant bien que mal, à porter cette configuration binaire vers la forme d'un trépied structural, propre à stabiliser ce mouvement incessant. C'est ce que nous avons nommé l'*arête signifiante**. Celui-ci a pour fonction d'opposer, au *pli* pâtissant, une nomination, les apparences d'une métaphore. Le nom ou l'axiome est destiné à exorciser l'innommable, à déclarer celui-ci vaincu. Cependant, le

---

4. MILNER, *Les Penchants criminels de l'Europe démocratique* (*op. cit.*), pp. 22-3. D'autres points de rupture s'imposent à notre réflexion. Alain Finkielkraut situe l'irruption de l'illimité dans la guerre totale, qui fit son apparition lors de la Première Guerre mondiale : « *Le XXe siècle* [...] *procède d'un événement destinal qui n'a pas d'auteur assignable, qui a échappé à ses protagonistes* [...]. » (Alain FINKIELKRAUT, *Nous autres, modernes* [Paris, Ellipses, 2005], p. 222).
   5. « [...] *il n'y a pas seulement le monde et la matière tels quels, il y a aussi le lieu où les choses se disent, et* [que Lacan] *appelait la scène.* [...] *C'est le langage qui empêche de réduire le monde à l'immanence.* » (Jacques-Alain MILLER, « L'Ère de l'homme sans qualités », *La Cause freudienne*, n° 57, juin 2004, pp. 73–97 [p. 94]).

---

* Voir *supra*, pp. 54, 122.

signifiant reste marqué par son caractère équivoque et, dans l'écriture, cette affirmation nécessite d'être reprise et déployée sur le plan du *dépli*, de l'imaginaire, afin que son tranchant se dote d'un visage humanisé et vraisemblable. L'*arête signifiante* doit s'étoffer afin de reléguer à l'arrière-scène le caractère traumatisant du *pli*. De manière concomitante, pour que son triomphe soit perçu comme tel, il faut un rappel du même réel que le nom et l'axiome étaient appelés à évincer : la répétition de l'*arête signifiante* fait entendre, en écho, l'insistance inentamée du *pli* réel.

Le recours à l'*arête signifiante* traduit la recherche d'un nom qui fait défaut, la volonté d'opposer un arrêt effectif au mouvement *pli / dépli*. Cependant dans le déroulement des récits, on constate l'échec du narrateur et de ses personnages à mettre une fin à l'emprise du *pli*. Celui-ci ne cesse de faire irruption, détruisant toute tentative de fonder des représentations vraisemblables, toute aspiration, de la part du sujet, à jouir de son autonomie. Le plan de la représentation apparaît donc comme un *dépli* qui *met en scène* une instance symbolique, des éléments imaginaires que le sujet s'efforce de tisser face aux inlassables assauts du *pli* réel. S'il s'agissait d'en rester à ce constat, on devrait conclure à une vision désespérée et à l'expression d'une pathologie sans issue.

Or, tandis que le mouvement *pli / dépli* (se réalisant sur le plan d'immanence) témoigne de la répétition du Même, il ne nous éclaire pas sur le caractère *esthétique* de l'œuvre de Michaux. À cet égard, il est indispensable de faire intervenir la dimension propre à la représentation, où celle-ci s'inscrit dans l'adresse à un Autre. En effet, l'œuvre de création ne se lit pas comme la simple trace d'un mouvement pulsionnel ; elle prend corps, au contraire, dans une structuration ternaire, où l'artiste-écrivain produit une œuvre destinée à être accueillie par ses lecteurs[6]. Dans ce contexte, l'artiste n'est plus seul face à l'étrangeté (*pli*) qui l'habite, qui le tenaille et le mine : sa réponse acquiert son effectivité dans l'adresse qui détermine, rétroactivement, la forme donnée à sa production, qui informe son désir de créer. L'adresse implique ainsi une perte mais aussi la persistance de ce qui n'entre plus dans l'œuvre créée : au cœur de ce trépied stabilisant, demeure un reste inassimilable, une part qui fait force et énigme, à la fois pour l'écrivain et pour ses lecteurs, constituant le moteur de leur recherche partagée.

6. WAJCMAN, *L'Objet du siècle* (*op. cit.*), p. 68.

En vertu de cette inscription — dont l'efficace surpasse son équivalent imaginaire (*l'arête signifiante*) —, la création littéraire et graphique de Michaux réalise sa dimension de singularité. Contrairement à ce que suggère Deleuze, la représentation implique non pas un simple effet d'irréalisation, la suprématie du conceptuel ou du global, mais elle rend parfaitement réelle la dimension de la *séparation*. Certes, le langage — les signifiants et la labilité de leurs divers signifiés — verse du côté des *semblants*, témoignant de l'aporie du langage dans sa prise sur le réel. Mais tel est le prix à payer pour que le sujet ne reste irrémédiablement sous l'emprise du *pli*.

Nous avons dit *semblants* et non *simulacre*, en raison de l'effectivité même des représentations. En effet, l'esthétique s'affirme comme une dimension concrète et irréductible qui ne saurait se considérer simplement comme la version particulière d'une règle générale. Comme le souligne François Cheng, « *toute beauté est singulière* »[7], perception que l'œuvre de Michaux confirme avec force. Dans sa création, chaque vignette n'est pas seulement la réalisation d'un mouvement *pli / dépli* mais relève bien d'une élaboration signifiante. Cette représentation se revêt de l'éclat de sa singularité, témoignant du caractère inédit du désir qui la produit. Ainsi, la dimension de l'esthétique ne suppose pas la réduction de la création à la production de significations mais la mise en valeur de sa matérialité. Les significations d'un texte, travaillées par l'équivoque[8], restent imprégnées de la consistance et de l'opacité de la jouissance qu'elles véhiculent, tout autant que du désir auquel elles donnent forme. Le mouvement *pli / dépli* désigne une part de cette matérialité.

---

7. François CHENG, *Toute beauté est singulière* (Paris, Phœbus, 2004). Cf. aussi *Cinq méditations sur la beauté* (Paris, Albin Michel, 2006), où nous lisons, par exemple : « [...] *toute beauté a précisément partie liée à l'unicité de l'instant.* » (p. 26).
8. Voir Marcus André Vieira, qui précise que l'équivoque ne se réduit pas à la simple polysémie mais « *bien plutôt une ouverture au pas de sens qu'au trop de sens* » (Marcus André VIEIRA, « L'Interprétation, l'équivoque et la poésie », *La Lettre mensuelle* [de l'École de la Cause freudienne], [Paris] n° 139, mai 1995, pp. 6–8 [p. 7]). Voir aussi Jean-Claude Milner : « [...] *une locution, travaillée par l'équivoque, est à la fois elle-même et une autre. Son unicité se réfracte suivant des séries qui échappent au décompte* [...]. » « *Lalangue est, en toute langue, le registre qui la voue à l'équivoque.* » (Jean-Claude MILNER, *L'Amour de la langue* [Paris, Seuil, « Connexions du Champ freudien », 1978], pp. 18, 22).

INDEX DES ŒUVRES DE MICHAUX CITÉES

BIBLIOGRAPHIE

OUVRAGES SUR MICHAUX
cités en note de manière abrégée

Cahier de L'Herne : Henri Michaux. Raymond BELLOUR *ed.* . Paris, LGF, 1990. (Coll. « Le Livre de Poche ; Biblio ; Essais »).

Henri Michaux : le corps de la pensée. Évelyne GROSSMAN, Anne-Élisabeth HALPERN, Pierre VILAR *eds.* . Paris, Farrago, 2002.

Henri Michaux : plis et cris du lyrisme. Actes du colloque de Besançon, novembre 1995, Catherine MAYAUX *ed.* . Paris, L'Harmattan, 1997.

BLANCHOT, Maurice, « L'Infini et l'infini », pp. 73–87 in *Cahier de L'Herne...* .

BROWN, Llewellyn, « Entre le nom et la lettre : aspects de l'énigme chez Henri Michaux », *Revue romane* [Danemark], no. 38-1, 2003, pp. 89–108.

BROWN, Llewellyn, « Henri Michaux : le poète, le langage et la recherche de l'autre », *Australian Journal of French Studies*, n° 3, 2002, pp. 367–80.

DADOUN, Roger *et alii. Ruptures sur Henri Michaux.* Paris, Payot, 1976.

DADOUN, Roger, « Poétique du peu ou La puissance des faibles, des petits et des maigres », pp. 9–65 in DADOUN, *Ruptures...*.

FONDO-VALETTE, Madeleine, « Le Dépli du pli ou les "vingt-deux plis" de l'enfant mage », pp. 247–61 in *Henri Michaux : plis et cris du lyrisme.*

GROSSMAN, Évelyne, « Le *Clinamen* de Michaux », pp. 41–53 in *Henri Michaux : le corps de la pensée.*

MARTIN, Jean-Pierre. *Écritures de soi, expatriations.* Paris, Corti, 1994.

MATHIEU, Jean-Claude, « Légère lecture de "Plume" », pp. 101–57 in DADOUN, *Ruptures...*.

MATHIEU, Jean-Claude, « Portrait des Meidosems », *Littérature* [Université de Paris VIII], n° 115, septembre 1999, pp. 14–30.

MAULPOIX, Jean-Michel, « L'Amour des Meidosems », www.maulpoix.net/meidosems.htm.

BIBLIOGRAPHIE GÉNÉRALE

des ouvrages et articles le plus fréquemment cités en note (*op. cit., loc. cit.*), les coordonnées bibliographiques des renvois ponctuels sont précisées en note à leur première apparition par chapitre.

ABIBON, Richard, « Les Trois torsions de la bande de Mœbius », http://perso.orange.fr/topologie/3_torsions_de_la_bm.htm (5/11/2007)

ABIBON, Richard, « Neuvième démonstration des trois torsions de la bande de Mœbius », http://perso.orange.fr/topologie/3_torsions_demonstration_9.htm (5/11/2007)

ABIBON, Richard, « Le Yi King : une topologie en pierre ? », http://perso.orange.fr/topologie/topologie%20en%20pierre.htm (5/11/2007)

BROWN, Llewellyn. *Figures du mensonge littéraire : Études sur l'écriture au XXe siècle*. Paris, L'Harmattan, 2005.

DELEUZE, Gilles. *Foucault*. Paris, Minuit, 1986. (Coll. « Critique »)

DELEUZE, Gilles. *Le Pli : Leibniz et le baroque*. Paris, Minuit, 1988. (Coll. « Critique »)

LACAN, Jacques. *Autres écrits*. Paris, Seuil, 2001. (Coll. « Champ freudien »)

LACAN, Jacques. *Écrits*. Paris, Seuil, 1966. (Coll. « Le Champ freudien »)

LACAN, Jacques, « Lituraterre », pp. 11–20 in *Autres écrits*. (*op. cit.*).

LACAN, Jacques. *Le Séminaire, Livre VII, L'Éthique de la psychanalyse*. Paris, Seuil, 1986. (« Le Champ freudien »)

LACAN, Jacques. *Le Séminaire, Livre XI, Les Quatre concepts fondamentaux de la psychanalyse*. Paris, Seuil, 1973. (« Le Champ freudien »)

MILNER, Jean-Claude. *Les Penchants criminels de l'Europe démocratique*. Paris, Verdier, 2003. (Coll. « Le Séminaire de Jérusalem »)

WAJCMAN, Gérard. *Fenêtre : chroniques du regard et de l'intime*. Paris, Verdier, 2004. (Coll. « Philia »)

WAJCMAN, Gérard. *L'Objet du siècle*. Paris, Verdier, 2004. (Coll. « Philia »)

ŽIŽEK, Slavoj, « Why does a Letter always arrive at its Destination ? », *Lacanian Ink* [New York], n° 2, Winter 1991, pp. 9–27.

ŽIŽEK, Slavoj. *Ils ne savent pas ce qu'ils font : Le sinthome idéologique*. Paris, Point hors ligne, 1990.

TABLE

229

II. RENVERSEMENTS

III. SUBJECTIVITÉ